VdN

Rolf Weber

Das Unglück der Könige...

Johann Jacoby 1805–1877

Eine Biographie

Verlag
der Nation
Berlin

ISBN 3-373-00118-8

1. Auflage 1987

Lizenz-Nr. 400/4/87
LSV 0268
Lektor: Gisela Donath
Technischer Redakteur: Ingrid Welzer
Einband und Typografie: Manfred Damaszynski
Lichtsatz: (52) Nationales Druckhaus,
Betrieb der VOB National
Druck und buchbinderische Verarbeitung:
Buchkunst Leipzig,
Betrieb der VOB National
Best.-Nr. 696 867 4
01480

Johann Jacoby – wer war das?

5. November 1848: Gegen zwanzig Uhr sammelt sich auf dem Berliner Alexanderplatz ein Zug von mehreren Tausend Menschen. Hunderte von ihnen tragen Fackeln, die sie im Verlaufe der Demonstration entzünden. Der Zug nimmt die ganze Breite der Straße ein – an seiner Spitze die Mitglieder des Demokratischen Klubs. Die Menschenmenge bewegt sich durch die Königsstraße (heute: Rathausstraße) zur Taubenstraße (heute: Johannes-Dieckmann-Straße), in der das Hotel Mylius liegt, das Versammlungslokal der demokratischen Parlamentarier Berlins. Vorangetragen werden zwei Transparente; ein schwarzrotgoldenes, im roten Mittelstreifen mit den Worten: «Dem Verfasser der Vier Fragen», und ein weißes, auf dem es vorn heißt: «Dem Abgeordneten Jacoby zur Erinnerung an den 2. November 1848» und auf der Rückseite: «Das ist das Unglück der Könige, daß sie die Wahrheit nicht hören wollen.» Vor dem Hotel postiert sich die Schar, ein Rechtsanwalt und ein Journalist ergreifen das Wort. Sie lassen Jacoby hochleben; die Menge stimmt mit donnerndem Jubel ein.

Jacoby erscheint an einem geöffneten Fenster des ersten Stocks. In seiner ruhigen, ganz unpathetischen und schlichten Art dankt er für die Anerkennung und sagt: «Was ich getan, ist nichts weiter als die Pflicht jedes Bürgers, dem das Wohl des Vaterlands, dem die Freiheit am Herzen liegt. Worte verhallen machtlos an dem Ohre der Könige. Zum Schutz der Freiheit, der blutig errungenen Volkssouveränität bedarf es der kühnen, der tapferen Tat. Wenn ... der Absolutismus erneut sein Haupt erhebt, dann, Mitbürger, dann laßt uns eingedenk sein der Helden unserer Märztage, auf daß wir dieser Helden würdig leben oder sterben. Den Männern, die auf den Barrikaden Berlins, den Männern, die auf den Wällen Wiens ihr Blut vergossen, diesen Männern bringt aus vollem Herzen ein schallendes Lebehoch.»

Was hatte Jacoby an jenem 2. November 1848 getan, daß ihn Tausende demonstrativ ehrten? An diesem Tag entließ der preußische König seinen bisherigen Ministerpräsidenten und berief den General Friedrich Graf von Brandenburg zum neuen Premier. Diese Ernennung war ein deutliches Symptom dafür, daß der Hof, ermutigt durch die blutige Niederschlagung der Revolution in Wien, einen konterrevolutionären Staatsstreich plante. Der demokratischen Bewegung in Preußen drohte höchste Gefahr, die Revolution stand vor einem Wendepunkt.

Am Vormittag dieses Tages schlugen Jacoby und zwei seiner Mitstreiter, Benedikt Waldeck und Jodokus Temme, der Berliner Nationalversammlung vor, in Permanenz zu tagen. Eine von ihr einzusetzende Kommission sollte geeignete Empfehlungen zur Abwehr der Gegenrevolution unterbreiten und das Parlament diese zum Beschluß erheben. Jacoby hielt nichts von halben Maßnahmen; so lehnte er es ab, sich mit einer Adresse oder einer Deputation an den Monarchen zu wenden. Er verwies auf Wien, das als Warnung dienen müsse, und erklärte: «Das Vaterland ist in Gefahr. Es ist nicht an der Zeit, lange, schöne Reden zu halten. Es handelt sich darum, schnell, ohne Verzug, entschiedene Beschlüsse zu fassen.»

Doch das Berliner Parlament überstimmte die äußerste Linke und nahm den Antrag der gemäßigten Linken an. Er sah vor, dem König durch eine Deputation eine Adresse zu überreichen, worin dieser vor einer Staatsstreichregierung gewarnt und um die Berufung eines volkstümlichen Ministeriums gebeten wurde.

Gegen achtzehn Uhr am 2. November begab sich die fünfundzwanzigköpfige Delegation der Nationalversammlung per Extrazug nach Potsdam. Vertreter aller Fraktionen gehörten ihr an, unter ihnen auch Jacoby. Ihr Leiter war Hans Victor von Unruh, ein Eisenbahningenieur, der Präsident der Berliner konstituierenden Versammlung. Friedrich Wilhelm IV. zeigte sich über diesen Besuch wenig erbaut; lange mußten die Volksvertreter im Vorzimmer warten, ehe sie den Empfangssaal in Sanssouci betreten durften. Als Unruh, in die Mitte des Saales schreitend, sich tief verneigend, in ehrerbietigem Ton die in gewundenen Worten gehaltene Adresse verlas, ließ der König, der stehen geblieben war und dem Sprecher den Rücken zukehrte, unmißverständlich seine Ungeduld erkennen. Er nahm Unruh, nachdem dieser geendet, das Schriftstück aus der Hand und wandte sich zur Tür. Die Deputierten schwiegen betroffen, eine beklemmende Atmosphäre herrschte im Saale. Da ertönte Jacobys Stimme: «Wir sind nicht bloß hierhergesandt, um Euer Majestät eine Adresse zu überreichen, sondern auch, um Ihnen über die wahre Lage des Landes mündlich Auskunft zu geben.»

Der König ignorierte diese Bemerkung und schickte sich an, den Raum zu verlassen. «Gestatten Eure Majestät uns Gehör?» Abermals hatte Jacoby das Wort genommen. Der König wandte sich kurz um, rief im ärgerlichen Ton: «Nein!» und wollte die Tür öffnen. Da entgegnete Jacoby rasch und schlagfertig: «Das ist das Unglück der Könige, daß sie die Wahrheit nicht hören wollen.»

Schweigend verließ Friedrich Wilhelm IV. den Saal. Wenig später erschien sein Adjutant und erklärte, die Deputation sei entlassen und auf die Bemerkung des Dr. Jacoby wolle Majestät zunächst nichts erwidern.

Jacobys Auftreten in Potsdam war ein in Preußen bisher unbekannter Vorgang. Nach höfischem Zeremoniell hatten Bürger nur auf Fragen des Königs zu antworten, nicht aber von sich aus Fragen und Äußerungen an den Herrscher zu richten. Deshalb konnte es nicht verwundern, daß der revolutionäre Demokrat die Mißbilligung der Mehrheit der Deputation erntete, gemäßigte Demokraten und Liberale warfen ihm unmittelbar nach dem Empfang Respektlosigkeit vor. Am nächsten Tag mußte er sich gar vor der Tribüne des Parlaments verteidigen. Die Volksvertretung hatte vom bevorstehenden Staatsstreich bestenfalls nichts anderes zu erwarten, als daß alle ihre Anstrengungen der vergangenen Monate, Preußen zu einem bürgerlichen Staatswesen umzuformen, zunichte gemacht wurden. Dennoch warfen die meisten ihrer Sprecher Jacoby vor, er habe dem Monarchen gegenüber die schuldige Ehrfurcht vermissen lassen und unbefugt die Anrede an den König gerichtet. Jacoby gab zur Antwort, er habe es für seine Aufgabe gehalten, da weder der Präsident von Unruh noch ein anderes Mitglied der Deputation das Wort ergriff, das Recht der Abgeordneten zu vertreten, vom König gehört zu werden. Die Mitglieder der äußersten Linken und sogar viele gemäßigte Demokraten applaudierten ihm.

Auch in der Öffentlichkeit gab es ein lebhaftes Für und Wider. Die «Kreuzzeitung», das Blatt der konservativen Junker, nannte ihn «einen frechen Juden, der den König in dessen eigenem Hause zu beleidigen gewagt» habe. Wenig freundlicher reagierte die weitverbreitete «Vossische Zeitung». Dagegen stellte sich die demokratische Presse, ja selbst ein Teil der Liberalen, einmütig hinter ihn. Er bekam Dankadressen aus vielen Städten. Auch achtundzwanzig Abgeordnete der Frankfurter Nationalversammlung sprachen ihm für sein mutiges Auftreten ihre Hochachtung aus. Vor allem aber war Jacoby in diesen Tagen der Mann des Volkes, der demokratischen Massen geworden.

20. September 1870: Es ist zwischen achtzehn und neunzehn Uhr, als Jacoby, der im Studierzimmer seiner Königsberger Wohnung beim Briefeschreiben sitzt, plötzlich unsanft gestört wird. Ein preußischer Hauptmann tritt ein, einen Befehl des Generals Vogel von Falckenstein vorweisend, dem während der Kriegszeit mit außerordentlichen Vollmachten ausgestatteten Generalgouverneur für die Küstenbezirke, mit der Aufforderung an den Fünfundsechzigjährigen, schon sehr stark gealterten Arzt, ihm unverzüglich als Kriegsgefangener zu folgen. Jacoby darf nur rasch einige Dinge des persönlichen Bedarfs zusammenpacken und von seinen Schwestern Abschied nehmen. Mit größter Ruhe und Gelassenheit, die den Offizier nicht wenig beeindruckt, nimmt er seine Verhaftung zur Kenntnis. Ein Pferdewagen bringt ihn, zusammen mit seinem ebenfalls verhafteten Gesinnungsgenossen Max Herbig, zur Kronprinzenkaserne. Am nächsten Tag werden die Gefangenen von einem Unteroffizier und einem Soldaten auf die Festung Boyen bei Lötzen gebracht – Lötzen liegt 160 Kilometer südöstlich von Königsberg, in den Masuren, sechs Eisenbahnstunden entfernt.

Im Lazarettgebäude der Festung erhalten Jacoby und Herbig ein gemeinsames Zimmer. Für die Bestreitung der Ausgaben reicht der tägliche Verpflegungssatz von 7,5 Silbergroschen nicht aus; man muß auf eigene Kosten noch für Licht, Heizung und Wäsche aufkommen. Besonders leidet Jacoby unter der Kälte, die Mitte Oktober einsetzt. Die Briefe der Internierten unterliegen einer strengen Zensur. Es ist Jacoby nicht gestattet, persönliche Kontakte zu den auf der Festung Boyen ebenfalls in Haft gehaltenen Sozialdemokraten wie Wilhelm Bracke, August Geib und Leonard von Bornhorst aufzunehmen.

Am zweiten Tag nach seiner Verhaftung hat man Jacoby wissen lassen, weshalb er in militärischen Gewahrsam genommen worden war. Ihm wird zur Last gelegt, mit seinem Auftreten auf der von der Volkspartei veranstalteten Versammlung am 14. September 1870 in Königsberg die deutsche Kriegführung behindert und Frankreich zu weiterem Widerstand ermutigt zu haben. Demokraten und Arbeiter der Pregelstadt, über zweihundertfünfzig Mann, waren an diesem Tage im Kneiphöfischen Gemeindegarten unter den Augen von drei Polizeibeamten zusammengekommen, um Protest gegen die von der Großbourgeoisie, von Junkern, von Militärkreisen und von Teilen der chauvinistisch verhetzten Bevölkerung geforderte Annexion Elsaß-Lothringens zu erheben. Diese Aktion stand im direkten Zusammenhang mit dem Demonstrationsaufruf des Braunschweiger Ausschusses der deutschen Sozialdemokratie vom 5. September zur Herbeiführung eines ehrenvollen Friedens mit der französischen Republik und zur Verhinderung der Annexion Elsaß-Lothringens.

Jacoby hatte auf der von Herbig geleiteten Versammlung eine Resolution vorgelegt und sie in einem Vortrag begründet. Ebenso wie die klassenbewußten deutschen Arbeiter erkannte der führende Repräsentant der norddeutschen Demokraten, daß seit der Entscheidung von Sedan, seit dem Sturz des napoleonischen Kaisertums und der Ausrufung der Republik in Paris der Krieg deutscherseits kein Verteidigungskrieg mehr war. Jacoby bezeichnete die Forderung nach der Rückgabe Elsaß-Lothringens als eine «Bemäntelung des alten barbarischen Kanonenrechts»; die Bewohner beider Provinzen wären längst mit Leib und Seele Franzosen geworden und wollten es bleiben. Er erklärte es zur Pflicht eines jeden Demokraten, «solchen Bestrebungen nationaler Selbstsucht entgegenzutreten», und sagte: «Unbeirrt durch den Siegestaumel des Augenblicks lassen Sie uns Protest erheben gegen jede Vergewaltigung der Bewohner von Elsaß-Lothringen. Nur wer die Freiheit anderer achtet, ist selber der Freiheit wert.» In seiner Resolution, die mit einer Gegenstimme angenommen wurde, bezog sich Jacoby auf das Selbstbestimmungsrecht der Völker und betonte, daß ein dauerhafter Frieden zwischen Frankreich und Deutschland nur möglich sei, wenn jede gewaltsame Annexion französischen Gebiets unterbleibt.

Solidarisch mit dieser Königsberger Resolution erklärten sich 102 norddeutsche Demokraten, unter ihnen neben Guido Weiß, dem Freunde Jacobys in Berlin, die später so namhaften Sozialdemokraten Franz Mehring, Paul Singer und Robert Schweichel.

Mit seiner Internierung findet sich Jacoby nicht ab. Kaum ist er auf der Festung Boyen eingeliefert, wendet er sich in einem persönlichen Schreiben an Bismarck. Er bekennt darin freimütig, er sei «allezeit ein entschiedener Gegner» der Politik des Kanzlers, dennoch appelliert er an dessen Gerechtigkeitssinn, nicht zu dulden, daß über schuldlose Männer eine willkürliche Strafe verhängt werde. Viele Stimmen erheben sich für Jacobys Freilassung. Selbst in konservativen Kreisen stößt der Gewaltakt auf Mißbilligung. Der Königsberger Oberstaatsanwalt spricht von dem «großen Aufsehen», das die Verhaftung erregt habe; er bezweifelt, ob die Militärbehörde das Recht hat, einen solchen Schritt zu unternehmen. Mit Eingaben, Petitionen, Beschwerdeschriften und Telegrammen werden der preußische König, Bismarck und der Justizminister bestürmt. Vertreter der Fortschrittspartei, unter ihnen Rudolf Virchow, bringen Jacobys Fall im Reichstag des Norddeutschen Bundes zur Sprache.

Bismarck ist der Meinung, Vogel von Falckenstein sei im Recht gewesen, als er die Internierung anordnete, doch räumt er ein, der General habe damit nicht klug gehandelt. Obwohl er bei seiner Überzeugung bleibt, Jacoby sei ein Landesverräter, muß er schließlich handeln, denn die bevorstehenden Wahlen zum preußischen Abgeordnetenhaus lassen es geraten erscheinen, unnötigen Konfliktstoff auszuräumen. Am 26. Oktober 1870 öffnen sich für Jacoby und viele seiner Mitgefangenen die Tore zur Freiheit. Sechsunddreißig Tage hat er ohne Verhör, ohne Anklage und ohne Prozeß hinter den Wällen der Festung verbracht.

Zwei Episoden aus dem Leben eines engagierten Politikers und Publizisten – sie ermöglichen einen ersten Blick auf die Persönlichkeit einer Kämpfernatur, mit deren Namen Entstehung und Entwicklung der demokratischen Bewegung im Deutschland des 19. Jahrhunderts verbunden sind. Jacobys Wirken erstreckt sich über mehr als vier Jahrzehnte, auf die Zeit von der französischen Julirevolution bis zum verfassungspolitischen Ausbau des Bismarckstaates in der Mitte der siebziger Jahre. Er nahm an mehreren Etappen der bürgerlichen Umwälzung und der nationalen Einigung Deutschlands teil – als ein Ideologe und Führer der antifeudalen Opposition im Vormärz, als Revolutionär in den Klassenkämpfen von 1848/49, als Parlamentarier und Publizist im preußischen Verfassungskonflikt und während der Revolution von oben sowie als einer der wenigen bürgerlichen Annexionsgegner im Deutsch-Französischen Krieg.

Sein Entwicklungsweg zeichnet sich durch eine Geradlinigkeit und Konsequenz aus, wie sie unter demokratischen Politikern in Deutschland außerordentlich selten waren. Er ließ sich in seiner Überzeugungstreue nicht durch die Niederlage der Revolution von 1848/49 beeindrucken, auch nicht durch die Erfolge, die Bismarck errang, als er mittels dreier Kriege und einer bonapartistischen Politik die nationalstaatliche Einigung des Landes verwirklichte und damit die bürgerliche Umwälzung zum Abschluß brachte. Während die meisten Gesinnungsgenossen Jacobys von der Fortschrittspartei 1866 entweder kapitulierten oder ins Lager des Gegners überliefen, blieb er der aufrechte Demokrat, der seine Bemühungen um eine demokratische Ordnung auch unter den Bedingungen zunehmender Isolierung unbeirrt fortsetzte. Sein Fortschrittsoptimismus, der in der Ethik Spinozas und Kants wurzelte, eine seiner hervorragendsten Eigenschaften, war durch keinerlei Rückschläge zu erschüttern. Zeitgenossen, Freunde wie Gegner, bewunderten seine unbedingte persönliche Lauterkeit, seine Bescheidenheit, seine Pflichttreue und die selbstverständliche Bereitschaft, die aus seinem politischen Einsatz erwachsenden persönlichen Konsequenzen wie Prozesse und Haftstrafen mit stoischem Gleichmut zu tragen.

Man hat Jacoby, dessen Gesicht dem Antlitz Spinozas ähnelte, als den «Weisen von Königsberg», als «Vater der deutschen Demokratie», als «humanitären Philosophen» bezeichnet. In der demokratischen und Arbeiterbewegung besaß er gegen Ende der sechziger Jahre einen solchen Nimbus, daß er als Symbol der Bismarckgegnerschaft und der Demokratie galt, ja als eine Art personifizierte Institution, in der sich das demokratische Gewissen des Volkes verkörperte. Andererseits konnte Jacoby 1848 mit Recht von sich sagen, er sei der bestverleumdete Mann des preußischen Königreichs. Konservative Gegner warfen ihm damals vor, er handle im russischen Solde, während sie 1870 von ihm behaupteten, er besorge die Geschäfte des französischen Landesfeindes. Für antidemokratische Politiker und Publizisten galt er als der «politische Eiferer», der «Sonderling», der «unfruchtbare Dogmatiker», der «unbelehrbare Theoretiker», der «starrsinnige Radikale». Bismarck nannte ihn einen «alten dürren Juden».

Dieser Mann war der überzeugende Anwalt der Volksrechte, ein revolutionärer Demokrat, der für eine auf die Volkssouveränität gegründete politische Ordnung, für einen republikanischen Sozialstaat kämpfte. Den Idealen des bürgerlichen Humanismus und der Völkersolidarität hielt er ebenso die Treue, wie er für ein friedliches Zusammenleben der Nationen, für die Verurteilung ungerechter Kriege und für die Brandmarkung von Nationalismus und Chauvinismus eintrat. Von Beginn seines politischen Wirkens an bekämpfte er die Junkerschaft und den Militarismus in Preußen und trat als entschiedener Gegner der gegen das deutsche, das polnische und das französische Volk gerichteten Macht- und Eroberungspolitik der Hohenzollern auf.

Jacobys eigentliche Größe besteht darin, daß er sich in den sechziger Jahren immer mehr der Arbeiterbewegung näherte und schließlich den Entschluß faßte, Mitglied der Sozialdemokratischen Arbeiterpartei zu werden. Längst hatte er erkannt, daß man die politische Führung der Nation nicht mehr der Bourgeoisie überlassen durfte, die sowohl 1848/49 als auch während der Auseinandersetzung mit Bismarck im preußischen Verfassungskonflikt versagt hatte. Die Kraft, die in der Lage war, die demokratischen Interessen des Volkes wahrzunehmen und an die Spitze des Ringens um den sozialen Fortschritt zu treten, konnte allein die Arbeiterklasse und ihre politische Repräsentanz, die sozialistische Bewegung, sein. «Die Gründung des kleinsten Arbeitervereins», schrieb Jacoby im Frühjahr 1870, «wird für den künftigen Kulturhistoriker von größerem Wert sein als – der Schlachttag von Sadowa (Königgrätz – R. W.).» Um die gleiche Zeit würdigte Karl Marx die Verdienste des Königsberger Arztes in einem Brief an Ludwig Kugelmann: «Der alte Jacoby ... ist sehr lobenswert. Welcher andere old radical in Europa hat diese Ehrenhaftigkeit und diesen Mut besessen, so direkt sich auf die Seite der proletarischen Bewegung zu stellen.» Die politische Entwicklungsfähigkeit Jacobys und seine enge Annäherung an die sozialistische Arbeiterbewegung galten auch Lenin als beispielhaft, der in seiner Arbeit «Die große Initiative» über ihn schrieb: «Einer der wenigen – richtiger dürfte es sogar sein zu sagen – einer der außerordentlich seltenen bürgerlichen Demokraten Deutschlands, die nach den Lehren der Jahre 1870 und 1871 nicht zum Chauvinismus und nicht zum Nationalliberalismus, sondern zum Sozialismus übergingen.»

Am Ende seiner politischen Laufbahn, 1874, drei Jahre vor seinem Tod, hat Jacoby mit wenigen Sätzen eine Bilanz seines Lebens gezogen, in der es heißt: Zwei Faktoren hätten ihm «in jeder Lage des Lebens ... Trost und Befriedigung gewährt: daß ich einmal den Freiheitsidealen meiner Jugend unwandelbar treu geblieben trotz allem Wechsel der Dinge, und daß zweitens die Freude, mit der ich in den 40er Jahren das erste Emporstreben des Arbeiterstandes begrüßte, seitdem nicht nur in meinem Herzen fortlebt, sondern sich von Jahr zu Jahr mit dem Wachsen der Arbeiterbewegung gesteigert hat».

Pionier der antifeudalen Opposition

Jugendjahre

Johann Jacoby ist ein Kind Königsbergs, wo er am 1. Mai 1805, ein Jahr nach dem Tode Immanuel Kants, des größten Sohnes dieser Stadt, geboren wurde. Er entstammte einer jüdischen Kaufmannsfamilie. Der Beruf des Vaters wird verschiedentlich als Makler angegeben, was darauf schließen läßt, daß er sich je nach Gelegenheit und Konjunktur wohl mit der Vermittlung von Getreide-, Grundstücks- und Geldgeschäften befaßt haben dürfte. Sicher ist, daß er nicht zur reichen Handelsbourgeoisie gehörte. Könnte man einer Steuerliste der Synagogengemeinde aus den zwanziger Jahren Glauben schenken, dann dürfte er eher den weniger gut gestellten Teilen des mittleren Bürgertums zuzurechnen sein. Dem widersprechen jedoch die beträchtlichen Aufwendungen, die die Familie für die Ausbildung des Sohnes aufbrachte. So dürfen wir sicher annehmen, daß die Familie sich vorwiegend in gesicherten und zuweilen guten sozialen Verhältnissen befunden hat.

Jacobys Vater, Gerson mit Vornamen, war 1765 in Krajenka, einem kleinen Städtchen im Posenschen, geboren und hatte sich in jungen Jahren in Königsberg niedergelassen. Er hatte dort die um drei Jahre jüngere Lea Jonas geheiratet. Johann, im Familienkreise Jonny genannt, war das jüngste von fünf Geschwistern. Besonders eng verbunden fühlte er sich mit den Schwestern Karoline und Betty, die beide unverheiratet blieben. Mit ihnen und der Mutter – der Vater starb 1832 – lebte er zeitlebens in einer Wohngemeinschaft zusammen. Bis zu seinem zehnten Lebensjahr erhielt er im Elternhaus Unterricht durch einen Privatlehrer. Offenbar fand der

Das Schloß zu Königsberg aus der Zeit Immanuel Kants. Dessen Wohnhaus links im Bild, Stich von Frommelt

körperlich schwächliche, aber geistig aufgeweckte, ernste, disziplinierte und wohl frühreife Schüler ziemliches Gefallen am Lernen, denn wir erfahren, daß der Elfjährige schon ein Tagebuch führte, in dem er sich über seine Zukunft Gedanken machte und Sätze über den Segen eines sittlichen Lebenswandels niederschrieb.

Seiner Heimatstadt ist Johann Jacoby für immer verbunden geblieben, nie hat er das Bedürfnis gehabt, sich anderswo niederzulassen. Königsberg, zu beiden Seiten des Pregel gelegen, sieben Kilometer vor dessen Mündung in das Frische Haff, war damals eine mittelgroße Stadt mit knapp sechzigtausend Einwohnern. Aus dem Zusammenschluß mehrerer Städte, Vorstädte und Ortschaften hervorgegangen, war sie erst am Ende des ersten Drittels des 18. Jahrhunderts ein zentralisiertes Gemeinwesen mit einheitlicher Verwaltung geworden. In der Altstadt lag das Schloß, einst Sitz der Hochmeister des Deutschen Ritterordens und seit 1701 Krönungsstätte der Hohenzollernkönige; die Neustadt, der Löbenicht, vorwiegend von Handwerkern und mittelbürgerlichen

Schichten bewohnt, bildete den zweiten Stadtteil, während der dritte, der wie eine Insel ganz vom Wasser der Pregelarme umgebene Kneiphof, Domizil der Patrizierfamilien war, der Großkaufleute, Reeder und Spediteure, die hier auch ihre Warenlager, Speicher und Kontore hatten.

Wie viele Provinzstädte Preußens prägten Königsberg keine eindeutig hervorstechenden Bevölkerungsgruppen. Obwohl Verwaltungsmetropole Ostpreußens, war es keine ausgesprochene Beamtenstadt, auch keine mit Danzig oder Stettin vergleichbare Handels- oder Hafenstadt. Neben dem Handwerk spielte der Handel eine große Rolle. Königsbergs ökonomische Bedeutung beruhte in erster Linie auf seiner Funktion als Mittler im Handelsaustausch zwischen Polen und Rußland einerseits und England und Holland andererseits. Über seinen Hafen lief die Ausfuhr polnischen und russischen Getreides und ein Teil der Importe, die die östlichen Länder aus Westeuropa bezogen.

Trotz der großen Entfernung vom Zentrum der preußischen Monarchie – man brauchte noch 1820 für eine Fahrt nach Berlin sechs bis acht Tage – gab es in Königsberg seit Jahrzehnten ein reges geistiges und kulturelles Leben, das nicht wenige Anregungen von der westeuropäischen geistigen Kultur empfing. Ihren europäischen Ruf verdankte die Stadt dem Namen des Mannes, der der größte ihrer Bürger war: Immanuel Kant. Kants Philosophie, ein Gipfelpunkt in der Geschichte des menschlichen Denkens, gab Antworten auf brennende Fragen der anbrechenden bürgerlichen Epoche, die besonders auch im Umfeld seiner Wirkungsstätte auf fruchtbaren Boden fielen. Lehrer und Professoren, Beamte und Juristen, Geistliche und gebildete Bürger machten sich mit den Maximen seiner Aufklärungsphilosophie vertraut, bekannten sich zu seinem Fortschrittsoptimismus, fühlten sich seiner Ethik, dem Aufruf zum vernunftgemäßen Handeln, verpflichtet und nahmen seine humanistischen Ideen, die Gedanken vom Recht auf menschliche Würde, auf Freiheit, Gleichheit und Gerechtigkeit auf.

Für die Stadt am Pregel brach eine der schwersten Perioden ihrer Geschichte an, als das friderizianische Preußen unter den

Schlägen der napoleonischen Armee zusammenbrach und der Tilsiter Frieden dem Lande härteste Bedingungen aufzwang. Im Juni 1807 wurde die Stadt von den Franzosen besetzt, und ein sechstausend Mann starkes Korps quartierte sich für Wochen in ihren Mauern ein. Unter den Einwohnern forderte die von den Soldaten eingeschleppte Pest zahlreiche Opfer. Die Kontinentalsperre brachte den Seehandel zum Erliegen. Zum Ruin vieler Handelsunternehmen trug auch die Beschlagnahme und Vernichtung englischer Waren bei. Napoleon erlegte Königsberg eine Kontribution auf, die zuerst auf 20 Millionen Francs bemessen war, aber auf 12 Millionen ermäßigt werden mußte, als sich die Unmöglichkeit ihrer Aufbringung erwies. Drei Viertel dieser Summe waren bar, der restliche Teil in Naturallieferungen zu zahlen. Nur unter größten Anstrengungen gelang es einem Bürgerkomitee, dieser Forderung, die in preußischer Währung 4,5 Millionen Taler betrug, durch Ausschreibung einer Kriegssteuer, über die Aufnahme von Anleihen und durch massenhafte Ausgabe von Schuldscheinen nachzukommen. An der Tilgung der damals aufgenommenen Schulden hat Königsberg fast ein Jahrhundert tragen müssen. Der letzten Verbindlichkeiten, die in den Jahren der Fremdherrschaft erwachsen waren, konnte man sich erst 1901 entledigen.

Als Deutschland unter der harten Faust des Korsen seufzte, gingen beherzte Männer daran, ein neues Kapitel preußischer und deutscher Geschichte zu schreiben. Königsberg war die Stadt, wo einige der Reformen konzipiert, ausgearbeitet und verkündet wurden, durch die sich für Preußen der Weg zum bürgerlichen Fortschritt öffnete. Hier lebte 1808/09 die aus Berlin geflüchtete königliche Familie. Im Schloß tagten mehrere Departements, Gremien und Kommissionen, die Gesetze für eine Umgestaltung wichtiger Bereiche des sozialen und politischen Lebens schufen. An diesen Arbeiten hatten Beamte und Militärs Anteil, die aus Königsberg und Ostpreußen stammten, wie Theodor von Schön, der spätere Oberpräsident Ostpreußens, wie die Staatsbeamten Leopold von Schrötter und Georg Heinrich Ludwig Nicolovius und wie der nachmalige Kriegsminister Hermann von Boyen. In der

Auf dem Domplatz in Königsberg um 1800

Pregelstadt entstand unter anderem die Städteordnung, die städtischen Kommunen weitgehende Selbstverwaltung einräumte und auf deren Grundlage die Stadtverordnetenversammlungen ins Leben traten. In Königsberg wurde diese Bürgervertretung, die hier 102 Mitglieder zählte, zum erstenmal im Januar 1809 gewählt. Johann Jacoby sollte ihr später jahrelang angehören und einen Teil seiner Schaffenskraft widmen. Unter der Führung Gerhard von Scharnhorsts tagte in der Stadt damals auch die Militärreorganisationskommission, die daranging, die preußische Armee zu modernisieren, das adlige Offiziersmonopol zu beseitigen und die Einführung der allgemeinen Wehrpflicht vorzubereiten. Entworfen und in Gesetzesform gebracht wurden hier auch die Grundzüge jener mit dem Namen Wilhelm von Humboldts verbundenen Bildungs- und Schulreform.

Tiefgreifende Wandlungen im städtischen Leben gingen von der Aufhebung der Zünfte sowie von dem 1812 erlassenen Edikt über die Emanzipation der Juden aus. Dieses Edikt brachte der jüdischen Bevölkerung keine völlige Gleichberechtigung, setzte aber die seit Jahrhunderten bestehenden Ausnahmegesetze außer Kraft, unter denen sie bisher hatte leben müssen, und ermöglichte ihr den Zugang zu allen bürgerlichen Berufen sowie zu akademischen und kommunalen Ämtern.

Aus Jacobys Heimatstadt, die so schwer unter der französischen Invasion gelitten hatte, kam 1813 das Signal zur Erhebung gegen die napoleonische Fremdherrschaft. Königsberg wurde zu einer Hochburg des deutschen Patriotismus. Der im Gefolge der siegreichen russischen Truppen im Januar 1813 eingetroffene Freiherr vom Stein drängte zu raschem Handeln. Das Yorcksche Korps, das in der Stadt und ihrer Umgebung Quartier genommen hatte, verließ seine in Tauroggen vereinbarte Neutralitätsposition und nahm den Kampf gegen den französischen Imperator auf. Die Deputierten des ostpreußischen Landtages faßten auf Initiative Steins, Yorcks und Schöns Beschlüsse von historischer Tragweite. Aus eigener Machtvollkommenheit, ungeachtet der abwartenden Haltung des preußischen Königs, riefen sie das Land zum Befreiungskampf auf, verkündeten die Einberufung einer Landwehr und appellierten an die Opferbereitschaft des Volkes. Dieser Ruf fand in Königsberg begeisterten Widerhall. 2000 Freiwillige eilten zu den Waffen, ein Landwehrbataillon, 1300 Mann stark, konnte gebildet werden, und die von der Bevölkerung aufgebrachte Spendensumme betrug über 150 000 Taler.

1815, im Jahr der endgültigen Niederringung Napoleons und der Gründung des Deutschen Bundes und der Heiligen Allianz, begann für Johann Jacoby ein neuer Lebensabschnitt. Der Knabe wurde Schüler des Fridericianums, einer ehemaligen Lateinschule, zu deren Zöglingen einst auch Immanuel Kant und zu deren Lehrern Johann Gottfried Herder gehört hatten. Im Zuge der Schulreform war die Anstalt 1810 zu einem Gymnasium umgebildet worden, das sich in kurzer Zeit den Ruf erwerben konnte, eine der besten Schulen Preußens zu sein. Der Unterricht beruhte auf den Grundsätzen des Neuhumanismus, was zur Folge hatte, daß Griechisch und Latein als die wichtigsten Lehrfächer galten.

Der im Fridericianum herrschende Geist war jedoch alles andere als dazu angetan, den Schülern Freude am Lernen zu bereiten und sie für die Wissenschaften zu begeistern. Wie ein Alpdruck lag auf der Schule die harte Hand des Direktors, des kenntnisreichen und von einem wahren Bücherfanatismus erfüllten Altphilologen Friedrich August Gotthold. Doch Gotthold war kein menschenfreundlicher Pädagoge, sondern von schroffem, kleinlichem, tyrannischem Wesen, der Typ des ewigen Nörglers und Besserwissers, der an die Schüler ein solches Maß von Anforderungen stellte, daß vielen von ihnen das Selbstvertrauen verlorenging. Einen Eindruck von der Belastung der Schüler gibt, daß 1819/20 die Primaner, die Schüler der obersten Klasse, neben den fünfunddreißig Unterrichtsstunden in der Woche noch Hausaufgaben verrichten mußten, die mehr als vierzig Stunden in Anspruch nahmen. «Am Friedrichskollegium», schrieb ein Absolvent der Schule später, «sind nicht wenige meiner damaligen Kommilitonen zugrunde gegangen; ich selbst habe mehr als zwanzig Jahre gebraucht, um mich von den Eindrücken jener Zeit einigermaßen zu befreien.» Von den sechsundfünfzig Schülern, die mit Jacoby zusammen die Tertia, die dritte Klasse, besucht hatten, haben nur sieben die Schule regulär beenden und die Reifeprüfung ablegen können.

Acht Jahre hat Jacoby die Bänke des Fridericianums gedrückt, davon zweieinhalb Jahre in der Prima. Er verließ es 1823 mit dem Abitur, in dem er die Note zwei erreichte, womit er die bedingte Reife zum Universitätsstudium erlangte. Reichlich zehn Jahre später nahm Jacoby Gelegenheit, die antiquierten Paukmethoden und die verfehlten pädagogischen und schulpolitischen Auffassungen seines einstigen Direktors öffentlich anzuprangern und sich für einen zeitgemäßen Wandel des höheren Schulwesens in Preußen einzusetzen.

1823 bezog Jacoby die nach ihrem Stifter, Herzog Albrecht von Preußen, Albertina benannte Universität seiner Vaterstadt, um Medizin zu studieren. Wir wissen nicht, welche Gründe ihn bewogen haben, dieses Fach zu wählen. Aus einer beiläufigen Bemerkung in einem Brief ergibt sich, daß er ursprünglich ein anderes Berufsziel im Auge hatte; er sah sich dann aber wohl gezwungen, davon Abstand zu nehmen, weil seine jüdische Herkunft keine Chance bot, diesen Weg einzuschlagen.

Die Königsberger Universität war damals eine kleine Hochschule, nur drei- bis vierhundert betrug die Zahl ihrer Studenten. Nicht mehr als zwei Dutzend davon studierten an der Medizinischen Fakultät, und für sie gab es sechs Professoren. Dürftig und stark vernachlässigt waren die Einrichtungen und Räumlichkeiten. Rudolf Gottschall, der Anfang der vierziger Jahre die Albertina besuchte, berichtet, sie habe «wie der abgetragene Frack eines alten Magisters» ausgesehen und sei ein «schlottriges Gebäude» mit wenigen Hörsälen gewesen. Die Vorlesungen und Übungen hielten die Professoren meist in ihren Wohnungen, und dort führten sie auch ihre Experimente durch. Seit 1816 bemühte sich der Staat, die Zustände ein wenig zu bessern. Erhöht wurde die Zahl der Professoren und deren Gehälter, und am Rande der Stadt baute man eine Sternwarte, ein Anatomiegebäude und richtete einen Botanischen Garten ein.

Unter den Lehrkräften der Hochschule gab es indes einige Professoren, deren Namen in die Wissenschaftsgeschichte eingegangen sind. Johann Friedrich Herbart, der Philosoph, Psychologe und Pädagoge, gehörte zu ihnen, ein vordergründig unpolitischer, im Wesen reaktionärer Gelehrter. Seine idealistische Erkenntnistheorie und seine Skepsis gegenüber gesellschaftlicher Evolution haben den jungen Jacoby, der sich von früh an lebhaft für Philosophie, aber auch für klassische Philologie interessierte, unberührt gelassen. Unter den Naturwissenschaftlern waren Karl Burdach und Karl Ernst von Baer Berühmtheiten von europäischem Ruf, beide patriotisch und liberal gesinnt und auf engen Kontakt zu ihren Schülern bedacht. Burdach lehrte Physiologie und Anatomie und huldigte, wie damals die meisten seiner Fachkollegen, den Auffassungen der spekulativen Naturphilosophie, von denen sich Jacoby später energisch abgrenzte. Bei Baer, dem Mitbegründer der modernen Embryologie, hörte der Student medizinische Propädeutik, Zoologie und Tieranatomie. Baer war modernen Methoden zugetan, verwandte das Mikroskop und bemühte sich um eine exakte, vom Experiment nachprüfbare Erfassung der Natur-

Auditorium maximum der Königsberger Universität, Handzeichnung 1844

erscheinungen. Um die Möglichkeit, Kenntnisse und Fertigkeiten in der medizinischen Praxis zu erwerben, war es in Königsberg schlecht bestellt. Für die Gynäkologie gab es weder eine Professur noch eine Klinik, und die 1817 aus Privatmitteln errichtete Chirurgische Klinik verfügte nur über sechs Betten.

Jacobys Studienjahre fielen in die Zeit nach den Befreiungskriegen, da es der Adelsreaktion gelungen war, ihre Herrschaft zu restaurieren und jedwede politische Opposition zu unterdrücken. Die von Metternich inspirierten Karlsbader Beschlüsse installierten an den Universitäten ein fast lückenloses System der Repression, der Verfolgung, des Gesinnungsterrors und der Einschüchterung. Ihnen war 1819 auch an der Albertina die fast hundert Studenten umfassende Burschenschaft zum Opfer gefallen. Jeder Studierende mußte sich bei der Immatrikulation verpflichten, keiner politisch gefärbten studentischen Verbindung beizutreten. Zu den Obliegenheiten der Professoren gehörte es, ihren Hörern nahezulegen, Gefühle der Anhänglichkeit an den Landesherrn zu hegen und den Gesetzen des Staates unbedingten Gehorsam zu leisten. Vom Studentenleben hat Jacoby unter diesen Bedingungen keine positiven, seinen späteren politischen Werdegang förderlichen Eindrücke und Anregungen empfangen.

An der Albertina fehlte es dennoch nicht an Formen studentischer Geselligkeit und auch nicht an Gelegenheiten, patriotische Traditionen zu pflegen. Am 18. Juni, dem Jahrestag der Schlacht von Waterloo, zogen alljährlich die Studenten zum unweit der Stadt gelegenen Galtgarbenberge, der höchsten Erhebung des ostpreußischen Landes. Dort war ein Denkmal zu Ehren der Befreiungskriege errichtet worden, und dort gedachte man der in den Kämpfen gefallenen Opfer.

Großen Zulauf fanden im Winter Festlichkeiten und Bälle, die von den Studenten organisiert wurden. Man wählte einen sogenannten Entrepreneur, einen Verantwortlichen, in dessen Händen die Vorbereitung und Leitung einer solchen Veranstaltung lag. Dieses Amt galt als Auszeichnung, und es war für die jüdischen Studenten schmerzlich, daß sie prinzipiell von der Wahl ausgeschlossen blieben. Jacobys Charakterstärke, ein später so hervorstechender Zug seiner Persönlichkeit, trat erstmals zutage, als er die Abschaffung dieser Diskriminierung durchzusetzen vermochte. Als erster jüdischer Student, der Entrepreneur wurde, erregte er in Königsberg ein gewisses Aufsehen.

Es scheint überhaupt, daß offene oder versteckte Kränkungen und Benachteiligungen, denen er sich seiner Herkunft wegen ausgesetzt sah, ihn bewogen haben, sich mit Ungestüm ins studentische Treiben zu stürzen. So soll er «bei vollster geistiger und körperlicher Gesundheit einer der flottesten Studenten der Hochschule» gewesen sein, «jeder ritterlichen Übung hold und besonders mit der Klinge stets bei der Hand». Als an der Albertina ein geselliger Kreis, ein sogenanntes Kränzchen, Lithuenia mit Namen, entstand, zählte Jacoby zu seinen Mitgliedern. Die Kränzchenbrüder distanzierten sich von den Landsmannschaften, deren Studium sich vielfach im Kneipen erschöpfte, und waren darauf bedacht, sich gegenseitig zu fleißigem Lernen und zu ernsthaftem Lebenswandel anzuhalten.

Seine Hilfsbereitschaft und sein breites Interessenfeld machten es Jacoby leicht, an der Universität Freunde zu finden, die ihm lebenslang verbunden blieben. Zu ihnen gehörten vor allem Simon Meyerowitz, Kaufmannssohn wie Jacoby, später ein Privatgelehrter, seine Vettern Eduard und Julius Waldeck, die beide Ärzte wurden, ebenso wie die Freunde Raphael Jakob Kosch und Gustav Dinter. Seit den Studienjahren eng befreundet war er mit Friedrich August Witt, der Philosophie studiert hatte und Oberlehrer am Kneiphöfischen Gymnasium wurde. Wie aus seinem Stammbuch hervorgeht, ergaben sich an der Hochschule auch Kontakte zu Sprößlingen altpreußischer Adelsfamilien, so zu einem von Beneckendorff von Hindenburg, einem Grafen Dohna, einem Grafen Eulenburg, zu einem von der Groeben, von Brünneck und von Keudell.

Sein Studium beendete Jacoby im September 1827 mit der Verteidigung einer Dissertation über das Delirium tremens. Sodann folgte die Vorbereitung auf das Staatsexamen, das er, wie damals alle angehenden Ärzte in Preußen, in Berlin ablegen mußte. Er hatte sich entschlossen, von hier aus eine Bildungsreise anzutreten, die ihn durch weite Teile Deutschlands führen sollte. Ihm ging es darum, Gelegenheiten zu finden, seine medizinischen Kenntnisse zu ergänzen. Der Besuch möglichst vieler Universitätsstädte, Kliniken und Heilanstalten, das Bekanntwerden mit berühmten Gelehrten seines Fachs sollte ihm helfen, Lücken in seiner Ausbildung zu schließen. Außerdem wollte er Land und Leute kennenlernen, Museen aufsuchen und Konzert- und Opernaufführungen hören.

Im Frühjahr 1828 bestieg er die Postkutsche und reiste über Potsdam und Halle nach Sachsen. Station wurde in Leipzig und Dresden gemacht. In der Messestadt besuchte er das Jakobsspital, das von dem seinerzeit bekannten Professor Johann Christian August Clarus geleitet wurde. In der sächsischen Residenz zog ihn die Bildergalerie an, und von hier aus unternahm er eine Wanderung durch die Sächsische Schweiz, wobei er nicht versäumte, die Irrenanstalt auf Sonnenstein bei Pirna in Augenschein zu nehmen. Sein Weg führte ihn danach über Altenburg und Erfurt nach Göttingen, wo er mehrere Kliniken inspizierte. Nach einem Abstecher ins Rheinland wandte er sich südwärts und fuhr über Koblenz,

Mainz und Frankfurt nach Heidelberg. Der Neckarstadt galt sein hauptsächliches Interesse, und hier hielt er sich über sechs Wochen auf, um sich bei Professor Franz Karl Nägele, einem der damals hervorragendsten deutschen Gynäkologen, eingehender mit der Praxis der Geburtshilfe vertraut zu machen.

Über seine fast halbjährige Reise hat Jacoby ein uns erhalten gebliebenes Tagebuch geführt, aus dem wir erfahren, daß der junge Mediziner in Heidelberg sich noch einmal den Abwechslungen des studentischen Lebens hingegeben hat, daß er in einer geselligen Runde verkehrte, kurzzeitig gar einer Studentenverbindung angehörte, Kneipen und Fechtböden besuchte und Ausflüge in die Umgebung machte. Nicht unerwähnt bleiben soll, daß er in den von ihm besuchten Städten ein Auge auf die Damenwelt geworfen und seine Eindrücke davon festgehalten hat. Während ihm die Fräuleins und Frauen in Potsdam zu groß und in Halle zu wenig hübsch erschienen, hatten es ihm besonders die Schönen von Leipzig und Bonn angetan. Notizen über Politisches finden sich in den Aufzeichnungen nicht.

Ende 1828, nach Erlangung der Approbation, begann Jacoby in seiner Vaterstadt als praktischer Arzt, Wundarzt und Geburtshelfer zu arbeiten. Er war einer von hundert Ärzten in Königsberg, die sich um die Gesundheit ihrer Mitbürger sorgten. Der Verlokkung, nach Berlin überzusiedeln, wozu ihn sein Vetter Julius Waldeck mehrfach ermunterte, widerstand er, und ebenso schlug er das Angebot aus, sich in einer anderen ostpreußischen Stadt niederzulassen. Nach damaliger Gepflogenheit hielt er keine Sprechstunde zu Hause ab, sondern besuchte, ausgerüstet mit einem zweirädrigen Wägelchen, seine Patienten in deren Wohnungen. Er wurde Hausarzt vieler Familien, armer wie reicher, und seine Tätigkeit scheint ihm von vornherein eine sichere soziale Stellung geboten zu haben.

Für die Sache Polens

Als die Nachricht vom Sieg der Pariser Julirevolution 1830 bekannt wurde, befand sich Jacoby im böhmischen Marienbad, um eine Patientin zu betreuen. Die Meldung durchfuhr ihn, so berichtet ein Freund, wie ein «elektrischer Funke» und versetzte ihn in eine erwartungsvolle Stimmung. Dem jungen Arzt erging es wie Abertausenden seiner Generation, die hofften, daß der Sturz der Bourbonendynastie in Frankreich den Beginn einer neuen Phase in der Geschichte Europas einleiten würde.

Mit Heftigkeit traten die Widersprüche und Konflikte zutage, die unter dem Regime der Heiligen Allianz, der wiederhergestellten Macht der international verbundenen Adelsklasse, die Fortdauer feudaler und halbfeudaler Zustände, politische Entrechtung und nationale Unterdrückung erzeugt hatten. Wie ihre große Vorgängerin von 1789 gewann die Julirevolution sogleich gesamteuropäische Bedeutung; Erhebungen, Rebellionen, Unruhen und Volksbewegungen in mehreren Ländern folgten ihr. Durch einen Volksaufstand in Brüssel entstand ein selbständiger, auf liberalen Verfassungsgrundsätzen beruhender Staat der Belgier. Volkserhebungen in Italien unterminierten die Fremdherrschaft der Habsburger; in mehreren Kantonen der Schweizer Eidgenossenschaft gelangten die Liberalen zur Macht, und in einer Anzahl süd- und mitteldeutscher Staaten übten revolutionäre Aktionen von Bürgern, Handwerksgesellen, Intellektuellen, Arbeitern und Bauern einen solchen Druck auf die fürstlichen Machthaber aus, daß diese gezwungen waren, Konzessionen zu machen, soziale und politische Reformen durchzuführen, Verfassungen ins Leben zu rufen und damit dem bürgerlichen Fortschritt Raum zu geben. Anfänge eines öffentlichen politischen Lebens entstanden in Deutschland. Die antifeudale Opposition, die in einigen Staaten des Deutschen Bundes erstarkte, verbreitete liberale Ideen und freiheitliche Grundsätze, in ihrem Schoß entstanden schon Ansätze einer demokratischen Strömung.

Unter dem Einfluß der Julirevolution und ihrer Wirkungen entwickelte der fünfundzwanzigjährige Königsberger Arzt politisches

Engagement; in seinem Denken und Handeln nahm von nun an die Politik einen zentralen Platz ein. Sein sehnlichster Wunsch war es, daß auch der Staat der Hohenzollern von der Fortschrittsbewegung erfaßt würde, damit das bürokratisch-absolutistische Machtsystem und die Junkerherrschaft beseitigt und Voraussetzungen für eine auf bürgerlichen Freiheiten, auf Recht und Humanität gegründete politische Ordnung geschaffen werden könnten. In dieser Erwartung wurde er bestärkt, als am 30. November 1830 ein Militäraufstand in Warschau die polnische Revolution auslöste. Vom Adel geführt, richtete sich die Erhebung gegen den russischen Zarismus und hatte die Wiederherstellung Polens als unabhängiger Nationalstaat zum Ziel. Rußland, Österreich und Preußen bildeten die Säulen der europäischen Reaktion, wobei ein wichtiges Fundament ihres Bündnisses die gemeinsame Teilung Polens war. Aus einer Schwächung des Zarismus konnten günstigere Wirkungsbedingungen für die antifeudale Opposition in Deutschland entstehen. Die Erhebung der Polen führte unmittelbar zu einem bedeutsamen Resultat: Sie blockierte die internationale Handlungsfähigkeit der zaristischen Regierung, die ihren Plan aufgeben mußte, durch eine militärische Intervention die Errungenschaften der Julirevolution in Westeuropa rückgängig zu machen.

Der Kampf der polnischen Aufständischen fand im deutschen Volke starken Widerhall. Mut und Kühnheit der Polen wurden bewundert, und man wünschte ihren Waffen den Sieg. Die Anteilnahme am Schicksal der Polen und die Sympathie für sie waren auch in Ostpreußen weit verbreitet, obgleich sie hier keine organisierten Formen annahmen. Für Königsberg und Ostpreußen spielte der Umstand eine wichtige Rolle, daß die Erhebung der Polen den ökonomischen Interessen der Handelsbourgeoisie entgegenkam. Als sich die zaristischen Truppen von der preußischen Grenze zurückziehen mußten, fielen die hohen Zollmauern, die die Petersburger Regierung 1823 errichtet hatte und durch die der Handel fast völlig zum Erliegen gekommen war. Nunmehr konnte der Warenstrom nach Polen wieder in Gang gebracht werden.

Johann Jacoby gab sein publizistisches Debüt, als er zur Feder griff, um die in seiner Heimatprovinz vorherrschende polen-

Johann Jacoby in jungen Jahren

freundliche Gesinnung und seine eigene warmherzige Teilnahme an der Sache der Polen zu bekunden. In einem Artikel, den er im Mai 1831 im «Hesperus», einem in Stuttgart erscheinenden liberalen Organ, veröffentlichte, polemisierte er gegen die Königsberger Zeitung. Er warf ihr mangelnde Unparteilichkeit vor und klagte sie an, sie bringe die Meldungen, die von Rückschlägen für die Aufständischen handeln, sehr ausführlich, während sie über deren Erfolge nur sehr spät und entstellt berichte. «Wer der Vergangenheit kundig und ein für Recht und Menschenwürde schlagendes Herz in der Brust trägt», so schrieb er, «– wie sollte der nicht voll innigen Mitgefühls Anteil nehmen an dem Schicksal eines Volkes, das noch so edel zu denken, so tapfer zu handeln vermag.» Er erinnerte daran, daß sich die Deutschen noch vor zwei Jahrzehnten in der gleichen Lage wie die Polen befanden. Die französische Fremdherrschaft mußten auch sie durch bewaffneten Kampf abschütteln. «Unsere Sache, für die damals jeder Gut und Blut freudig opferte, – um nichts besser war sie als die gute Sache der Polen, und überall spricht sich daher der Wunsch aus, möge gleichen Anstrengungen ein gleiches Gelingen zuteil werden.»

Jacoby drängte es, selbst ins Aufstandsgebiet zu kommen. Begeisterung für den polnischen Freiheitskampf leitete ihn dabei ebenso wie ärztliches Interesse. Vom Oberpräsidenten von Schön ließ er sich den Auftrag geben, die in Polen grassierende asiatische Cholera zu studieren. Er gehörte nicht zu den etwa achtzig deutschen Medizinern, die dem Ruf der Provisorischen Regierung in Warschau folgten, verwundete Aufständische in den Lazaretten zu behandeln. Am 25. Mai 1831 begab er sich, ausgerüstet mit Empfehlungen Schöns, in den Ostpreußen benachbarten Distrikt Augustowo, ein Gebiet, in dem polnische Patrioten mit zaristischen Truppen im Kampfe standen. Zwei Wochen hielt er sich dort auf; an den Orten, die er bereiste, half er mit seiner ärztlichen Kunst und behandelte verwundete Freiheitskämpfer wie erkrankte Zivilisten.

Er war der erste ostpreußische Arzt, der die Cholera aus eigener Erfahrung kannte. Über seine Beobachtungen berichtete er am 9. Juli vor der physikalisch-medizinischen Gesellschaft in Königsberg. Sein Vortrag war von großer Wichtigkeit, denn inzwischen hatte die Seuche auf Ostpreußen übergegriffen. Die deshalb von der Berliner Regierung angeordneten Isolierungsmaßnahmen waren heftig umstritten, weil sie den Handelsverkehr mit Polen unterbanden und das Wirtschaftsleben der Provinz lähmten.

Wie die Mehrzahl seiner Berufskollegen vertrat Jacoby die Meinung, die Cholera sei nicht ansteckend. Der Beweis dafür, daß diese Auffassung unrichtig war, wurde endgültig erst erbracht, als Robert Koch 1883 den Cholera-Bazillus entdeckte. Jacoby sprach sich mit Entschiedenheit gegen die getroffenen Verkehrsbeschränkungen und Absperrungen aus, die sowohl der polnischen Erhebung schadeten als auch unter den ärmeren Bevölkerungsschichten Arbeitslosigkeit und Not hervorriefen.

Für seine Polenbegeisterung war es bezeichnend, daß er glaubte, einen Zusammenhang zwischen der Cholera und patriotischer Gesinnung feststellen zu können. Dabei stützte er sich auf eine damals verbreitete Affekttheorie, wonach als Ursachen der Cholerakrankheit neben mangelnder Ernährung und schlechten Wohnverhältnissen Angst und Schrecken anzusehen seien. Er verwies auf seine Beobachtung, daß in Kalwari niemand mehr erkrankte, nachdem der Ort durch die Aufständischen befreit worden war; zudem sei unter den militärischen Verbänden der Polen die Krankheit kaum verbreitet gewesen. Neben der besseren Verpflegung und Bekleidung, so sagte er, sei ein Grund dafür auch «das erhebende Gefühl» gewesen, «das sie insgesamt beseelte, der Enthusiasmus und das frohe Vertrauen auf ihre gute Sache».

Mitte Juli erreichte die Seuche Königsberg. Viele Tausende erkrankten, und es gab mehr als tausend Tote. Jacoby setzte sich aufopferungsvoll ein; er war während der Cholerazeit einer der gesuchtesten Ärzte der Stadt. Aus Empörung über die Sperrmaßnahmen, die zu einer raschen Verteuerung der Lebensmittel geführt hatten, brach in den Armenvierteln Königsbergs Ende Juli eine Rebellion aus, die sich gegen die Polizei, gegen reiche Bürger, aber auch gegen viele Mediziner richtete, von denen man argwöhnte, ihre Medikamente seien an der hohen Zahl der Todesopfer mitschuldig. Die Revolte, die in einem Sturm auf das Polizeipräsidium gipfelte, wurde unter Einsatz von Militär niedergeschlagen. Erst die Aufhebung der Isolierungsanordnungen entspannte die Lage.

Als der polnische Aufstand im August 1831 der Übermacht der zaristischen Truppen erlag, flüchteten Zehntausende der Aufständischen über die preußische Grenze. Die Sympathiebewegung für das tapfere Nachbarvolk erreichte einen neuen Höhepunkt und erlangte ihre größte Ausdehnung. Damals waren die Polenlieder von Lenau, Chamisso, Grillparzer, Uhland und besonders von Julius Mosen in vieler Munde. Die polnischen Patrioten erfuhren in Deutschland Unterstützung und Hilfe, bevor sie nach Frankreich und Belgien weiterreisten. Da die preußische Regierung dazu überging, vielen Polen den Übertritt über die Grenze zu verwehren, waren in Ostpreußen konspirative Formen notwendig, um die Flüchtenden vor dem Zugriff der zaristischen Behörden zu bewahren. Jacoby hat sich, ohne daß wir Näheres darüber wissen, an dieser Arbeit beteiligt. Eine Polin, A. Gawronska mit Namen, die er auf seiner Reise in Augustowo kennengelernt hatte, vermittelte seine Kontakte zu polnischen Patrioten. Ihre Briefe, die sie in französisch verfaßte, sprechen voller Bewunderung von seinem warmherzigen Eintreten für die Sache der Polen.

Vorkämpfer der Judenemanzipation

«Ich führe ein wahres Philisterleben, beschicke tagsüber meine Patienten und gehe abends ermüdet und zu jeder anhaltenden Arbeit unfähig zwischen meinen vier Mauern auf und nieder, lasse dann meine getäuschten Hoffnungen Revue passieren und ärgere mich, daß ich in meiner Ohnmacht nicht mehr tun kann, als mich ärgern ... Und so sind denn alle die schönen Seifenblasen zerplatzt, die ich Tor genug war, für mehr zu halten als bloße Seifenblasen.» Diese Sätze aus einem Brief vom März 1832 sind ein Zeugnis von vielen, die belegen, daß Jacoby 1832/33 eine Zeit pessimistischer Anwandlungen, eine Phase der Verstimmung und der Niedergeschlagenheit durchlebte. Was waren die Ursachen für dieses gedrückte Lebensgefühl?

Mit vielen seiner Zeitgenossen teilte Jacoby die tiefe Enttäuschung über die eingetretene Wendung der politischen Entwicklung in Deutschland und Europa. Unerfüllt geblieben waren die hochfliegenden Erwartungen, die sich an die von der Julirevolution ausgelösten Bewegungen geknüpft hatten. In Frankreich selbst vermochten die Pariser Arbeiter und Demokraten nicht die Errichtung einer demokratischen Republik durchzusetzen; an die Macht gelangte die Finanzbourgeoisie, die ihre Herrschaft unter der Ägide des Königtums Louis Philippes ausübte, in dem Jacoby nur einen «neuen Bourbon» sehen konnte. An der Übermacht des Zarismus war der Aufstand der Polen gescheitert, in Preußen und Österreich blieb infolge der Schwäche ihrer bürgerlichen Kräfte die revolutionäre Krise aus, die in anderen Staaten zu Veränderungen geführt hatte. Der aristokratisch-monarchischen Reaktion gelang es wiederum, die antifeudale Opposition zurückzudrängen und nahezu auszuschalten.

Eine neue Periode reaktionärer Adelsherrschaft setzte ein, als

Metternich und der preußische Junkerstaat das Hambacher Fest, die große Manifestation der fünfundzwanzigtausend Patrioten für eine nationale Einigung der Deutschen, und den Frankfurter Wachensturm vom April 1833 zum Anlaß nahmen, um mit Hilfe des Bundestages eine Politik scharfer Repressionen durchzusetzen. Neuen Zensurbestimmungen fiel die freisinnige Presse zum Opfer, Volksversammlungen und politische Vereine wurden verboten, die Landtage in ihren Rechten und Kompetenzen geschmälert, aktive Teilnehmer an den oppositionellen Bestrebungen verhaftet oder zur Emigration gezwungen. Über Deutschland brach eine neue Welle der Demagogenverfolgung herein, und engmaschig war das Netz von Spitzeln und Zuträgern geknüpft, das sich die Regierungen zur Ausschaltung ihrer Gegner schufen.

Jacobys depressive Stimmung blieb nur eine Episode; bald gewann der in seinem Wesen tief verwurzelte Optimismus wieder die Oberhand. Im Sommer 1833 spricht er in einem Brief davon, daß er glaube, «im Inneren genesen» zu sein, daß er neue Kraftgefühle in sich spüre und hoffe, «fortan dreist den äußeren Schicksalen die Stirn bieten» zu können. Trotz der Ungunst der politischen Lage schien es ihm möglich, auf einem Felde wirksam zu werden, das ihm von Jugend an besonders am Herzen lag: der bürgerlichen Gleichstellung seiner jüdischen Mitbürger.

Die Emanzipation der Juden war eine Teilaufgabe bei der bürgerlichen Umgestaltung der Gesellschaft. Die Fortschritte, die während der napoleonischen Ära in den Rheinbundstaaten und in Preußen durch das Edikt von 1812 erzielt worden waren, traf das gleiche Los wie viele andere antifeudale Reformmaßnahmen. Sie wurden, nachdem die Adelsreaktion wieder fest im Sattel saß, gestoppt, geschmälert, verfälscht und zum Teil gänzlich rückgängig gemacht. Nach 1815 inszenierten in einigen Gebieten Deutschlands christlich-orthodoxe Kräfte, teutomanische Nationalisten und vom kapitalistischen Konkurrenzdruck bedrohte Handwerker und Bauern judenfeindliche Stimmungen. Die Behörden der Freien Stadt Frankfurt hoben durch Dekret die Judenbefreiung auf und ordneten die Wiedereinführung des Ghettos an. Die judenfeindlichen Ressentiments kulminierten 1819 in einer von

Würzburg ausgehenden Pogrombewegung, die bis in einige Städte Norddeutschlands wirkte.

Die junkerlichen Ultras, die seit 1819 in Preußen allein den Kurs der Regierung bestimmten, waren durchaus gesonnen, es den Frankfurter Spießbürgern gleichzutun und das Edikt von 1812 aufzuheben. Da man das Aufsehen scheute, das eine solche Entscheidung hervorrufen konnte, entschloß man sich zu einem verdeckten Vorgehen. Der Geltungsbereich des Gesetzes wurde auf jene Gebiete, die 1812 zur preußischen Monarchie gehört hatten, begrenzt. Infolgedessen blieben unter anderem in der Provinz Posen und im Rheinland noch die aus dem Mittelalter überkommenen Judenordnungen mit ihren Berufs-, Grunderwerbs- und Freizügigkeitsbeschränkungen in Kraft oder erhielten erneut Geltung. Selbst 1846 verfügten in Preußen noch vierzig Prozent aller Juden über keinerlei bürgerliche Rechte, sie wurden in den Städten und Dörfern nur geduldet. Außerdem erfolgte eine Revision des Edikts. Menschen mosaischen Glaubens entzog man die ihnen im Gesetz von 1812 eingeräumten Betätigungsmöglichkeiten im Schul- und Hochschulwesen, in der kommunalen Verwaltung und in politischen Vertretungskörperschaften. Wer Jude war, konnte nicht Beamter, Offizier, Universitätslehrer, nicht Mandatsträger in einem Provinziallandtag, ja nicht einmal Torschreiber, Apotheker oder Briefträger werden.

Hinzu kam, daß die preußische Regierung sich massiv in die Auseinandersetzungen einschaltete, die unter den Juden entstanden waren. Hier gab es die Orthodoxen, denen nichts an der Gleichstellung mit den Christen lag, die sich starr von ihrer christlichen Umgebung isolierten und an allen Dogmen und Gepflogenheiten der jüdischen Glaubenslehre festhielten. Ihnen standen die Reformjuden gegenüber, die für die bürgerliche Emanzipation, für den Anschluß an die deutsche Kultur und für eine Modernisierung der Satzungen der Religion der Juden eintraten. Der preußische Junkerstaat stellte sich demonstrativ auf die Seite der Orthodoxen. 1823 verfügte eine königliche Kabinettsordre, daß der Gottesdienst in den jüdischen Gemeinden «ohne die geringste Neuerung» zu halten sei.

Von Jugend an hat Jacoby stark unter der Zurücksetzung und den Demütigungen, unter den Vorurteilen und der Mißachtung gelitten, denen er sich als Jude ausgesetzt sah. Die Diskriminierung seiner jüdischen Mitbürger und ihre Behandlung als Menschen, denen nur ein reduzierter Lebensanspruch zukam, trugen dazu bei, daß schon der Medizinstudent eine oppositionelle Gesinnung gegenüber den Machthabern des preußischen Staates entwickelte. Von seinem Drang nach Gleichberechtigung der Juden und von seinem Einsatz für dieses Ziel gingen starke Impulse für seine freiheitliche politische Entwicklung aus. Mit Empörung und verletztem Selbstgefühl reagierte seine sensible Natur auf die bürgerliche Unfreiheit der Juden, auf die Schranken und Hindernisse, die ihrer Persönlichkeitsentwicklung entgegenstanden. «Der Gedanke: Du bist ein Jude! ist eben der Quälgeist, der jede wahre Freude lähmt, jedes sorglose Sichgehenlassen gewaltsam unterdrückt», heißt es in einem Brief vom Juli 1832. Und Jacoby fährt fort: «Durch die Staatsgesetze von äußeren Ehren und so vielen Rechten ausgeschlossen, in der Meinung seiner christlichen Mitbürger niedriger gestellt, dies wenigstens stets (und wer kann es ihm verdenken?) argwöhnend, fühlt der Jude sich durch fremde Überhebung gedemütigt und ist so nur zu sehr geneigt, in jeder unschuldigen Äußerung eine Kränkung zu befürchten.»

Als Jacoby die Julirevolution und das Wiedererstehen einer antifeudalen Opposition in Deutschland leidenschaftlich begrüßte, verband sich für ihn damit die Hoffnung, im Verlaufe politischer Umgestaltungen würde auch die Judenemanzipation erfolgen können.

Er trat mit Gleichgesinnten, mit Christen sowohl als auch mit Juden, in Verbindung, um gegen die Entrechtung seiner Glaubensgenossen anzukämpfen, in der Überzeugung, daß Toleranz und Gleichberechtigung nicht von den Fürsten und der Adelsaristokratie zu erwarten waren. Nur eine Kraft, die freiheitliche Losungen auf ihre Fahnen geschrieben hatte, konnte den jüdischen Emanzipationskampf fördern. Diese Kraft war für ihn die Volkspartei, die liberale und demokratische Bewegung. «Unter dieses Banner müssen wir uns reihen, um zugleich Vorurteile und Beschränkungen, die uns drücken, zu vertilgen. Hier seien wir mit Wort und Tat zu streiten bereit, wo – abgesehen von der Judenfrage – uns auch so schon Herz und Verstand hinzieht», schrieb er im Sommer 1832 seinem Vetter Jacob Jacobsohn.

1833 war im preußischen Innenministerium ein Gesetzentwurf erarbeitet worden, der eine einheitliche, für die gesamte Monarchie verbindliche Regelung der Judenfrage vorsah. Die Vorlage ging davon aus, die Juden in zwei Kategorien einzuteilen. Denjenigen, die zur ersten Gruppe gehörten, den wohlhabenden und gebildeten Juden, sollten bis auf kleine Einschränkungen die Bürgerrechte zuerkannt werden; die überwiegende Mehrheit dagegen sollte darauf keinen Anspruch haben dürfen. Dieser Gesetzentwurf geriet sogleich in das Kreuzfeuer öffentlicher Polemik, worauf es Karl Streckfuß, ein Oberregierungsrat im Innenministerium, unternahm, ihn in einer Broschüre gegen die laut gewordenen Proteste und Angriffe zu verteidigen. Darin verstieg sich Streckfuß zu der Behauptung, es würde noch mindestens dreißig Jahre bedürfen, bis alle Juden für eine völlige Gleichberechtigung reif seien.

An dem Flugschriftenkampf, den die Streckfußsche Broschüre auslöste, beteiligte sich auch Jacoby mit seiner ersten politischen Schrift, die den Titel trug «Über das Verhältnis des königlich-preußischen Regierungsrates Streckfuß zur Emanzipation der Juden». Diese Arbeit wies schon alle die Vorzüge auf, die seinen späteren Kampfschriften eigen sind: Überlegenheit in der logischen Beweisführung, Konzilianz im Ton, analytische Schärfe in der Sache und eine epigrammatisch verknappte, von hoher stilistischer Meisterschaft zeugende Sprache.

Jacoby, der die Ansichten und Argumente seines Kontrahenten im einzelnen zerpflückte, legte vor allem auf zwei Feststellungen Wert. Er betonte die Mitschuld der Gesetzgebung einer «ungerechten» Regierung an der Verachtung, auf die die Juden in der Öffentlichkeit stießen. Und er wies mit Entschiedenheit die These zurück, die Juden seien im Lande Fremde und würden eine eigene Nation bilden. Er forderte ihre sofortige und völlige Emanzipation, und zwar nicht als eine ihnen gewährte Gnade, sondern als ihr vorenthaltenes Recht. «So lange auch nur ein Recht dem Juden entzogen wird, bloß weil er Jude ist, so lange bleibt er ein Sklave.» Schließlich gab er seiner Überzeugung Ausdruck, daß eine «humanere Zukunft ... über kurz oder lang uns freimachen wird». Die Schrift ließ Jacoby, um der preußischen Zensur auszuweichen, unter Verzicht auf ein Honorar, im Verlag Hoffmann und Campe in Hamburg erscheinen.

Es gab eine nicht geringe Zahl von Juden, die das Problem ihrer Anpassung lösten, indem sie sich vom jüdischen Glauben lossagten und sich taufen ließen. Berühmte Namen wie Heinrich Heine und Ludwig Börne weist die Geschichte auf, die diesen Weg gegangen sind. Wie Heine betrachteten viele, die religiös längst indifferent geworden waren, ihren Übertritt als ein notwendiges, leicht zu bringendes Opfer, als einen unumgänglichen Schritt, um die Chancen und Möglichkeiten der bürgerlichen Gesellschaft wahrnehmen zu können. Auch in Königsberg ließen sich zahlreiche Juden taufen. Zu ihnen gehörte unter anderen der mit Jacoby gut bekannte Jurist Eduard Simson, dem es auf diese Weise möglich wurde, Professor an der Albertina, 1848 Präsident der ersten deutschen Nationalversammlung in Frankfurt und 1867 Präsident des Reichstages des Norddeutschen Bundes und 1871 des Deutschen Reiches zu werden.

Jacoby wollte solchen Beispielen nicht folgen. Obwohl er keine emotionale Bindung an den mosaischen Glauben besaß, wäre es ihm als eine Absage an die Verbundenheit mit seinen jüdischen Mitbürgern erschienen, hätte er sich offiziell von ihrer Religion losgesagt. Er spürte auch wenig Neigung, sich einem evangelischen Christentum zuzuwenden, das damals autoritär-dogmatischen Charakter trug und sich allzu offensichtlich als ideologisches Werkzeug jener Kräfte erwies, die im preußischen Staate den Ton angaben. Jacobys religiöses Bewußtsein war von der Aufklärung geprägt und reduzierte sich letztlich auf die Anerkennung eines «höchsten Wesens». Er war damit Deist. In der Vorstellung von der Existenz eines «Ewigen» glaubte er den Kern aller Religionen zu sehen. Nach seiner Überzeugung würde sich die Religion der Zukunft nur auf diesen Kern stützen, die historische Entwicklung zur Abschüttelung alles mythologischen Beiwerkes beim Juden- und

Christentum führen, und alle Religionen würden verschmelzen. Daß eine solche Religion dann überflüssig sei und aufgehoben werden könnte, ergab sich für ihn als logische Konsequenz.

Eine Zeitlang hat Jacoby in der jüdischen Gemeinde Königsbergs jene Kräfte unterstützt, die für eine Reform und Erneuerung der Glaubenslehre und der Religionsausübung eintraten. Auf seine Initiative entstand 1838 eine Petition, die eine Reform des Synagogenkults, vor allem durch die Einführung eines in deutscher Sprache gehaltenen Religionsvortrages, forderte.

Seit Ende der dreißiger Jahre trat bei Jacoby die Frage der Judenemanzipation in den Hintergrund. Über Jahre hinweg hatte sie für ihn Priorität vor anderen Aufgaben besessen. Der Arzt mußte sich Freunden gegenüber sogar mit dem Vorwurf auseinandersetzen, er sei nur deshalb Parteigänger des Liberalismus, weil er von dessen Sieg die Gleichberechtigung der Juden erwarte. Nun war er zu der Erkenntnis gelangt, daß die Befreiung der Juden ein untergeordneter Aspekt des allgemeinen Kampfes um die Verwirklichung der politischen Freiheitsziele des Bürgertums ist. «Wie ich selbst Jude und Deutscher zugleich bin, so kann in mir der Jude nicht frei werden ohne den Deutschen und der Deutsche nicht ohne den Juden; wie ich mich selbst nicht trennen kann, ebenso wenig vermag ich in mir die Freiheit des einen von der des anderen zu trennen. Diese Freiheit aber kann nicht dem einzelnen zuteil werden, nur wir alle zusammen erlangen sie oder keiner von uns, denn ein und derselbe Feind und aus gleicher Ursache hält uns gefangen, und nur allein die Zerstörung des Gefängnisses kann uns zum Ziel führen.» Diese Worte aus einem Brief vom Mai 1837 zeigen, welches Maß von Klarheit Jacoby über das Verhältnis der Judenfrage zur allgemeinen bürgerlichen Emanzipation gewonnen hatte.

Inzwischen war Jacoby schon auf anderen Gebieten aktiv geworden. 1836 griff er mit zwei Flugschriften in einen vom Arzt Dr. Carl Ignaz Lorinser ausgelösten Streit über das Maß der Anforderungen und über die Gestaltung der Lehrpläne in den preußischen Gymnasien ein. Vom Geiste bürgerlichen Humanismus beseelt war seine Schrift «Der Streit der Pädagogen und Ärzte».

Sich vom Neuhumanismus distanzierend, brach er hier eine Lanze für eine lebensnahe Ausbildung der Schüler und setzte sich dafür ein, die körperlichen Fähigkeiten ebenso wie die geistigen zu entwickeln. Der Erziehungsplan, den er skizzierte, sah vor, daß nicht mehr Griechisch und Latein, sondern Naturwissenschaften und Deutsch im Zentrum der Ausbildung stehen und daß eine Teilung des Bildungsganges in einen naturwissenschaftlich-technischen und einen philologisch-humanistischen Zweig erfolgen sollte. 1838 publizierte er eine weitere Broschüre, eine Sammlung von Aktenstücken, die er in Frankreich drucken ließ und mit der er der Öffentlichkeit dokumentarisch Kunde gab von den Schikanen, mit denen die preußische Zensur das Erscheinen eines polemisch gehaltenen fachwissenschaftlichen Artikels aus seiner Feder verhindert hatte.

Jacoby war dazu übergegangen, alle sich bietenden Gelegenheiten zu nutzen, um auf dem Wege beharrlicher politischer Kleinarbeit die Bürger gegen das in Preußen herrschende aristokratisch-monarchische Regime aufzurütteln. Um ihn sammelte sich eine Gruppe oppositionell gesinnter Intellektueller und Kaufleute, die sich in Königsberg im Café Siegel zu treffen pflegten und dort eine Art Lesezirkel bildeten. Man beschäftigte sich mit dem Austausch und dem Lesen politischer, vorwiegend verbotener Literatur und unterhielt Kontakte zu ähnlichen Zirkeln, die in anderen Städten Ostpreußens entstanden. Diese lockeren Verbindungen konnten sich der Duldung und des Wohlwollens des gemäßigt-liberalen Oberpräsidenten Theodor von Schön erfreuen.

Öffentliche Wirksamkeit entfalteten diese Zirkel zum erstenmal, als 1837 die Protestbewegung gegen die Aufhebung der Verfassung im Königreich Hannover zur Wiederbelebung der liberalen Bewegung in Deutschland führte. Auch in Ostpreußen fand der Widerstand der sieben Göttinger Professoren gegen den Verfassungsbruch große Resonanz. Die Hochschullehrer verloren ihre akademischen Ämter und wurden außer Landes gewiesen. Für die Verleihung der Ehrendoktorwürde an zwei der Professoren, an Wilhelm Albrecht und Wilhelm Eduard Weber, handelte sich die Königsberger Albertina einen Tadel der Berliner Regierung ein.

Damals wurde der Begriff vom «beschränkten Untertanenverstand» geprägt, als der preußische Innenminister Gustav Adolf Rochus von Rochow eine Gruppe Elbinger Bürger dafür zurechtwies, daß sie Professor Albrecht eine Sympathieadresse übersandt hatten. Der Minister verurteilte es, daß sie den Maßstab ihrer «beschränkten Einsicht» an die Handlungen eines Monarchen angelegt hätten. In Königsberg regte Jacoby eine Spendenaktion für die Göttinger Sieben an; er konnte im Februar 1838 im Namen von 130 Bürgern der Stadt an Professor Friedrich Christoph Dahlmann 1600 Mark übersenden.

Von welcher politisch-ideologischen Position ließ Jacoby sich in seinem Handeln bestimmen? Er wußte um den nur bescheidenen Effekt seiner politischen Wirksamkeit. Doch die reale Einsicht in die für das Volk noch ungünstige Kräftegewichtung zwischen Fortschritt und Reaktion hielt ihn nicht davon ab, mit großer Gewißheit vom künftigen Siege der eigenen Sache zu sprechen und seine Freunde mit dieser Siegeszuversicht zu erfüllen. Der eigenen Überzeugung nach war Jacoby seit Anfang der dreißiger Jahre bereits bürgerlicher Republikaner. Allein ein republikanisches Staatswesen schien ihm die Gewähr zu bieten, beide von ihm als Aufgaben des Staates bezeichnete Ziele zugleich zu erfüllen: «Wohlsein, Kenntnis und Sittlichkeit des Volkes zu fördern, und zwar mit möglichst größter Freiheit jedes einzelnen».

Die erste Aufgabe, das materielle und geistige Wohl des Volkes zu heben, hielt er auch unter den Bedingungen einer «tüchtigen Monarchie» für lösbar. Dagegen glaubte er, daß allein eine Republik dem Bürger das gewünschte Höchstmaß an persönlicher Freiheit zu bieten in der Lage sei. Er war überzeugt davon, der Lauf der Geschichte würde in kurzer Zeit auch in Deutschland zur Republik führen: «Wir sind auf dem Wege zur Republik, deren Blüten und Früchte vielleicht schon die nächste Zukunft genießen wird.» Da dieses Ziel, wie er meinte, wahrscheinlich nicht in einem Anlauf zu erreichen sei, müsse man «Übergangsformen, Chausseen, die schneller zum Ziele führen» ins Auge fassen und für sie eintreten. Als solche «Übergangsformen» betrachtete er Konzessionen wie Verfassungen und Volksvertretungen, die das Volk den

Der Schloßteich in Königsberg um 1830

Fürsten abtrotzen könne. Jacoby hatte von früh an einen ausgeprägten Sinn für politischen Realismus und für den Unterschied zwischen einem Endziel und einem Etappenziel. Republikaner seiner Gesinnung nach, focht er für das zunächst Erreichbare, wenn er sich in den Dienst der liberal-konstitutionellen Bewegung stellte.

Das Vorgefecht

Königsberg erlebte ausgangs des Sommers 1840 bewegte Tage. Friedrich Wilhelm IV., im Juni, nach dem Tode seines Vaters, preußischer König geworden, weilte mitsamt seinem Hofstaat zwei Wochen in den Mauern der Stadt, um sich nach alter Tradition von den Ständen Ostpreußens huldigen zu lassen. Am 19. August zog er ein. An der Seite des Wagens der Königin reitend, wandte er sich leutselig den Menschen zu und zügelte hin und wieder sein Pferd, um einem Knaben über den Scheitel zu streichen. In den engen, mit Ehrenpforten, Girlanden und Blumenkronen geschmückten Straßen winkten ihm die Menschen begeistert zu.

Von den Segelaufbauten der an den Kais ankernden Schiffe grüßten jubelnd die Matrosen. Handwerker und Kaufleute, Schärpen um den Leib und nach ihren Innungen und Korporationen gegliedert, formierten sich unter ihren Fahnen und Emblemen in einem langen Zug zum Schloß. Zu nächtlicher Stunde taten es ihnen die Studenten gleich, im Lichterglanz von Fackeln. An den folgenden Tagen gab es Bälle, Empfänge und Festivitäten. Besonders glänzend verlief ein von den Ständen arrangiertes Fest, auf dem man vor den Augen des Monarchen die Geschichte Ostpreußens und Königsbergs in lebenden Bildern vorüberziehen ließ. Am 10. September fand im geräumigen Innenhofe des Schlosses die offizielle Zeremonie der Huldigung statt. Zu ihr waren zwanzigtausend Menschen zusammengeströmt, denen zu ihrer Verblüffung sich ein bisher unbekanntes Schauspiel bot. Da erhob sich nach erfolgter Huldigung der etwas zur Korpulenz neigende König von seinem Thronsessel, der auf einer an der Ostseite des Schlosses errichteten Tribüne stand, trat an den Rand der Brüstung und nahm mit weithin hallender Stimme das Wort zu einer Ansprache an die Menge. In beredten Worten gelobte er, sein Herrscheramt stets sorgsam und treu versehen zu wollen und dem Land ein barmherziger Fürst und ein christlicher König zu sein. Was die Menschen in Erstaunen setzte, war nicht die schwungvolle, bilderreiche Rhetorik, nicht der Inhalt seiner Worte, sondern die Tatsache, daß zum erstenmal ein König sich dazu herabließ, sich mit einer Rede an das Volk zu wenden. Eines wurde damit augenscheinlich: Der neue König war von anderer Statur als sein seliger Vorgänger, eine steife, wortkarge, kühle und trockene Aristokratennatur.

Seine Königsberger Ansprache steigerte die Popularität, die Friedrich Wilhelm IV. seit seiner Machtübernahme im Lande genoß. Thronwechsel sind in der Geschichte häufig Ereignisse gewesen, von denen sich Untertanen und Bürger Veränderungen zum Besseren erhofften. Das war auch diesmal so, und die Bourgeoisie glaubte sich in dieser Erwartung bestärkt, nachdem die ersten Regierungshandlungen des Monarchen eine liberale Tendenz erkennen ließen. Es wurde eine Amnestie für politische Verbrechen verkündet, die Ministerialkommission zur Verfolgung demagogischer

Umtriebe aufgelöst und die Rehabilitierung der 1819 gerichtlich verfolgten und amtsenthobenen Ernst Moritz Arndt und Friedrich Ludwig Jahn ausgesprochen. Eine Wende der politischen Verhältnisse konnten solche Maßnahmen jedoch nur dann andeuten, wenn ihnen eine echte Reformpolitik folgte. Ob das der Fall sein würde, war für einen scharfsinnigen Beobachter schon aus den Königsberger Vorgängen dieser Tage zu erkennen. Politische Bedeutung hatten dort nicht das Festgepränge, mit dem die Staatsaktion in Szene gesetzt wurde, auch nicht die öffentliche Deklamation des Königs, sondern allein der Provinziallandtag und die von ihm ausgehende politische Initiative.

Nach feudalem Brauch besaßen die Stände einer jeden Provinz das Recht, sich vor der Erbhuldigung eines neuen Monarchen zu versammeln und den Landesherrn um die Bestätigung ihrer überkommenen Privilegien zu bitten. Als der ostpreußische Provinziallandtag am 5. September zusammentrat, einigten sich seine Deputierten, auf die Erörterung des alten Privilegienwesens gänzlich zu verzichten. Sie faßten statt dessen den Beschluß, an den König allein die Bitte um die Einberufung einer allgemeinen Landesrepräsentation zu richten, wobei sie sich auf das Gesetz vom 22. Mai 1815 bezogen, in dem Friedrich Wilhelm III. die Errichtung einer konstitutionellen Ordnung in Aussicht gestellt hatte.

Durch diesen Schritt wurde der König gedrängt, das Wesen seiner politischen Linie zu enthüllen. Die Aktion war um so bedeutsamer, als sie von einer Institution ausging, in der die adligen Großgrundbesitzer die absolute Mehrheit besaßen. Überall in den ostelbischen Provinzen Preußens dominierte in den 1823 gebildeten Provinziallandtagen der Junkeradel. Nach ständischem Prinzip war das Wahlrecht an den Besitz von Grundeigentum gebunden und die Mandatsverteilung so geregelt, daß die Hälfte aller Sitze auf den Adel, ein Drittel auf die Vertreter der Städte und ein Sechstel auf die der Bauern entfielen.

Entgegen herkömmlicher Gepflogenheit reagierte der Hohenzollernkönig schon nach zwei Tagen mit einem Bescheid. Die Deputierten vernahmen in dem sogenannten Landtagsabschied eine diplomatisch verklausulierte, im Ton entgegenkommende, in der

Sache aber mehr als vage Antwort. Gutgläubig, wie sie waren, hielten sie das für ein Ja und brachten auf den Monarchen ein dreimaliges Hoch aus. Friedrich Wilhelm IV. hatte erklärt, sein Vater habe auf Grund der Erfahrungen anderer Länder davon abgesehen, eine allgemeine Volksvertretung, ein modernes Parlament zu berufen, sondern es für richtig gehalten, dafür 1823 die kreis- und provinzialständischen Körperschaften einzurichten. Was er tun wolle, sei, dieses Werk zu pflegen und einer «immer ersprießlicheren Entwicklung entgegenzuführen».

Da ihn die positive Resonanz beunruhigte, die der Landtagsabschied in der Öffentlichkeit gefunden hatte, hielt es der König für geraten, sich deutlicher zu äußern. Seinem Innenminister gab er am 4. Oktober 1840 durch Kabinettsordre den Auftrag, der «irrigen Ansicht» entgegenzuwirken, er habe sich für eine Entwicklung der Landesverfassung im Sinne der Verordnung vom 22. Mai 1815 ausgesprochen. Im Klartext sollte das heißen: keine allgemeine Landesrepräsentation, von der, ob nun ständisch oder bürgerlich-konstitutionell fundiert, der König nur eine Beschränkung seiner auf den Absolutismus gegründeten monarchischen Gewalt erwartete.

Der damals fünfundvierzigjährige Hohenzoller war seinen weltanschaulich-politischen Auffassungen und Überzeugungen nach ein anderer als der, für den ihn die Liberalen, trotz schon gelegentlich aufkommender Ernüchterung, noch eine Zeitlang hielten. Von der Öffentlichkeit unbeachtet blieb, daß er zur gleichen Zeit, da er nicht mit liberalen Gesten sparte, daranging, pietistisch-frömmelnde Hochkonservative zu seinen engsten Ratgebern zu machen. Leopold von Gerlach, das spätere Haupt der höfischen Kamarilla, wurde sein Generaladjutant, und zu seinem Kabinettsminister ernannte er den General Ludwig Gustav von Thile, den man spöttisch den «Bibel-Thile» nannte.

Der älteste Sohn der schönen Königin Luise war eine in vielen Farben schillernde zwiespältige Natur. Er konnte durch persönliche Liebenswürdigkeit glänzen, gab sich geistreich und schlagfertig, witzig und wortgewandt. Sein Sinn für die Wissenschaften und Künste veranlaßte ihn, Alexander von Humboldt an den Hof zu

Friedrich Wilhelm IV., Gemälde von F. Krüger um 1846

ziehen, und in seiner Kronprinzenzeit war er jahrelang für Karl Friedrich Schinkel ein mit Kunstgeschmack urteilender Auftraggeber. Ein Zeugnis dafür ist das Schloß Charlottenhof in Sanssouci, das er erbauen ließ. Andererseits war er spontan, unstet, leicht beeinflußbar, rachsüchtig, und ihn peinigte der Ehrgeiz, im Volke beliebt und geachtet zu sein. Reaktionäre christlich-romantische Vorstellungen prägten sein Denken, wobei besonders grotesk und obskur seine Anschauung über sein Königtum von «Gottes Gnaden» anmutete. Diese Formel, die der feudalen Ideenwelt entstammte und durch die Aufklärung des 18. Jahrhunderts längst zum Müll der Geschichte geworfen war, nahm er ganz wörtlich und glaubte im Ernst, «daß», wie er selbst schrieb, «Gott den König mit überirdischen Kräften ausstattet, die ihn wie durch ein Wunder geistig und seelisch weit über jeden anderen, auch den Hochgestellten und Vertrautesten, erhoben». Carl Josias von Bunsen, der seinem engeren Freundeskreis zugehörte und Preußen eine Zeitlang als Gesandter in England vertrat, ließ er wissen: «Es gibt Dinge, die man nur als König weiß, die ich selbst als Kronprinz nicht gewußt und erst als König erfahren habe.»

Ebenso romantisch-mittelalterlich wie seine Auffassung von der königlichen Würde erwies sich sein Ideal von der Gesellschaft; wie ein Don Quichotte wollte er das Rad der Geschichte nicht nur anhalten, sondern zurückdrehen, und zwar in die Zeit des feudalen Patriarchats. Er war im Grunde seines Wesens feudaler Gegner des bürgerlichen Fortschritts. Treffend spöttelte Heinrich Heine, indem er ihn sich selbst charakterisieren ließ:

Ich ward ein Zwitter, ein Mittelding
Das weder Fleisch noch Fisch ist,
Das von dem Extremen unserer Zeit
Ein närrisches Gemisch ist.

Wenn sich der wenig entscheidungsfreudige, häufig schwankende und gern taktierende König einer Sache gleichbleibend sicher war, so war dies der Gedanke, daß seine Hauptsorge dem ungeschmälerten Besitz seiner autokratischen Souveränität, seiner uneingeschränkten politischen Handlungsfreiheit zu gelten habe.

Dieser vom Machtdünkel beseelte Fürst war es, der vor Bismarck zum wichtigsten Gegenspieler Johann Jacobys und der liberalen und demokratischen Bewegung in Deutschland wurde. Seit dem Erlaß der Kabinettsordre vom 4. Oktober begann sich gegen seine Regierung eine Opposition zu formieren, zunächst mit Schwerpunkt in Ostpreußen und hier getragen sowohl von einer gemäßigt-liberalen Fraktion des Adels als auch von der Handelsbourgeoisie. Gründe und Anlässe, mit dem feudalbürokratischen Regierungskurs der letzten Jahrzehnte unzufrieden zu sein, hatten beide genug. Ihr gemeinsames Interesse beruhte darauf, daß sie in erster Linie vom Agrarexport lebten. Nach den Verlusten und Einbußen, die sie durch die Kontinentalsperre und die französischen Kontributionen erlitten hatten, erhielten sie einen neuen Schlag, als die englische Regierung im Interesse ihrer Großgrundbesitzer dazu überging, hohe Schutzzölle gegen den Getreideimport zu errichten. Während diese Politik in Großbritannien die Brotpreise in die Höhe trieb, kam es in den getreideexportierenden europäischen Ländern zu einer schweren, durch den Preisverfall verursachten Agrarkrise. Die Folge war, daß in Ostpreußen während der zwanziger Jahre beispielsweise fast die Hälfte aller Rittergüter ihren Besitzer wechselten. Unter den Hammer kam so manches altererbte Grundeigentum, und eine Bankrottwelle erfaßte auch Kreise der städtischen Handelsherren. Die Chance zum ökonomischen Überleben hatten nur jene Junker, die die Wirtschaftsführung ihrer Güter rationalisieren und nach kapitalistischen Grundsätzen leiten konnten.

Die liberale Einstellung eines beträchtlichen Teils des Junkeradels in Ostpreußen rührte von der hier lebendig gebliebenen Erinnerung an die Zeit der Stein-Hardenbergschen Reformen her. Beamte und Adelskreise wünschten, dieses Reformwerk fortzusetzen und die bürgerliche Umgestaltung Preußens weiterzuführen. Man wollte sich dabei zugleich von längst uneffektiv und lästig gewordenen feudalen Einrichtungen, wie etwa der Patrimonialgerichtsbarkeit, trennen. In der Einführung einer gesamtpreußischen Landesvertretung sah man den wichtigsten Hebel, um in diesem Sinne Einfluß auf die Staatsführung zu gewinnen.

Der bedeutendste Repräsentant dieses liberalen Flügels der Adelsklasse war Theodor von Schön, als Oberpräsident der höchste Beamte der Provinz, ein außerordentlich tatkräftiger, hochgeachteter und erfolgreicher Mann, spottlustig und geltungssüchtig. Feind der frömmelnden Mucker und eines bürokratischen Schlendrians, 1772 geboren, in den Anschauungen der Pflichtethik Kants groß geworden, tief überzeugt von der kulturfördernden und dem Fortschritt verpflichteten Rolle des Staates, hochgebildet und durch mehrere Reisen mit den bürgerlichen Verhältnissen Englands vertraut, einer der engsten Mitarbeiter Steins. Aus Schöns Feder stammte das politische Testament des Reichsfreiherrn von 1808, in dem die Unabdingbarkeit einer Verfassung und einer Volksvertretung für Preußen begründet worden war. Um Schön gruppierten sich Junkerliberale wie Rudolf von Auerswald, von 1838 bis 1842 Oberbürgermeister von Königsberg, Oberburggraf Magnus von Brünneck oder Ernst von Saucken-Tarputschen – alles treue Anhänger der Hohenzollerndynastie und mit den Trägern der Krone persönlich verbunden. Sie befürchteten innere Krisensituationen des Staates, sie wollten ihn vor politischen Erschütterungen bewahren, die aus Spannungen und Differenzen zwischen der Bourgeoisie und der Regierung entstehen konnten. Ihr Ziel war, zur Grundlage der preußischen Politik eine möglichst weitgehende Übereinstimmung und Interessengemeinschaft von Regierung, Adel und Bürgertum zu machen.

Schön hatte den Königsberger Huldigungslandtag im September 1840 mit einer Rede eröffnet, in der er die von 1807 bis 1815 zustande gekommenen oder geplanten, jedoch am Widerstand der konservativ-restaurativen Kräfte gescheiterten Reformmaßnahmen besonders würdigte. Energisch und selbstbewußt verfaßte er eine nicht für die Öffentlichkeit bestimmte Denkschrift, der er den Titel gab «Woher und Wohin» und die er Ende Dezember 1840 dem König übersandte. Unverblümt ließ er darin den Monarchen wissen, daß die Zeit des Absolutismus vorüber sei und daß eine feudal-patriarchalisch geführte Regierung angesichts der intellektuellen Reife des Volkes im Widerspruch zum Geist der Gegenwart stehe. Um seinen Darlegungen Nachdruck zu verleihen, teilte er mit, der in Danzig zusammentretende Provinziallandtag Ostpreußens im Februar 1841 würde seinen Schritt vom September 1840 wiederholen und abermals wegen der Berufung einer Landesvertretung einkommen. Überdies, so schrieb er mit drohendem Unterton, müsse er um seine Demission bitten, sollte der König entschlossen sein, den unverändert reaktionären Kurs des Staatsschiffes beizubehalten.

Schön wußte, weshalb er mit Friedrich Wilhelm IV. Fraktur sprechen konnte. Viele von denen, die einen Systemwechsel erwarteten, sahen in ihm den Innenminister eines neuen Kabinetts. Diese Möglichkeit lag um so näher, als der Souverän mit dem General Hermann von Boyen einen von der alten Garde der Reformerpatrioten zum Kriegsminister ernannt hatte. Wichtiger jedoch war, daß Theodor von Schön nicht nur der Unterstützung durch das Lager der Junkerliberalen sicher sein, sondern sich auch der uneingeschränkten Sympathie des politisch ins Gewicht fallenden Teils der Bourgeoisie der Provinz Preußen erfreuen konnte.

Mit Recht sah sich das ost- und westpreußische Handelskapital in seinen ökonomischen Belangen von der Berliner Regierung vernachlässigt. Nach wie vor bestanden die hohen Zollmauern, mit denen Petersburg der ausländischen Konkurrenz fast völlig den russischen und polnischen Markt verschloß. Der Provinz im fernen Nordosten, die zudem von 1835 bis 1838 noch von Hungersnöten und Mißernten heimgesucht wurde, blieben auch die Vergünstigungen vorenthalten, die den anderen Regionen und Gebieten des Königreichs aus der 1834 erfolgten Gründung des Deutschen Zollvereins erwuchsen. Es gab weder Eisenbahnen noch ein den Bedürfnissen der Zeit entsprechendes Straßennetz, wodurch Ostpreußen der Zugang zum deutschen Binnenmarkt hätte geöffnet werden können. Gering war die Zahl der Manufakturen, die die Kontinentalsperre überlebt hatten oder danach gegründet worden waren. Die ungünstigen Bedingungen machten es dem Handelskapital und dem handwerklichen Gewerbe schwer, eine nennenswerte industrielle Entwicklung in Gang zu bringen. Bürokratische Bevormundung erstickte zudem manche Initiative bürgerlicher Kräfte. Das Bürgertum Ostpreußens verlangte, in Berlin ein Handels- und Gewerbeministerium zu errichten, bei dem es für seine Nöte Gehör fand. Und zum anderen sollte die Regierung ernsthafte diplomatische Aktionen unternehmen, um das Petersburger Kabinett zu einer Änderung seiner Zollpolitik zu veranlassen.

In der Koalition von Junkerliberalen und liberaler Bourgeoisie lag die Führung zunächst beim Adel. Den Anstoß zur Formulierung der Bitte des Huldigungslandtages um eine Landesrepräsentation gab jedoch die Bourgeoisie. Im vorbereitenden Ausschuß der Stände hatte der mit Johann Jacoby befreundete Kaufmann Carl Ludwig Heinrich, ein Likörfabrikant, langjähriger Vorsitzender der Königsberger Stadtverordneten und Freiwilliger Jäger von 1813, schlicht den Antrag gestellt, den Monarchen um eine Verfassung zu bitten. Er und seine Gesinnungsfreunde dachten nicht an eine ständische, sondern an eine auf bürgerlichen Grundlagen beruhende Konstitution. Deren Forderung die Schärfe zu nehmen, sie abzuschwächen und auf eine ständische Landesrepräsentation zu reduzieren, fiel den Männern um Theodor von Schön nicht schwer. Die Liberalen bürgerlicher Provenienz waren zwar stark genug, in der Allianz mit dem liberalen Adel als Bundesgenosse geschätzt zu werden, doch zugleich auch zu schwach und unerfahren, ein eigenes Konzept für ihre weitergehenden Ziele formulieren zu können. In ein Dilemma schienen sie zu geraten, als Theodor von Schön davor zurückwich, dem König weiterhin die Stirn zu bieten.

In seiner Antwort auf Schöns Denkschrift tadelte der Hohenzoller seinen Oberpräsidenten, erklärte ihm, an der Regierungsform festhalten zu wollen, die ihm genehm sei, und bat ihn zugleich, auf die ostpreußischen Stände einzuwirken, von einer erneuten Bitte um Reichsstände abzusehen. Das war der Augenblick, in dem Jacoby sich für verpflichtet hielt, die politische Bühne Preußens und Deutschlands zu betreten und sich mit lauter Stimme zum Wortführer der entschiedensten bürgerlichen Liberalen zu machen.

Die «Vier Fragen»

Als am 28. Februar 1841 die ostpreußischen Stände in Danzig zu ihrer turnusmäßigen Sitzung zusammentraten, fanden die meisten Deputierten auf ihren Plätzen eine schmale Broschüre ohne Verfasserangabe vor, die den Titel trug «Vier Fragen beantwortet von einem Ostpreußen». Der Verkauf der Schrift hatte Mitte Februar begonnen, und zwar zuerst in den größeren Städten der ostelbischen Provinzen Preußens. Als die Schrift Tage später in Berlin auftauchte, war sie bereits anderswo schon wieder vergriffen. Mit dieser wohlkalkulierten Verkaufsstrategie wurde das erwartete Vorgehen der Behörden erfolgreich unterlaufen. So erwies sich die Anordnung des Innenministers Gustav Adolf Rochus von Rochow, datiert vom 22. Februar, die Verbreitung der Schrift zu verbieten und alle greifbaren Exemplare zu konfiszieren, weitgehend als ein Schlag ins Leere. Den Minister empörte das Versagen seines Apparates in einem solchen Maße, daß er eine Untersuchung einleitete, um diejenigen zu ermitteln, denen die Schuld an dem peinlichen Vorgang anzulasten war. Der König, der den Inhalt des Pamphlets, das er am 23. Februar auf seinem Schreibtisch fand, als revolutionär qualifizierte und nicht wußte, von wem es stammte, vermutete im ersten Schreck sogar, Theodor von Schön sei der Verfasser.

Da es Jacoby gelang, seine Mitwirkung an der Verbreitung der Schrift zu bestreiten, blieb es den preußischen Ermittlungsbehörden immer unerfindlich, wie die publizistische Konterbande in Umlauf gebracht worden war. Daß Drucklegung und Vertrieb so rasch und erfolgreich vonstatten gingen, ist einem Bravourstreich des wagemutigen Leipziger Verlegers Otto Wigand zu danken. Wigand, der Verleger der Werke Ludwig Feuerbachs und der «Hallischen Jahrbücher», des Organs der Junghegelianer um Arnold Ruge und Bruno Bauer, war eine Draufgängernatur. Der junge Friedrich Engels, dessen Erstlingswerk «Die Lage der arbeitenden Klassen in England» ebenfalls in seinem Verlag erschien, hat ihn ehrenvoll mit Blücher verglichen. Überall, wo es galt, für den politischen Fortschritt und das freie Wort eine Lanze zu brechen, warf sich Wigand aufopferungsvoll in die Schanze.

Jacoby hatte am 18. Januar 1841 das Manuskript vollendet. Noch in der Nacht nach dem Empfang ließ es Wigand setzen, las selbst die Korrektur und konnte einen Zensor bewegen, ihm die Druckerlaubnis zu erteilen. Danach gab es Schwierigkeiten. Am 26. Januar verbot die Leipziger Kreisdirektion die Broschüre und ordnete ihre Beschlagnahme an. In der Regel setzte die sächsische Regierung den Leipziger Buchhandel nur ungern Repressalien aus, denn sie profitierte von seinem Gedeihen fiskalisch. Doch von dieser liberalen Praxis pflegte sie immer dann abzugehen, wenn sie befürchten mußte, daß ihr aus in Sachsen gedruckten Veröffentlichungen diplomatische Konflikte mit Österreich oder Preußen erwuchsen.

Wigand war weit entfernt davon, sich vom Vorgehen der Kreisdirektion einschüchtern zu lassen, sondern erklärte ihr, daß er, auch wenn er damit seine persönliche Freiheit aufs Spiel setzen müsse, sich dem Verbot widersetzen wolle. Statt die schon gedruckten Exemplare wie befohlen zu vernichten, konnte er den Leipziger Buchdrucker Nies gewinnen, ihm weitere 2500 Exemplare herzustellen. Zur Täuschung der Behörden wurde im Impressum der «Vier Fragen» als Druckort Mannheim und die Firma Heinrich Hoff als Verlag angegeben. Otto Wigand selbst durfte sich nicht zu sehr exponieren, wollte er nicht die Herausgabe der «Hallischen Jahrbücher» gefährden. So vermochte er seinen Bruder Georg, der ebenfalls Verleger und Buchhändler in Leipzig war, zu veranlassen, sich der Polizei gegenüber als Verleger der Schrift zu bekennen. Da die Schrift nur in Preußen vertrieben wurde, erwartete die Initiatoren des Druckes nicht mehr als sechs Wochen Gefängnis, die Georg Wigand und Nies dann auch zudiktiert bekamen.

Jacobys Schrift fand einen großen Leserkreis. Es ist nicht mit Sicherheit möglich, die Höhe der ersten Auflage zu beziffern, mit Gewißheit läßt sich aber sagen, daß mehr als 2500 Exemplare umliefen, eine Anzahl, die für damalige Verhältnisse als sehr hoch zu bewerten ist. Im Spätherbst 1841 kam in Straßburg eine weitere Auflage heraus, die vor allem in Westdeutschland Verbreitung fand. Eine Übersetzung ins Französische erfolgte im Jahr darauf. Außerdem hatte Jacoby unter Umgehung der Zensur einen lithographierten Druck besorgt, dessen Exemplare in Königsberg zirkulierten.

Uns sind viele Stimmen überliefert, die davon Kunde geben, wie groß der Widerhall war, den die «Vier Fragen» in der Öffentlichkeit fanden. «Das Aufsehen, welches diese Schrift hier macht», berichtete der Königsberger Polizeipräsident, Bruno Erhard

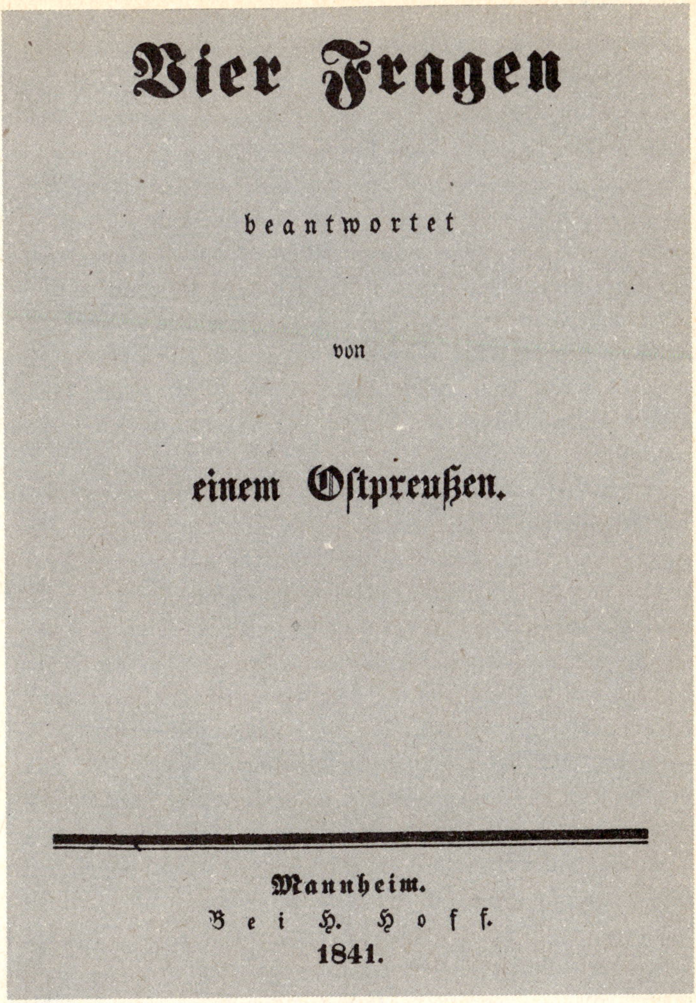
Vier Fragen

beantwortet

von

einem Ostpreußen.

Mannheim.
Bei H. Hoff.
1841.

Titelblatt der Erstausgabe

Abegg, dem Innenminister, «ist ganz ungewöhnlich und allgemein wird diesselbe mit einem ganz besonderen Interesse gelesen und besprochen». Ferdinand Falkson, damals Student in der Pregelstadt, erinnerte sich im Alter, daß die Flugschrift «einen ganz unbeschreiblichen Eindruck» machte und «blitzschnell eine täglich wachsende öffentliche Meinung» schuf. Julius Waldeck schrieb am 27. Februar seinem Vetter Jacoby aus Berlin, ihm habe ein Polizeirat mitgeteilt, «daß selten etwas eine solche Sensation erregt (habe) als jene ‹Vier Fragen›». Seine Broschüre würde sogar im Innenministerium als ungemein tüchtig bezeichnet, «wodurch natürlich das Verbot noch geschärft wird ... Die Ministerialräte suchten sich noch schnell Exemplare zu beschaffen.» Heinrich Simon, später ein enger Freund Jacobys, der damals als Justizbeamter in Berlin lebte, notierte unter dem 3. März in sein Tagebuch: «Heute las ich in einem Kreis von Freunden die Vier Fragen ... vor. Das sind gediegene Worte eines reifen Mannes, die zu verbreiten heilige Pflicht ist. So liebe ich den Publizisten! Warum habe ich die Broschüre nicht geschrieben?»

Wie in den ostelbischen Provinzen und in Berlin bewegte Jacobys Arbeit auch die Gemüter im Rheinland. In den Lebenserinnerungen Karl Schorns heißt es darüber: «Diese Broschüre, welche rasch eine leicht erklärliche Verbreitung und ungemeinen Anklang fand, machte ein kolossales Aufsehen, weil eine so offene männliche Sprache bis dahin in Preußen unerhört war. Dies war namentlich bei uns im Rheinland der Fall, wo man trotz allem Freimuts ... dennoch einen solchen Ton anzuschlagen bisher nicht gewagt hatte. Die Vier Fragen bildeten monatelang die stete Unterhaltung in allen Kreisen.» Und schließlich sei noch Arnold Ruge das Wort gegeben, der sich im Zusammenwirken mit Otto Wigand an der Verbreitung der Broschüre beteiligt hatte. Aus Halle ließ er am 5. März Jacoby wissen: «Ihre Schrift ist in allen Händen und noch mehr in allen Herzen ... Diese Schrift ist eine große Tat ... Das Vaterland ist Ihnen zu einigem Dank verpflichtet. Auch hier macht die Schrift einen gewaltigen Effekt. Petitionen entstehen auch hier. Man fühlt sich erhoben durch das Beispiel Königsberg.»

Welche Forderungen enthielt die von Freund und Feind als aufsehenerregend, teilweise als sensationell empfundene Flugschrift, und was wollte Jacoby durch sie erreichen?

Sein Ausgangspunkt war der Königsberger Huldigungslandtag. Er nahm sich vor, die Bitte der ostpreußischen Ständedeputierten an den König zu erläutern und sowohl diesen Schritt als auch die darauf erfolgte Antwort des Monarchen und das, was künftig notwendig sei, «sinngetreu in die Sprache des Volkes zu übersetzen».

Seine erste Frage lautete: «Was wünschten die Stände», und er gab darauf zunächst lapidar die Antwort: «Gesetzmäßige Teilnahme der selbständigen Bürger an den Angelegenheiten des Staates.» Jacoby machte deutlich, daß der Absolutismus für das Land so verderblich sei, weil er die ganze Macht in den Händen der Minister und der Bürokratie konzentriere, während er die Bürger und das Volk von jeder Mitbestimmung ausschalte. Zwei Möglichkeiten sah er, wie das Volk seine Mitwirkung an den Staatsgeschäften geltend machen könne: die Presse und eine Volksvertretung. «Die schlimmsten Feinde beider: Zensur und Scheinvertretung walten in Preußen.» Jacoby kritisierte offen und entschieden die Zensurverhältnisse und setzte sich freimütig mit der nur dekorativen Rolle auseinander, die die Provinzialstände in der Monarchie spielten. Er sprach davon, daß ihre «völlige Nichtigkeit ... in bezug auf die allgemeine Wohlfahrt» außer Zweifel stehe, und er verurteilte, daß in ihnen die Stadt- und Landgemeinden unterrepräsentiert seien, daß die Stände nicht das Recht hätten, öffentlich zu tagen und ihre Beschlüsse zu publizieren, und er wies nach, daß der Grundbesitz als Basis für die Wahl der Stände unhaltbar sei.

Bei der Behandlung der Justiz- und Verwaltungsverhältnisse in Preußen konstatierte der Publizist, daß auch hier das Volk nicht die geringste Möglichkeit einer Kontrolle habe. Die Verantwortung dafür trage jedoch nicht der König, dem das Volk vertrauen dürfe; Schuld daran hätten ausschließlich die Minister. «Wie hier so überall ist Wissen und Handeln Monopol der Minister; ihr ergebenes Dienerpaar, Zensur und Polizei, wacht darüber, daß keine andere Meinung, keine andere Tätigkeit sich geltend mache als die ihrige; ihnen untergeordnet ist alles: Gesetzgebung wie Rechtspflege, Schule wie Kirche, Steuereinnahme wie Steuerverwendung; in ihnen sammelt, regt und verzehrt sich das ganze Leben des Staates.» Jacoby bediente sich in bewußter Absicht eines Grundsatzes der liberal-konstitutionellen Doktrin, wonach nicht der Monarch, sondern dessen oberste Ratgeber die Richtlinien der Politik bestimmten und sie zu verantworten hatten.

Die zweite Frage lautete: «Was berechtigte sie?» Und wiederum die Antwort in einer Kurzformel: «Das Bewußtsein eigener Mündigkeit und ihre am 22. Mai 1815 faktisch und gesetzlich erfolgte Mündigsprechung.» Jacoby bescheinigte der Bevölkerung Preußens Mündigkeit, denn nach ihrer sittlichen und geistigen Bildung stehe sie keinem Lande Europas nach. Als Beweis dafür führte er das Niveau der Schulbildung, die Institution der allgemeinen Wehrpflicht und vor allem die patriotische Haltung der Massen im antinapoleonischen Befreiungskrieg von 1813 an. Die Stein-Hardenbergsche Reformära blieb Jacoby wie vielen anderen Liberalen und Demokraten seiner Generation stets ein tragendes Element seines Geschichtsbildes und der daraus abgeleiteten politischen Lehren. Er verwies auf die Reformerpatrioten, die die «tätigste Mitwirkung der freien Bürger in Angriff» nahmen und die damals schon bemerkenswerte Schritte zur Schaffung einer Volksvertretung gingen.

Der Huldigungslandtag hatte sich auf die konstitutionelle Verheißung Friedrich Wilhelms III. vom 22. Mai 1815 bezogen, deshalb maß ihr Jacoby bei seiner Erörterung, warum Preußen Verfassungsstaat werden müsse, eine große Bedeutung bei. Er bezeichnete das Versprechen des damaligen Monarchen, das in Form einer Verordnung gegeben und späterhin zweimal – 1820 und 1823 – wiederholt wurde, da es ein Königswort gewesen sei, als ein Gesetz. Die Ignorierung dieses Gesetzes, so sollte der Leser schlußfolgern, habe im Lande einen gesetzwidrigen Zustand geschaffen.

In seiner dritten Frage ging er noch weiter: «Welcher Bescheid ward den Ständen?» Die Antwort: «Anerkennung ihrer treuen Gesinnung, Abweisung der gestellten Anträge und tröstende Hindeutung auf einen künftigen unbestimmten Ersatz.» Unverkennbar enthielt diese Feststellung schon eine indirekte Kritik am König. Jacoby sagte, durch die Kabinettsordre vom 4. Oktober 1840, mit der Friedrich Wilhelm IV. die Bitte der Deputierten um Reichsstände im Sinne der Verordnung vom 22. Mai 1815 zurückgewiesen hatte, sei diese Verordnung in keiner Weise aufgehoben worden. Sie gelte nach wie vor. Das konnte nur besagen: Der König hat gegen geltendes Recht verstoßen, als er die Verordnung seines Vaters nicht anerkannte. Was die «Hindeutung» auf den «unbestimmten Ersatz» betraf, verwies Jacoby abermals darauf, daß ständische Vertretungsprinzipien veraltet und historisch überlebt seien.

Die vierte Frage: «Was bleibt der Ständeversammlung zu tun übrig?» beantwortete er ohne Umschweife und ohne jede weitere Erläuterung in dem Satz: «Das, was sie bisher als Gunst erbeten, nunmehr als erwiesenes Recht in Anspruch zu nehmen.» Mit diesem Satz, dem meistzitierten aus den «Vier Fragen», ließ Jacoby zum erstenmal seine später immer wieder unter Beweis gestellte Fähigkeit erkennen, einen politischen Sachverhalt in eine schlüssige, knappe, griffige und leicht zitierbare Formel zu fassen.

Sowohl von den Zeitgenossen als auch in der Geschichtsschreibung wurden die «Vier Fragen» als ein Musterbeispiel politischer Publizistik gewürdigt. Unter dem Blickwinkel ihrer Wirkung betrachtet, ist diese Arbeit die bedeutendste, die je aus Jacobys Feder geflossen ist. Sie machte ihn in ganz Deutschland bekannt, und sie trug ihm einen moralischen Kredit ein, den er sein Leben lang in Anspruch nehmen konnte. Mit seiner Schrift wurde der Königsberger Arzt zu einem der wichtigsten Vorkämpfer der bürgerlich-liberalen Opposition. Alle Forderungen, die diese Opposition der absolutistisch-bürokratischen Staatsmacht gegenüber zu vertreten hatte, waren von ihm ausgesprochen worden: Volksvertretung, Verfassung, Pressefreiheit, volkstümliche Justiz, kommunale Selbstverwaltung, öffentliche, der Kontrolle des Volkes unterworfene Verwaltung. Am treffendsten charakterisierte Karl August Varnhagen von Ense, der liberale Publizist und Geschichtsschreiber, der sich in der Revolution von 1848 zum Demokraten entwikkelte, die Bedeutung der Schrift, wenn er sie als eine kurzgefaßte «Instruktion und ein Zeughaus für die konstitutionelle Opposition» bezeichnete. Es gab sogar zeitgenössische Stimmen, die in Jacoby den preußischen Abbé Sieyès sahen, die den «Vier Fragen» die historische Tragweite jener Schrift «Was ist der Dritte Stand?» aus dem Jahre 1789 beimaßen.

Die große Resonanz, die Jacobys Broschüre fand, gründete sich nicht zuletzt auf die äußere Form der Schrift, auf die Fülle von Tatsachen und Argumenten, die sie enthielt, auf die sachliche, klare und prägnante Diktion, bei der es keine phrasenhaften Abschweifungen gab, und auf die Offenheit der Sprache, in der sich «herausfordernder Bürgerstolz» kundtat (Peter Schuppan).

Jacobys Schrift läßt sich nur dann zutreffend beurteilen, wenn man ihr Anliegen mit den politischen Zielen der Junkerliberalen in Beziehung setzt. Steuerten diese auf die Berufung einer ständischen Landesvertretung hin, so kam es Jacoby auf eine bürgerlich-konstitutionelle Verfassung an. Wo diese den Weg der persönlichen Einwirkung auf den Monarchen beschritten, wandte sich der Publizist an die Öffentlichkeit. Wollten die liberalen Adligen nur dann eine ständische Vertretung, wenn das auch im Willen des Königs lag, so verwies der Arzt auf die Verfassung als ein dem Volk zustehendes Recht, dessen Durchsetzung die Deputierten der Provinzialstände von der Staatsgewalt auch abzutrotzen berechtigt seien. Jacobys Auftreten ließ die zwei voneinander getrennten Strömungen der preußischen Opposition deutlich hervortreten, ihre unterschiedlichen Ziele und ihre Bereitschaft, sich verschiedenartiger Methoden zu bedienen.

Aufschlußreich ist in diesem Zusammenhang auch ein Blick auf eine zur gleichen Zeit entstandene, unvollendet gebliebene und zur Übergabe an den König bestimmte Denkschrift des rheinischen Großbourgeois David Hansemann, des preußischen Finanzministers von 1848. Auch Hansemann forderte den Übergang Preußens zum Verfassungsstaat. Seine Vorstellungen von einer Konstitution zeigten jedoch, wie sehr es dem Großbürger darauf ankam, durch verfassungsrechtliche Verhältnisse ausschließlich den Interessen der besitzenden Klassen zu dienen. Seine Empfehlung sah die Bildung eines Oberhauses neben einem gewählten Parlament und die Einführung eines Zensuswahlrechts vor. Letztlich zielte dies darauf ab, ein im Zeichen des Antidemokratismus stehendes Bündnis von Krone, Adel und Bourgeoisie zu schaffen. Während für ihn eine Verfassung das nützliche Instrument der «staatserhaltenden» Kräfte zur Verhinderung oder Zügelung einer

David Hansemann,
aus der «Illustrierten Zeitung»
1848

möglichen demokratischen Massenbewegung war, warf Jacoby die Frage nach der Ausgestaltung eines Verfassungsstaates überhaupt nicht auf und hielt sich damit die Möglichkeit offen, künftig für ein demokratisches Verfassungswerk eintreten zu können.

Das historische Verdienst der «Vier Fragen» war es, die öffentliche Diskussion um die Einführung einer Verfassung, für die gesetzlich verbürgte Mitbestimmung des Volkes im Staate angeregt und in Gang gebracht zu haben. Nicht nur beifällige Stimmen beteiligten sich an dieser Diskussion; sie wurde auch stimuliert durch Gegenschriften zu Jacobys Broschüre, von denen sich sechs, darunter fünf anonyme, ermitteln ließen. Im Ton entweder wohlwollend oder aggressiv gehalten, lief ihre Aussage übereinstimmend auf eine Verteidigung der absolutistischen Staatsordnung hinaus. In einer dieser Schriften hieß es sogar: «Wer das Volk zusammenruft, empört es!»

Jacoby verfolgte mit seiner Arbeit auch ein politisches Nahziel. Seine Schrift sollte Vorlage und konzeptionelle Basis für Massenpetitionen an die ostpreußischen Stände und an die Landtage anderer preußischer Provinzen sein, die im Laufe des Jahres 1841 zusammentraten. Jacoby hatte, wie die «Vier Fragen» erkennen ließen, kaum Illusionen über den Nutzen der Ständeversammlungen. Dennoch sollte, um größere Kreise politisch zu mobilisieren, der Versuch unternommen werden, von bürgerlicher Seite aus Druck auf die Landtage auszuüben, in der Hoffnung, sie, wie im Falle der ostpreußischen Stände, zum Festhalten an der Forderung nach Reichsständen beziehungsweise einer Verfassung zu bewegen oder, was für die anderen Landtage galt, zur Aufnahme dieser Forderung zu veranlassen.

Der Erfolg blieb bescheiden. Am größten war er noch in Königsberg, wo die Eingabe, die sich ausdrücklich auf die «Vier Fragen» bezog, mehr als dreihundert, auch in Handwerkerkreisen geheim gesammelte Unterschriften fand. Ein ähnliches Resultat gab es nur noch in Elbing, während es der Polizei in Danzig gelang, die Unterschriftskampagne zu unterbinden. Die Stadtverordnetenversammlung in Breslau beschloß, die Forderung nach einer allgemeinen Volksvertretung zu bedenken, doch als die Frage dann vor den schlesischen Ständen verhandelt wurde, stellte sich heraus, daß von den dreißig städtischen Deputierten nur acht die Petition unterstützten. Trotz einiger Bemühungen gelang es jedoch weder in Halle noch in Berlin oder im Rheinland, eine Petitionsbewegung nach ostpreußischem Muster in Gang zu bringen.

Noch weniger optimistisch konnten die Verhandlungen der Landtage stimmen. Auf der Danziger Tagung der ostpreußischen Stände waren es die Junkerliberalen, die die Königsberger Verfassungspetition und einen weiteren Antrag auf Milderung der Zensur zu Fall brachten. Sie entschieden sich unter Theodor von Schöns Führung, sicher auch unter dem Eindruck der über ihre eigenen Ziele hinausreichenden Bestrebungen, wie sie Jacoby formuliert hatte, dafür, auf die vom König in Aussicht gestellte Weiterentwicklung der provinzialständischen Verhältnisse zu bauen. Die anderen Landtage taten es ihnen gleich oder waren gar, wie der brandenburgische, nicht einmal für diesen bescheidenen Wunsch zu haben.

Die Vorgänge um Jacobys historische Initiative zeigten, daß Friedrich Wilhelm IV. am Beginn des Jahres 1841 noch ein beträchtliches Prestige in den Kreisen des Bürgertums besaß. Sein Nimbus als liberaler Monarch war noch weitgehend unangetastet, während diejenigen, die sich hinter Jacobys Fahne stellten, eine kleine Avantgarde bildeten. Wie die preußische Krone auf Jacobys Flugschrift reagierte, sollte mit zur Veränderung dieser Situation beitragen.

Des Hochverrats angeklagt

Friedrich Wilhelm IV. brauchte nicht lange zu rätseln, wer der Verfasser der Broschüre war, die, nach seinen Worten, zum Widerstand gegen eine königliche Entscheidung aufrief. Auf dem Postwege sandte ihm Jacoby sowohl die Broschüre als auch einen Begleitbrief zu, in dem er sich als Verfasser der Schrift bekannte. Höchst ehrerbietig in der Form, aber nicht ohne ironischen Anflug im Text, schrieb er, das freie Wort, das der König bei der Huldigung zum Volk sprach, habe jeden Untertan mit der freudigen Überzeugung erfüllt, daß es nicht der Wille des Monarchen sei, die Stimme des Volkes vom Throne fernzuhalten. Seine Broschüre enthalte die «Gesinnungen und Wünsche», die er «als die unter seinen Mitbürgern allgemein vorwaltenden erkannt» habe. Er nehme sich die Freiheit, seine Flugschrift «gegen jeden Eingriff willkürlicher Deutung» unter den Schutz des Königs zu stellen. Er sei jedoch andererseits auch bereit, sich dem Gesetz gegenüber zu verantworten, was heißen sollte, er scheue keine gerichtliche Untersuchung und keinen Prozeß.

Der Hohenzollernkönig sah sich vor keine leichte Entscheidung gestellt. Ließ er Jacoby straffrei ausgehen, dann legitimierte er das Anliegen der Opposition, die öffentliche Agitation für einen Verfassungsstaat und für die Ziele des bürgerlichen Liberalismus fortzusetzen. Schritt er gegen die «Vier Fragen» ein, dann wandte er sich ostentativ gegen das liberale Lager, demaskierte sich als Gegner des Fortschritts und verlor seinen ihm so teuren Ruf als volksfreundlicher Monarch.

Nach einigem Schwanken war Friedrich Wilhelm IV. zunächst entschlossen, auf eine Strafverfolgung Jacobys zu verzichten. Das stieß jedoch auf den Widerspruch seines Innenministers, der befürchtete, allerorten würden die «Schlechtgesinnten dem Ruf des Verfassers» folgen. Der «freche Empörer» habe ein nachdrückliches Exempel verdient. Von Rochow, ein brandenburgischer Großgrundbesitzer, war ein konservativer Scharfmacher alter Schule, der als einer der Führer der altständischen Partei schon 1821 gegen Hardenberg intrigiert und mit dazu beigetragen hatte, daß dessen konstitutionelle Pläne zu Fall gebracht wurden. Gleichwohl scheute er davor zurück, gegen Jacoby mit einer Polizeiaktion vorzugehen, bei der er der Öffentlichkeit gegenüber die alleinige Verantwortung zu tragen gehabt hätte. Er empfahl, den gerichtlichen Instanzenweg einzuschlagen, im Vertrauen darauf, «kein Gericht in der Monarchie» würde Jacoby freisprechen. Es folgte eine Unterredung zwischen dem König, Rochow und einigen juristischen Ratgebern, in deren Ergebnis der Monarch sich umstimmen ließ und am 2. März 1841 befahl, gegen Jacoby eine gerichtliche Untersuchung anzustrengen.

An Theodor von Schön schrieb er, er habe «Jacobys Herausforderung angenommen», und indem er auf Jacobys Religion anspielte, fuhr er fort: «Machen Sie nun, teuerster Freund, daß unbeschnittene Leute von alter Treue und die ein Herz zu mir haben, die Schmach gut machen, die der Beschnittene Ostpreußen angetan.» Schön erfaßte sofort, daß der König im Begriffe war, einen schwerwiegenden Fehler zu begehen. Er empfahl ihm, Jacobys Schrift zu ignorieren, weil sie nicht wert sei, vom König beachtet zu werden. In der klaren Erkenntnis, daß ein Prozeß nur geeignet sei, Wasser auf die Mühlen der bürgerlichen Opposition zu leiten, wurde er zusammen mit Rudolf von Auerswald und Oberburggraf Magnus von Brünneck bei der Krone vorstellig und riet dringlich, den Befehl zur Einleitung einer Untersuchung aufzuheben. Seiner Frau schrieb er, die Richter würden Jacoby kaum etwas anhaben können und nach der Untersuchung stünde er sicher besser da als zuvor.

Von den Mitarbeitern seines Ministeriums ließ Rochow eine

32 Seiten starke Anklageschrift als Grundlage der gerichtlichen Recherchen zusammenzimmern. In ihr wurde Jacoby vorgeworfen, sich schuldig gemacht zu haben, indem er die Stände zu verfassungswidrigen Schritten, zur Veränderung der Landesverfassung aufforderte, wobei er sowohl die Verfassung der Monarchie als auch den Landesherrn durch Äußerungen herabgewürdigt habe, die zur Unzufriedenheit mit der Regierung aufreizten und als Majestätsbeleidigung zu bewerten seien. Sein Brief an den König bringe nicht eine «besondere Offenheit», sondern eine «besondere Frechheit» zum Ausdruck. Die Anklageschrift forderte, Jacoby wegen dreier Delikte zu belangen: erstens wegen Aufreizung zur Unzufriedenheit und frechen, unehrerbietigen Tadels der Landesgesetze, zweitens wegen Majestätsbeleidigung und drittens wegen versuchten Hochverrats. Der letzte Anklagepunkt war von besonders gravierender Bedeutung, da für das Verbrechen des Hochverrats nach preußischem Recht kein anderes Urteil als die Todesstrafe gefällt werden konnte. Rochow, der alles daransetzte, den Prozeß zu einer großen Staatsaktion zu machen, ordnete außerdem an, diejenigen zu belangen, die die Flugschrift verbreitet, sowie diejenigen, die dem Autor bei der Abfassung seiner Schrift geholfen hatten, denn es sei unwahrscheinlich, daß Jacoby die «Vier Fragen» allein verfaßt habe.

Als der Prozeß am 12. März begann, gab es zunächst ein für den Verlauf der Untersuchung nicht unwichtiges Gerangel im preußischen Justizwesen. Das mit der Prozeßführung beauftragte Königsberger Oberlandesgericht erklärte, es sei nicht befugt, über den dritten Punkt, über den versuchten Hochverrat, zu urteilen, weil dafür allein das Kammergericht in Berlin zuständig sei. Dieser Einwand beunruhigte den Innenminister in höchstem Maße, weil er sicher war, das Königsberger Gericht, dessen Chefpräsident er unbedingt vertraute, beeinflussen zu können, nicht aber das Berliner Kammergericht, dem mit Wilhelm Heinrich von Grolmann ein untadeliger, mit unbestechlichem Gerechtigkeitssinn ausgerüsteter Richter vorstand. Rochow versuchte, den Justizminister Heinrich Gottlob von Mühler, dem der Übereifer Rochows wenig behagte, zu bewegen, beim König eine Sondergenehmigung einzuholen, die das Königsberger Gericht ermächtigte, in diesem besonderen Fall auch ein Urteil über Hochverrat zu fällen. Mühler weigerte sich, diesem Ansinnen nachzukommen. Statt dessen verfügte er, die Untersuchung in Königsberg durchzuführen, und sollte sich dabei Hochverrat herausstellen, so müsse das Berliner Kammergericht über das Urteil befinden. Jacoby konnte mit dieser Entscheidung zufrieden sein, da er sicher war, daß die Königsberger Richter ihn auch des Hochverrats anklagen würden.

Der Prozeß erregte, zunächst in Königsberg, ungemeines Aufsehen. Eine Welle der Sympathie schlug Jacoby entgegen. Bevor am 14. März bei ihm eine Haussuchung stattfand, war er gewarnt worden. In der Zeit vom 16. März bis zum 26. April hatte der Angeklagte sechzehnmal im Gerichtsgebäude zum Verhör zu erscheinen. Die ersten vier Befragungen dauerten jeweils von fünfzehn bis einundzwanzig Uhr. Man las ihm die Anklageschrift nicht als Ganzes, sondern Stück für Stück vor, und er mußte auf jede einzelne Beschuldigung antworten. Natürlich leugnete er, die ihm zur Last gelegten Vergehen begangen zu haben. In einem Punkte, bei der Frage nach Koautoren der Broschüre, konnte er den Untersuchungsrichter gänzlich überzeugen. Der Richter notierte in seine Akten, der Angeklagte zeige eine so «vollkommene Bekanntschaft mit allen in der Schrift berührten Gegenständen und Gesetzen und administrativen Bestimmungen», daß sich die Suche nach vermutlichen Mitverfassern erübrige.

Inzwischen war eine großangelegte Untersuchungsaktion angelaufen. Man ermittelte in Leipzig, in Mannheim sowie in fast allen Städten Ostpreußens, um denen auf die Spur zu kommen, die sich an der Verbreitung der «Vier Fragen» beteiligt hatten. In Königsberg erstreckten sich die Verhöre auch auf alle diejenigen, deren Namen unter der Verfassungspetition an den Landtag standen. In der Pregelstadt waren es allein 96 Zeugen, die zu Aussagen genötigt wurden, darunter neben Buchhändlern, Buchdruckern und den Vorsitzenden der Gewerke selbst Dienstmädchen und Schulkinder.

Anfang Mai endete die erste Etappe des Prozesses. Ihr Resultat fand seinen Niederschlag in einem vorläufigen Abschlußbericht, den das Königsberger Oberlandesgericht mitsamt den Untersuchungsakten an das Justizministerium nach Berlin sandte. Die Richter in Königsberg waren zu der Auffassung gekommen, sie seien zur Urteilssprechung nicht befugt, da Anklage auch wegen versuchten Hochverrats erhoben werden müsse. Nun setzte der Kompetenzstreit zwischen den Justizinstanzen erneut ein. Abermals wandte sich Rochow an den Justizminister und ersuchte ihn, das Urteil in Königsberg fällen zu lassen. Doch Mühler, der sich keine Blöße vor der Öffentlichkeit geben wollte – der Prozeß war inzwischen zu einem stark beachteten Politikum geworden –, zeigte ihm abermals die kalte Schulter und ordnete die Urteilsfällung durch das Berliner Kammergericht an.

Von dieser Ehre keineswegs erbaut, suchte das Kammergericht, das heiße Eisen an die Königsberger zurückzugeben. Es wich einer Urteilssprechung aus und verfaßte statt dessen ein Gutachten, aus dem hervorging, daß sich nach Durchsicht der Akten im Falle Jacoby kein Anhaltspunkt für den Vorwurf des Hochverrats ergäbe. Deshalb habe das Königsberger Gericht den Prozeß ohne Anklage auf Hochverrat zu Ende zu führen. Im Gutachten wurde zudem die bisherige Prozeßführung kritisiert. Indem sie sich vom Innenminister eine Art Anklageschrift aufdrängen ließen, statt eine eigenständige Untersuchung zu führen, hatten es die Königsberger Jacoby ermöglicht, «selbst in den Verhören noch seine Verbrechen zum Teil fortzusetzen». Überdies zweifelten die Richter in Berlin Jacobys alleinige Verfasserschaft erneut an. Er könne die Schrift kaum ohne Hilfe geschrieben haben, da deren Abfassung «eine so genaue Kenntnis unserer Gesetze, Verordnungen und der Verwaltung voraussetzte, wie sie fast nur bei einem Justiz- und Verwaltungsbeamten, selten in einer Person und noch seltener in einem Privatmann anderen Berufs, vereinigt gefunden werden». Ein größeres Kompliment konnte der publizistischen Leistung des Arztes wohl kaum gemacht werden.

Rochow war hartnäckig und bestand auf seiner Ansicht, Jacoby habe Hochverrat begangen. Da ihm Mühler, gestützt auf das kammergerichtliche Gutachten, nicht beipflichten konnte, blieb kein anderer Weg, als den König um eine Entscheidung zu bitten. Sie erfolgte am 30. August 1841 durch Kabinettsordre und lautete: Hochverrat liegt nicht vor. Das Königsberger Gericht erhielt den Auftrag, den Prozeß zu Ende zu führen und allein über die anderen Anklagepunkte zu entscheiden.

Der Prozeß wurde am 10. November wiederaufgenommen. Jacoby, den ein Vierteljahr lang eine schwere, wohl durch den seelischen Druck mitverursachte Krankheit niedergeworfen hatte, rechnete sich nunmehr gute Chancen für einen günstigen Ausgang des Verfahrens aus. Da er wußte, daß ein Freispruch nur vom Berliner Kammergericht zu erwarten war, protestierte er beim König gegen die Zuendeführung des Prozesses in Königsberg. Dieser Schritt hatte überraschend Erfolg. Friedrich Wilhelm IV. hob seine Kabinettsordre vom 30. August auf und bestimmte in einer neuen von Mitte Dezember, daß das Berliner Kammergericht ein Urteil über den Anklagepunkt des Hochverrats fällen solle. Wegen der anderen Anklagepunkte erhielt Jacoby die Wahl des Gerichts freigestellt. Es war keine Frage, daß er sich für das Kammergericht in Berlin entschied.

Nach Abschluß der Kriminaluntersuchung verfaßte Jacoby Ende 1841 seine Verteidigungsschrift. Sie erschien im Juni 1842 in der Schweiz, bei Julius Fröbel im Verlag Literarisches Comptoir, Zürich und Winterthur, und trug den Titel «Meine Rechtfertigung wider die gegen mich erhobenen Anschuldigungen des Hochverrats, der Majestätsbeleidigung und des frechen unehrerbietigen Tadels der Landesgesetze». Obwohl diese Schrift verboten wurde, konnte auch ihre Verbreitung nicht gänzlich verhindert werden. Ihre Veröffentlichung gab Gelegenheit, die in den «Vier Fragen» erhobenen Forderungen noch einmal zu wiederholen, zu rechtfertigen und damit zu zeigen, daß die liberale Bewegung trotz des Drucks der Reaktion an ihren programmatischen Maximen festhielt. Jacoby hat stets den agitatorischen Wert juristischer Verteidigungsschriften sehr hoch bewertet. Es war dies die erste von vielen Schriften ähnlicher Art, die aus seiner Feder stammten, und sie dürfte auch die bedeutendste gewesen sein.

Jacoby widerlegte die Anklagepunkte im einzelnen. Der Anschuldigung des versuchten Hochverrats, die sich darauf stützte, daß er das Recht der Stände auf eine Verfassung begründet und postuliert hatte, hielt er entgegen: «Einen den Ansichten des Königs widersprechenden Zweck verfolgen, ist keine straffällige Handlung. Den Gesetzen muß der Untertan Gehorsam leisten; des Königs Ansichten oder Absichten aber unbedingt adoptieren, sie allein als richtig gelten lassen, mag Höflingstugend sein, sicherlich aber nicht Bürgertugend. Es besteht keine Zwangspflicht, die mir befiehlt, der politischen Meinung zu huldigen, zu welcher sich der König und seine Räte bekennen; die entgegengesetzte zu verteidigen, kann daher ... weder Hochverrat noch überhaupt ein Unrecht sein.» Auf den Vorwurf der Majestätsbeleidigung antwortete er nur kurz mit dem Hinweis, er habe seine Schrift unter «rücksichtsvollster Beobachtung des Anstands und der Mäßigung» verfaßt.

Breiten Raum widmete er der Anklage wegen frechen, unehrerbietigen Tadels der Landesgesetze. Diese Anklage bezog sich auf einen Paragraphen des 1792 erlassenen «Allgemeinen Landrechts», der sehr unklar gefaßt war und den Jacoby als gänzlich veraltet ablehnte. Er räumte wohl ein, daß er Unzufriedenheit und Mißvergnügen gegen die Politik der Regierung erwecken wollte, er habe dies aber nicht mittels «frechen, unehrerbietigen Tadels» getan. Im übrigen habe er die Unzufriedenheit nicht hervorrufen müssen, sie sei schon vorhanden gewesen, und er habe sie nur öffentlich artikuliert.

Am 5. April 1842 fällte der Kriminalsenat des Berliner Kammergerichts das Urteil. Es sprach Jacoby von der Anklage des Hochverrats frei, hielt ihn aber in den beiden anderen Anklagepunkten für schuldig und verurteilte ihn zu zweieinhalbjähriger Festungshaft und zum Verlust der Nationalkokarde, was heißen sollte, der bürgerlichen Ehrenrechte. Jacoby legte sofort Revision ein, so daß nun in zweiter und letzter Instanz der oberste Gerichtshof der preußischen Monarchie, der Oberappellationssenat des Berliner Kammergerichts, zu entscheiden hatte. Zugleich griff er abermals zur Feder und rechtfertigte sich in einer zweiten Verteidigungsschrift, die wiederum in Zürich erschien, gegen das Urteil der ersten Instanz.

Unterdessen waren sein Prozeß und seine Verteidigung zum Gegenstand lebhaftesten öffentlichen Interesses geworden, in der Presse und in politischen Zirkeln diskutierte man ausführlich den Hergang des Verfahrens. Die Königsberger Hartungsche Zeitung und die Leipziger «Allgemeine Zeitung» brachten Artikel. In einem dieser Aufsätze würdigte Max Stirner, der zum Kreis der Berliner Freien gehörte und später ein Stammvater des Anarchismus wurde, Jacobys großen Beitrag zur Weckung des politischen Bewußtseins in Preußen. Robert Prutz schrieb, seine Verteidigungsschriften hätten durch «ihre klare, knappe, kurze und dabei so entschiedene Sprache» viele «aus ihrer politischen Unschuld aufgestört und für die Sache der Freiheit gewonnen». Der Sohn des Oberburggrafen Magnus von Brünneck, der mit Jacoby befreundet war, teilte ihm mit: «Deine Prozeßakten oder doch Deine Verteidigung zirkulieren in Abschriften in Berlin und werden bewundert von einem hohen Adel und einem verehrten Publikum.» In Königsberg versammelten sich Freunde und Sympathisanten, um Jacobys Geburtstag am 1. Mai 1842 zu feiern. Ein halbes Jahr später wandten sich fünf bekannte Liberale der Stadt mit einem Aufruf an die Öffentlichkeit und führten eine Geldsammlung zur Verleihung einer Bürgerkrone an Jacoby durch. Subskriptionslisten dafür waren auch in Leipzig, Berlin und Stettin im Umlauf. Der Polizei gelang es allerdings, diese Aktion fast überall zu unterbinden.

Am 18. Januar 1843, nach fast zweijähriger Prozeßdauer, erfolgte Jacobys Freispruch. Das Urteil war eine Sensation, auch wenn Jacoby selbst und viele seiner Freunde keinen anderen Ausgang erwartet hatten. Am meisten überraschte es den König und viele seiner Minister. Die Wut des Hohenzollern, dem schon das Urteil erster Instanz zu milde erschienen war, richtete sich gegen von Grolmann, den Chefpräsidenten des Berliner Kammergerichts, dem der Freispruch in erster Linie zu danken war. In der Erkenntnis des Gerichts, einem umfangreichen Dokument, hatte Grolmann bezeichnenderweise formuliert: «Inkulpat hat übrigens nicht nur niemals die seinem Landesherrn schuldige Ehrfurcht außer Acht gelassen, sondern im Gegenteil unserem erhabenen König seine Ergebenheit und Ehrfurcht in so hohem Grade und in solcher Weise bezeugt, daß an der Aufrichtigkeit seiner Gesinnung nicht gezweifelt werden kann. Daß aber eine solche Gesinnung sehr wohl vereinbar ist mit einem freimütigen, die Grenzen des Anstandes und der dem Landesherrn schuldigen Ehrfurcht beachtenden Tadel bestehender Einrichtungen, dies wird wohl von niemanden in Abrede gestellt werden können.»

Es verwundert nicht, daß Grolmann bald damit den Ultrakonservativen am Berliner Hofe zum Opfer fiel und seine Stellung verlassen mußte, wozu der König nicht wenig beigetragen hat. Für den Ausgang des Verfahrens ist von großer Wichtigkeit gewesen, daß Jacobys Prozeß in Berlin und nicht in Königsberg verhandelt wurde. Aber auch Jacoby selbst hat durch seine umsichtige Verteidigung und durch die Tatsache, daß er mit seinen Verteidigungsschriften Resonanz in der Öffentlichkeit fand, entscheidend an seinem Freispruch mitgewirkt.

Jacoby privat

«Wenn man an gewissen Tagen der Woche, um die Mittagsstunde, aus den Zimmern des Siegel'schen Kaffeehauses ... einen Halbwagen halten sieht, aus dem ein schwarzgekleideter, ernst vor sich hinblickender Herr in hastiger Beweglichkeit herausspringt, der durch die Konditorei ins Lesezimmer eilt und in rascher Abfolge Zeitung auf Zeitung durchfliegt, indem er dazu ebenso hastig und nur ganz wie beiläufig einen kleinen Kuchenimbiß verzehrt, so kann man ziemlich sicher darauf rechnen, daß dieses der Dr. Johann Jacoby ... sein wird ... Der Verfasser der Vier Fragen, wie groß und belebt die Gesellschaft im Kaffeehause auch sein möge, fragt nicht leicht etwas und sagt auch nicht leicht etwas; er ist zu sehr mit sich und einem bestimmten Objekt beschäftigt, er ist überhaupt ein Mann der strengsten Nüchternheit und Präzision, ein Feind des Sprechens, um zu sprechen.»

Dieses Bild, das uns Alexander Jung 1846 überliefert hat, gibt einige Züge der Jacobyschen Persönlichkeit getreu wider. Jacoby war, als er seine Flugschrift herausbrachte, ein Mann von sechsunddreißig Jahren. Sein Äußeres ließ in keiner Weise auf einen Menschen schließen, der den Mächtigen im Staate die Stirn bot; er hatte nichts Imposantes oder Auffallendes an sich. Von mittelgroßer, schlanker Figur, leicht nach vorn gebeugt gehend, frühzeitig kahlköpfig geworden, zeigte sein Gesicht ernste Züge, die häufig ein mildes, gutmütiges Lächeln umspielte. Er kleidete sich unauffällig, wie überhaupt Einfachheit die von ihm befolgte Devise seiner Lebensführung war. Allerdings sprach er mit Behagen den Freuden der Tafel zu, wie es auch sein großer Landsmann Kant getan hatte.

Jacoby besaß viele ins Auge fallende menschliche Qualitäten. Seinen Freunden imponierte am meisten seine eiserne Selbstdisziplin, seine große Bescheidenheit, die ihm eigene Willensstärke und seine unerschütterliche Ruhe und Selbstbeherrschung in allen Lebenslagen. Fanny Lewald, die aus Königsberg stammende Schriftstellerin, später jahrzehntelang eng mit ihm befreundet, konnte sich nicht erinnern, ihn jemals erbittert, gereizt oder zornig gesehen zu haben. Niemals sei auch nur ein hartes Urteil über seine Lippen gekommen; auf negative Erfahrungen oder menschliche Fehlleistungen habe er stets nur mit einem lächelnden Bedauern reagiert. Jacoby lag alles Leidenschaftliche fern, er konnte nie freudig erregt oder enthusiasmiert sein und verstand ostentative oder spontane Gefühlsäußerungen auch bei anderen nicht. Immer sprach er langsam und leise, von Natur aus wortkarg und zurückhaltend, wirkte er Fremden gegenüber kühl. Selten sahen ihn seine Freunde heiter, humorvoll oder witzig. Er hatte keinen Sinn für funkelnden Esprit und für sprachliche Ergüsse. Ergriff er jedoch das Wort, dann war das, was er sagte, präzise und treffend, und jeder hatte das Gefühl, daß ihm die Sache, über die er sprach, am Herzen lag und daß seine Worte seine vollste Überzeugung ausdrückten. In einem Polizeibericht vom Februar 1841 wird über ihn gesagt: «Er ist durch und durch ehrlich in seiner Gesinnung ... er meint es mit seiner Sache ernst und hat unter den dortigen Notabilitäten viele Freunde ... und ist überhaupt unter Juden und Christen sehr geachtet.»

Jacoby hatte weitgespannte wissenschaftliche Interessen, ihn beseelte ein unbändiger Wissensdrang. Auf vielen Gebieten verfolgte er den Fortschritt des wissenschaftlichen Denkens. Er beschäftigte sich mit der Philosophie, der Geschichte, der Politik und den Naturwissenschaften. Daneben las er Werke der klassischen Philologie, der Jurisprudenz und der Technik. Er war in der Lage, Lateinisch, Griechisch und Französisch zu lesen, und auch das Englische und das Italienische beherrschte er. Lektüre und geistiges Arbeiten bedeuteten ihm höchsten Lebensgenuß, am liebsten hielt er sich in seinem Arbeitszimmer auf. Auf einem Tisch seiner Studierstube häuften sich die Neuerscheinungen, und seine Bibliothek dürfte eine der am besten bestückten Privatbibliotheken Königsbergs gewesen sein. Uns ist ein Verzeichnis seiner Bücher überliefert, das nur die Werke zur politischen Geschichte Deutschlands und Preußens, zur Geschichte der Demokratie und der Arbeiterbewegung sowie über Staatswissenschaften enthält. Es umfaßt 1350 Titel, darunter zahlreiche englische, französische und italienische Bücher, und man hat festgestellt, daß Jacobys Aufmerksamkeit kein wichtiges Werk entgangen ist.

Wenn einer seiner Freunde, der Königsberger Arzt Ferdinand Falkson, schrieb, Jacobys «eigentliches Naturell war das des deutschen Stubengelehrten im besten Sinne des Wortes», so findet dieses Urteil Bestätigung sowohl in seiner Lebensführung wie im Ausmaß seiner wissenschaftlichen Neigungen. Ihm gelang es, sich ausreichend Muße für seine Studien zu verschaffen. Die Berufsarbeit nahm nur einen Teil des Tages in Anspruch; dann verstand er es, die Zeit für gesellige Verpflichtungen und für Besuche, die ihm mit wachsender Berühmtheit gemacht wurden, auf ein Minimum zu reduzieren. Vor allem aber liebte er es, die Nacht zum Tage zu machen; er war ein ausgesprochener Nachtarbeiter, und diese Gewohnheit begann schon Mitte der vierziger Jahre seine Gesundheit zu untergraben. Jacoby ist oft und lange von Schmerzen geplagt gewesen; Beschwerden hatte er vor allem im Bereich der Luft- und der Harnwege, dazu kam eine ausgesprochene Wetterfühligkeit. Je älter er wurde, um so mehr befiel ihn eine zunehmende körperliche Steifheit.

Jacobys bevorzugter Philosoph, noch vor Immanuel Kant, war Baruch Spinoza, den er als größten Denker aller Zeiten verehrte. Ein Freund schrieb, dieser Philosoph herrsche in seiner Bibliothek, auf seinem Arbeitstisch und in seiner Gedankenwelt. Jacoby konnte Ferdinand Falkson dazu bewegen, Leben und Werk Giordano Brunos, des bedeutendsten Renaissancephilosophen, den er als Vorgänger Spinozas hoch schätzte, in populärer Form zu bearbeiten. Nach Spinoza war es Lessing, der in Jacobys höchster Gunst stand. Lessings «Nathan der Weise», Goethes «Faust» und die Dramen Schillers gehörten zu den schöngeistigen Werken, die er immer wieder las.

Jacobys historische Studien führten ihn zur eingehenden Beschäftigung mit der Französischen Revolution von 1789 bis 1795 und mit der Zeit der deutschen Befreiungskriege 1807 bis 1815. Doch scheint er sich schon frühzeitig der Geschichte der Antike zugewandt zu haben, die ihn später immer stärker fesselte. Seine besondere Aufmerksamkeit galt vor allem der Geschichte Griechenlands. Um sich dafür sprachlich auf dem laufenden zu halten, verfolgte er mit großem Eifer alle neuen Arbeiten auf dem Gebiet der klassischen Philologie. Abgüsse und Reproduktionen antiker Kunstwerke schmückten sein Arbeitszimmer. Die fortwährende Beschäftigung mit der Welt der Antike beeinflußte seine Geisteshaltung nicht wenig. Davon zeugen sein ethischer Rigorismus, das Bemühen um größtmögliche Folgerichtigkeit und Konsequenz im Denken und sein Bestreben, jedem Gedanken die klarste und zugleich knappste Prägung zu geben. Vor allem dieser letzte Gesichtspunkt ist von Bedeutung, weil er uns eine Eigenart des Publizisten verdeutlicht. Jacoby war ein sehr langsam arbeitender Schriftsteller, lange und schwer rang er um eine Formulierung, und immer aufs neue bemühte er sich, seinen Gedanken kurz und treffend zu fassen. Er wußte, daß dieser Drang zur Kürze und zur Komprimierung ihn daran hinderte, als eloquenter Redner aufzutreten.

Das breite Spektrum seiner wissenschaftlichen Interessen umspannte natürlich auch die medizinische Literatur. Besonders reizten ihn Themen aus dem Grenzbereich von Philosophie und Medizin. Emsig begann er in den vierziger Jahren an einem unvollendet gebliebenen Werk zu schreiben, das den Titel «Über die Funktion des Gehirns» erhalten sollte. Die Einleitung zu dieser Arbeit, einen «Über Nervenphysik» betitelten Aufsatz, ließ er 1846 im «Königsberger Taschenbuch» seines Freundes Ludwig Walesrode erscheinen. Der Aufsatz ist bedeutsam, weil er erweist, daß Jacoby sich lange vor dem Auftreten der mechanischen Materialisten Karl Vogt, Jakob Moleschott und Ludwig Büchner, die dem materialistischen Denken in der Naturbetrachtung Bahn brachen, zum naturwissenschaftlichen Materialismus bekannte. Er setzte sich in dem Aufsatz mit dem naturphilosophischen Idealismus, mit dessen Spekulationen über die Existenz eines besonderen seelischen Prinzips auseinander und war von der Einheit von körperlichen und seelischen Funktionen überzeugt.

Jacobys Vorliebe für gelehrte Lektüre und seine Beschäftigung mit vielen Wissenschaftszweigen machten ihn nicht zum weltfremden Einzelgänger. Er besaß ein großes Maß an Weltkenntnis und Weltklugheit, die er nicht zuletzt durch seine medizinische Praxis erworben hatte. Falkson weist auf Jacobys Neigung zu praktischen Lebensregeln hin. Eine seiner Devisen habe gelautet: «Wenn Du im Zweifel bist, ob Du etwas Bestimmtes tun sollst oder nicht, so tue es nicht.» Große Beachtung schenkte er auch den technischen Entdeckungen seiner Zeit. In Deutschland war die Erfindung Daguerres noch nicht bekannt, als er, gestützt auf in Frankreich erschienene Berichte, daranging, einen photographischen Apparat zu bauen und als erster in Ostpreußen Lichtbilder herzustellen.

In jungen Jahren soll er sich auf geselligen Veranstaltungen sehr wohl gefühlt haben, vor allem dann, wenn Damen anwesend waren, an denen er Gefallen fand. Später zog er es vor, solche Veranstaltungen ganz zu meiden oder sie nach einer Stippvisite zu verlassen.

Seine Freunde forderten ihn wiederholt auf, das Junggesellendasein aufzugeben und zu heiraten. Falkson schreibt, Jacoby habe diesen Rat stets «kühl und nicht ohne das bittere Gefühl des Verzichtenmüssens» abgelehnt. Den Verfasser der «Vier Fragen» er-

Vue de Carlsbad, gedruckt bei Leykum & Co 1840

füllte seit seiner Studentenzeit eine tiefe Zuneigung zur Frau eines steinreichen jüdischen Bankiers in Königsberg, der zugleich russischer Generalkonsul war. Fanny Adelson, unglücklich verheiratet und Mutter von sieben Kindern, erwiderte Jacobys Gefühl, doch hielt sich die Beziehung in den engen Grenzen gelegentlichen Zusammentreffens und eines über Jahre geführten Briefwechsels. Der Arzt besaß, wie mehrere Berichte bezeugen, ausgesprochenen Familiensinn und galt als ein großer Kinderfreund. Wenn er sich dennoch nicht entschloß, eine Familie zu gründen, dann lag der Grund in seinem Bestreben, unabhängig zu bleiben, um sich ausschließlich seinen politischen Aufgaben und seinen vielfältigen wissenschaftlichen Interessen widmen zu können. Außerdem scheint er sich im gemeinschaftlichen Zusammenleben mit seinen Schwestern, denen er herzlich zugetan war, sehr wohl gefühlt zu haben.

Über Jacobys Vermögensverhältnisse sind wir im einzelnen nicht unterrichtet. Wiederholt findet sich jedoch der Hinweis, er sei vermögend gewesen, eine Feststellung, die man sicher als zutreffend ansehen darf. Gern gab Jacoby Geld für Bücher und Bilder aus, und seit den fünfziger Jahren hat er sich viele mehrmonatige Badeaufenthalte und auch Auslandsreisen geleistet. Die Ersparnisse, die er bei seinem Tod hinterließ, bestimmte er als Beitrag für den Bau eines Krankenhauses in seiner Vaterstadt.

Demokrat und Volkstribun

Mit der Waffe der Zeitung

Friedrich Wilhelm IV. legte sich keine Zurückhaltung auf, als er am Weihnachtstag des Jahres 1842 den Militäroberbefehlshaber von Ostpreußen, den Kommandeur des 1. Armeekorps, wissen ließ, er sei es endlich müde zuzusehen, wie sich die «revolutionäre Opposition ... fast aller Organe der sogenannten öffentlichen Meinung im dortigen Lande bemächtigt hat». Es sei hoch an der Zeit, daß die «Treugesinnten» endlich den Kampf aufnehmen gegen «das Walten jener schnöden Judenclique mit ihrem Schwanz läppischer und alberner Kläffer. Die freche Rotte legt täglich durch Wort und Schrift und Bild die Axt an die Wurzel des deutschen Wesens, sie will nicht (wie ich) Veredlung und freies Übereinstellen der Stände ... sie will Zusammensudeln aller Stände, sie verspottet den Aufschwung zur deutschen Einheit ..., sie untergräbt täglich das Vertrauen zu mir.»

Mit der «schnöden Judenclique» und der «frechen Rotte» hatte der Monarch den Kreis der politischen Freunde um Johann Jacoby im Auge, die 1842 eine weit über Ostpreußen ausstrahlende politische Wirksamkeit entfalteten. Ihr Instrument war die Königsberger Hartungsche Zeitung geworden, die eigentlich «Königlich Preußische Staats-, Kriegs- und Friedens-Zeitung» hieß und die sich im Besitz der Familie Hartung befand. Die Zeitung war bis 1841 ein belangloses regierungstreues Lokalblatt gewesen, das seinen ganzen politischen Teil der «Preußischen Staatszeitung» entnommen hatte. Interesse gewannen die Königsberger Liberalen an der Zeitung erst, nachdem Ende 1841 die preußische Regierung durch ein Dekret eine Milderung der Zensurpraxis angeordnet und es der Presse erlaubt hatte, die innenpolitischen Verhältnisse des Landes zu kritisieren, soweit es in wohlmeinender Absicht geschehe. Mit dieser Zensurinstruktion wollte der König die oppositionelle Bewegung durch ein bescheidenes Zugeständnis beschwichtigen und sein Ansehen in der Öffentlichkeit, das durch seine Haltung in der Verfassungsfrage angeschlagen war, wiederherstellen. Auf diesem Wege ging Friedrich Wilhelm IV. 1842 noch einige Schritte weiter, so unter anderem mit einer Verfügung, nach der Bücher in einem Umfang von über zwanzig Druckbogen der Zensur nicht unterlagen.

Als Redakteur der Zeitung fungierte seit Anfang 1842 Friedrich August Witt, Jacobys Studienfreund, ein Oberlehrer am Kneiphöfischen Gymnasium. Witt arbeitete eng mit Jacoby zusammen. Daß der eigentlich führende Kopf, der Mann, der ihre politische Linie bestimmte, nicht der Oberlehrer, sondern der Arzt war, haben übereinstimmend Karl Bender und Rudolf von Gottschall, zwei namhafte Mitglieder des Jacobyschen Zirkels, hervorgehoben. Mit großer Selbstverständlichkeit sahen Gesinnungsfreunde aus anderen deutschen Städten in der Königsberger Zeitung das Organ des Verfassers der «Vier Fragen». Wenn wir auch nicht genau bestimmen können, welchen Anteil Jacoby an der Redaktion und inhaltlichen Gestaltung des Blattes nahm, so steht fest, daß er zahlreiche Artikel selbst schrieb, von denen sich allerdings nur noch ein Teil identifizieren läßt, daß er Korrespondenzen von außerhalb besorgte, daß er zur Mitarbeit anregte und daß er mit dem Zensor verhandelte, wenn es notwendig schien, darum zu bitten, einen Aufsatz ungeschoren passieren zu lassen.

Die Zeitung verstand es, Fragen aus Politik, Wirtschaft und Kultur aufzugreifen, die den oppositionellen Bürgern und dem Kleinbürgertum besonders am Herzen lagen, und sie aus einem antifeudalen Blickwinkel zu behandeln. Einen breiten Raum nahmen Artikel ein, in denen gängige liberale Forderungen wie Pressefreiheit, Verfassungsfrage, Justizreform, Judenemanzipation, Lehrfreiheit an den Universitäten, Öffentlichkeit der Arbeit der kommunalen Vertretungen besprochen wurden. Daneben spielten regionale Probleme eine Rolle, wie etwa die den Interessen der ostpreußischen Handelsbourgeoisie zuwiderlaufende Rußlandpolitik Preußens. Man forderte die Berliner Regierung auf, sich aus der politischen Abhängigkeit vom Zarismus zu lösen und Petersburg zu zwingen, dem preußischen Handel die Märkte in Polen und Rußland zu öffnen. Immer wieder erhob das Blatt seine Stimme für Polen, wobei es sowohl die Wiederherstellung der staatlichen Einheit des Landes forderte, als auch entschieden die Germanisierungsbestrebungen anprangerte, denen sich die in Masurien, im südöstlichen Teil Ostpreußens, lebende polnische Bevölkerung ausgesetzt sah.

Natürlich agitierten die Königsberger nicht nur für die nationale Wiedergeburt der Polen, sondern auch für die staatliche Einigung der Deutschen. Jacoby und seine Freunde waren sich, obgleich sie primär die absolutistisch-bürokratischen Verhältnisse in Preußen heftig kritisierten, der Bedeutung der nationalen Komponente bei der Überwindung der halbfeudalen Ordnung bewußt. Im Zollverein sahen sie das ausbaufähige Fundament für ein geeintes Deutschland, und daher wünschten sie, Ostpreußen möge recht bald dem Zollverein angeschlossen werden.

Große Aufmerksamkeit erregte die im Februar 1842 eingerichtete Rubrik «Inländische Zustände». Sehr geschickt stellte die Redaktion darin aktuelle Fragen einzelner Lesergruppen zur Diskussion. Daß man bewußt gegensätzliche Meinungen zu Wort kommen ließ, regte zur Mitarbeit an. Beispielsweise sahen sich die Volksschullehrer zur Meinungsäußerung herausgefordert, als ein Artikel erschien, der die Abschaffung der geistlichen Schulaufsicht und die Trennung von Kirche und Schule verlangte, während ein anderer Beitrag die vorgebrachten Argumente zu entkräften suchte und die klerikale Abhängigkeit der Volksschule verteidigte. Solche Diskussionen zogen sich wochenlang hin, und nicht selten zeigten die von den Lesern kommenden Einsendungen sogar eine radikale Färbung. Bewußt legte es die Zeitung darauf an, Gewerbetreibende, Lehrer, Geistliche, Juden, Mitarbeiter des Justizwesens und Vertreter anderer Berufe zu öffentlicher Stellungnahme zu bewegen. Die «Inländischen Zustände» fanden so großes Interesse, daß die unter dieser Rubrik veröffentlichten Artikel am Jahresende auch in Buchform gesammelt erscheinen konnten.

Die Aufsätze, von denen wir sicher wissen, daß sie aus Jacobys Feder stammen, behandeln unterschiedliche Gegenstände. Für die «Inländischen Zustände» schrieb er am 24. Februar 1842 einen Aufsatz unter dem Titel «Kriminalprozeß», in dem er die Einführung von Geschworenengerichten als notwendig nachwies. Zwei Tage später nahm er die Zensurinstruktion vom 24. Dezember 1841 aufs Korn, jene Presseverordnung, die auch zum Gegenstand der ersten publizistischen Arbeit des jungen Karl Marx wurde. Jacoby bewies, wie fragwürdig der Spielraum war, den die Verordnung schuf, und er erklärte, wenn die Zensur schon beibehalten würde, dann sollte der Zensor nicht vom Staat eingesetzt, sondern von den Gemeinden oder den Provinziallandtagen gewählt werden. Besser sei aber, man würde auf diese Institution gänzlich verzichten und statt dessen ein Strafgesetz für Pressevergehen schaffen; allerdings müßten dann nicht Berufsrichter, sondern Geschworene über die Verfahren entscheiden. Mit den Hindernissen und Schikanen, die die Zensur mit sich brachte, hat sich Jacoby noch mehrfach beschäftigt.

Das Ständewesen in Preußen, von dem die Reaktionäre behaupteten, es sei die dem Lande eigentümliche und gemäße Verfassung, war das Thema einer zweiteiligen Artikelserie im Juli 1842. Darin prangerte Jacoby das numerische Übergewicht der Rittergutsbesitzer in den ständischen Vertretungen an und trat für eine echte und gerechte Repräsentation aller Bevölkerungsschichten ein.

Es verdient noch ein Beitrag Erwähnung, der aufschlußreich ist, weil sich darin Jacobys Distanz auch zur Großbourgeoisie ausdrückt. Im Herbst 1842 veröffentlichte die preußische Regierung den Entwurf eines Ehescheidungsgesetzes, der eine ausgesprochen reaktionär-orthodoxe Tendenz erkennen ließ. Unter anderem sah die Vorlage, die dann allerdings nicht Gesetz wurde, für Ehebruch die Zuchthausstrafe vor. Jacoby schrieb, es könne kein Zweifel sein, daß der Ehebruch nicht wie der Diebstahl, der Raub und der Betrug aus Not und Armut erwachse; er sei vielmehr charakteristisch für das sorglose und üppige Leben, das Angehörige der höheren Stände führten. Seine Schlußfolgerung war: «Unsere Gefängnisse werden fortan vornehme Gesellschaft haben.»

Aus zwei Quellen erwuchs der ideologische Gehalt der Königsberger Zeitung – aus der Kantschen Aufklärungsphilosophie und dem Junghegelianismus. Für den ostpreußischen Liberalismus waren Vernunft und Freiheit identisch, und er erklärte alles für vernünftig, was der Entfaltung der Freiheit des Individuums diente. Andererseits maß er die bestehenden Verhältnisse an den Kategorien des logischen Denkens, und aus der Diskrepanz von Realität und Vernunft gewann er die Impulse für seine antifeudale Oppositionshaltung. Viele Artikel ließen die Kantsche Auffassung erkennen, nach der die Politik auf das Niveau der Moral gehoben werden müsse; andere Beiträge zeugten vom Einfluß des junghegelianischen Radikalismus.

Jacoby und seine Königsberger Freunde hielten Kontakt zu einigen Vertretern der sogenannten Berliner Freien, einer Gruppe von Literaten, die mit Hilfe der Hegelschen Dialektik scharfe Kritik an Staat und Religion übten. Zu ihnen gehörten Jacobys Vetter Julius Waldeck und Eduard von Flottwell, ein junger Mann, Sohn des Oberpräsidenten der preußischen Provinz Sachsen, der während seiner Königsberger Referendarzeit enge Freundschaft mit Jacoby geschlossen hatte. Flottwell verfaßte viele Artikel für die Zeitung und vermittelte auch Aufsätze anderer Autoren, so unter anderem von Max Stirner. Einflüsse der Hegelschen Philosophie auf den Jacoby-Kreis kamen auch von der Königsberger Universität, wo Ende der dreißiger Jahre Karl Rosenkranz, ein politisch liberal denkender Universitätslehrer, den Lehrstuhl für Philosophie erhalten hatte.

Die Königsberger Zeitung fand, seitdem ihre Redaktion in den Händen der Jacoby-Freunde lag, überraschend Erfolg. Sie gab wichtige Anstöße für die Entwicklung des politischen Bewußtseins der Bürger und das Entstehen einer geistigen Atmosphäre, in der diese über Schäden und Gebrechen im Staate und seiner Verwaltung nachzudenken begannen. An die Wirkung, die von dem Blatte ausging, erinnerte sich Falkson: «Es gab mit einem Male eine Partei, ohne Programm, ohne Statuten, ohne Geldbeitrag, und sie umfaßte den ganzen Bürgerstand. Die Partei war eine einheitliche. Ihr Einheitsband war das gemeinsame Verlangen nach einer Konstitution ... vor allem zunächst nach dem freien Worte, der unbeschränkten Meinungsäußerung.»

Zeitungen in Ostpreußen wie der «Elbinger Anzeiger» und die «Börsenblätter der Ostsee» taten es der Königsberger gleich und zogen ebenfalls die Fahne des Liberalismus auf. Andere Organe druckten Beiträge aus ihr nach. Über das Echo, das das Blatt in der preußischen Hauptstadt fand, notierte Varnhagen von Ense am 8. April 1842 in sein Tagebuch: «Die Königsberger Zeitung ist ganz freisinnig geworden und wird jetzt hier mit Begierde gelesen; die Wirte müssen sie halten, weil alle Gäste darauf erpicht sind.»

Auch die Behörden hatten sehr rasch die Mauserung des harmlosen Lokalblattes zum Organ der Opposition registriert. Anfang März 1842 wies Innenminister von Rochow den König darauf hin, daß es notwendig sei, der Zeitung durch die Berufung eines neuen Zensors engere Fesseln anzulegen. Da sich in Ostpreußen kein geeigneter Beamter für diesen Posten finden ließ, griff man auf den Königsberger Polizeipräsidenten Bruno Erhard Abegg zurück, der erst im Jahr zuvor als Zensor abgesetzt worden war. Mit dieser Ernennung konnte der Redaktion des Blattes kein besserer Dienst erwiesen werden. Abegg war nicht nur ein sehr liebenswürdiger Mensch, sondern insgeheim auch ein Anhänger liberaler Anschauungen. Wenn höheren Orts seine Großzügigkeit mißbilligt wurde, pflegte er darauf zu verweisen, daß eine strenge Knebelung der Presse nur dazu führen könne, Unruhe und Erbitterung auszulösen.

Eine Wendung bahnte sich an, als die Regierung im Juni 1842 einschneidende Änderungen in der Führung der ostpreußischen Administration vornahm. Der Oberpräsident von Schön erhielt seinen Abschied und ging in den Ruhestand. Dem alten Mitstreiter des Freiherrn vom Stein kam diese Entscheidung gar nicht so ungelegen, brachte ihn doch die Konfrontation zwischen liberaler Opposition, mit der er sympathisierte, und Königtum, dem er sich persönlich verbunden fühlte, in eine ausweglose Lage. Mit Schön verließ auch dessen alter Widersacher, der Innenminister von Rochow, die politische Bühne; er war unmöglich geworden, nachdem sein Vertrauter in Ostpreußen, ein Landrat von Hake, der vergeblich eine konservative Gegenbewegung gegen die Liberalen aufzuziehen versucht hatte, wegen Betrugs und Unterschlagung verurteilt worden war.

An Schöns Stelle trat Karl Wilhelm von Boetticher, ein Bürokrat, der seinem Vorgänger nicht das Wasser reichen konnte. Abgelöst wurde auch der kommandierende General des 1. Armeekorps in Königsberg, General Friedrich von Wrangel, der später als Haudegen der Konterrevolution noch eine berüchtigte Rolle spielen sollte. Wrangel hatte sich im ständigen Konflikt mit Schön befunden, der in dem ungeschlachten Junker nur ein «Standbild von Stupidität und Unkultur» sah. Neuer starker Mann in Ostpreußen wurde General Friedrich Graf zu Dohna, ein schroffer Militär, Vertrauter Friedrich Wilhelms IV., der zusammen mit Boetticher die Behörden der Provinz im konservativen Sinne disziplinieren und diesen Geist auf die Öffentlichkeit ausstrahlen lassen sollte. Zu diesem Zweck entfernte man auch den Oberbürgermeister von Königsberg, Rudolf von Auerswald, einen Junkerliberalen, und ernannte ihn zum Regierungspräsidenten von Trier.

Daß nach der Neuformierung der Behördenspitzen ein anderer Wind zu wehen begann, bekam die Königsberger Zeitung schon im Juni 1842 zu spüren. Abegg konnte nicht mehr umhin, zum Zensorstift zu greifen; er mußte von nun an vor allem den gegen Rußland gerichteten Artikeln seine Genehmigung versagen. Zusätzlich übernahm der Oberpräsident von Boetticher selbst die Nachzensur des Blattes. Ein nächster Schritt war der Versuch, den Redakteur der Zeitung einzuschüchtern. Der Kultusminister Johann Albrecht Friedrich Eichhorn forderte Witt auf, seinen Redakteursposten niederzulegen; dieses Amt sei unvereinbar mit seiner Tätigkeit als Gymnasialoberlehrer. Als Witt sich weigerte, dem Ansinnen Folge zu leisten, schaltete man das Provinzialschulkollegium ein, das ihn Mitte September 1842 von seiner Stelle an der Schule suspendierte. Gleichzeitig wurde eine Disziplinaruntersuchung gegen ihn eingeleitet. Die Bürgerschaft Königsbergs rea-

General Friedrich von Wrangel,
nach einer Buchillustration 1849

gierte empört, Witt schlug eine Woge der Sympathie entgegen, worüber der Oberpräsident nach Berlin berichtete: «Die Furcht vor der öffentlichen Meinung hält auch die Besseren gefesselt, jeder glaubt, nicht auf der Höhe der Ideen zu stehen, wenn er nicht der Königsberger Zeitung Beifall gibt, und die Federn, welche ihr entgegentreten könnten, sind fast nicht zu finden.»

Je mehr die Zeitung sich den behördlichen Schikanen ausgesetzt sah, und je mehr man sie veranlassen wollte, eine nur gemäßigte Opposition zu betreiben, um so entschiedener artikulierte sie ihre Haltung. Das Blatt vollzog im Herbst 1842 eine Schwenkung nach links und wurde zu einem Organ des liberalen Radikalismus. Immer unverhüllter wandte es sich gegen den Adel und dessen Privilegien; auch die Junkerliberalen kritisierte es nun wegen ihrer politischen Leisetreterei.

Vom preußischen König, der sich im vertraulichen Schriftverkehr gern eines vulgären Vokabulars bediente, ist die seit Anfang

1842 in Köln erscheinende «Rheinische Zeitung» als die «Hurenschwester» der Königsberger bezeichnet worden. In der Tat traf es zu, daß beide Blätter von gleichen Positionen für gleiche Ziele fochten; sie waren Kampfgefährten in der Auseinandersetzung mit den absolutistisch-bürokratischen Machtverhältnissen in Preußen. Hinter der «Rheinischen Zeitung», die die bedeutendere war, standen die einflußreichsten Vertreter des rheinischen Industrie- und Handelskapitals; sie verfügte über einen großen Mitarbeiterstab, in dem die Junghegelianer um Bruno Bauer, Moses Heß und Karl Marx den Ton angaben. Als der damals vierundzwanzigjährige Karl Marx im Oktober 1842 die Chefredaktion übernahm, erhielt die Zeitung einen demokratischen Charakter und wurde zum Wortführer sozialer und politischer Belange des Volkes.

Zwischen der Königsberger und der «Rheinischen Zeitung», den einzigen damals in Preußen erscheinenden oppositionellen Tageszeitungen von Format, bestanden freundschaftliche Beziehungen. Es war üblich, daß man Artikel des anderen Blattes nachdruckte; auch hatten sie verschiedentlich die gleichen auswärtigen Mitarbeiter. Eduard von Flottwell in Berlin, der sowohl für das Kölner wie für das Königsberger Organ schrieb, forderte Jacoby des öfteren auf, seine Feder der «Rheinischen Zeitung» ebenfalls zur Verfügung zu stellen; er bat ihn, dafür Angehörige des gemeinsamen Freundeskreises zu gewinnen.

Ende September 1842 erhielten die Oberpräsidenten Ostpreußens und des Rheinlandes die Weisung, für die Königsberger und dic «Rheinische Zeitung» neue Zensoren einzusetzen. Die Berliner Regierung wollte jetzt Ernst machen mit ihrer Absicht, die Organe, die Unzufriedenheit schürten, entweder durchgreifend zu zügeln oder sie allmählich zur Strecke zu bringen. Erneut erwies es sich, daß es in Ostpreußen niemand für diese Aufgabe Geeigneten gab, der sowohl über eine streng konservative Gesinnung als auch über intellektuelles Vermögen verfügte. Anfang Dezember 1842 gab das Innenministerium Abegg den Laufpaß, an seine Stelle als Zensor trat ein aus Berlin entsandter Regierungsassessor, vor dessen Rotstift die Redaktion des Blattes alsbald die Segel streichen mußte. Schon in den letzten Monaten des Jahres 1842 ging die

Zahl der Leitartikel rapide zurück; im Mai 1843 mußte die Rubrik «Inländische Zustände» im zensurfreien Inseratenteil untergebracht werden, und wenig später verschwand sie gänzlich. Die Königsberger Zeitung war im Frühjahr 1843 wieder zu dem farblosen Winkelblatt von ehedem geworden.

Dieser Niedergang steht in Verbindung mit dem reaktionären Kurswechsel, den die preußische Krone Anfang 1843 vollzog, als sie den Versuch aufgab, mit scheinliberalen Gesten die Opposition zu ködern, und dazu überging, die antifeudale Bewegung massiv unter Druck zu setzen. Die Zensurinstruktion von Ende 1841 wurde aufgehoben; damit endete für die Presse die Zeit gewisser Erleichterungen. Dichter und Schriftsteller, die für die Freiheit der Presse und für liberale Reformen eintraten, sahen sich Repressalien ausgesetzt. Heinrich Hoffmann von Fallersleben, dessen oppositionelle «Lieder eines Unpolitischen» ein großes Echo gefunden hatten, verlor seine Professur an der Breslauer Universität. Die veränderte politische Linie zeigte sich am deutlichsten in der Ausschaltung der «Deutschen Jahrbücher», dem Organ der Junghegelianer, und im Verbot der «Rheinischen Zeitung», die Ende März 1843 ihr Erscheinen einstellen mußte. Mit scharfen Worten kommentierte Karl Marx in einem Brief an Arnold Ruge die Schwenkung der preußischen Innenpolitik äußerst treffend: «Der Prunkmantel des Liberalismus ist gefallen, und der widerwärtigste Despotismus steht in seiner ganzen Nacktheit vor aller Augen.»

Im Lager der Demokratie

Der große Saal im Kneiphöfischen Junkerhof, dem renommiertesten Hotel im Zentrum Königsbergs, war eine Räumlichkeit, die mit Vorliebe die ostpreußischen Adelsfamilien und die reiche Kaufmannschaft der Stadt mieteten, wenn sie zu großen Gesellschaften, zu Feiern und Festlichkeiten zusammenkamen. Seit Jahrzehnten diente der Junkerhof als Stätte prunkvoller Veranstaltungen der Adelsprominenz des Landes. Am Abend des 2. Dezember 1842 bot sich den über hundertsechzig hierher geladenen

Personen, als sie ihre Plätze einnahmen, das übliche Bild: auf langgestreckten Tafeln kostbare Damastdecken, erlesenes Porzellan, Silberbestecke und Kristallgläser, kunstvoll geformte Kerzen, an der Stirnseite des Saales eine Musikkapelle. Diesmal ging es jedoch nicht um eine feudale Lustbarkeit oder eine Geselligkeit patrizischer Handelsherren. Ein ungewöhnlicher und in der Geschichte der Stadt und der Provinz bisher einmaliger Anlaß hatte die Gäste zusammengeführt. Königsbergs Radikale um Johann Jacoby und ihre Sympathisanten schickten sich an, einem Republikaner ihre Huldigung darzubringen, einem Mann von fünfundzwanzig Jahren, der noch ein Jahr zuvor ein unbekannter, im Schweizer Exil lebender Literat gewesen war und nun als populärster deutscher Dichter verehrt wurde.

Seit einer Woche weilte Georg Herwegh in der Stadt am Pregel; wie in anderen deutschen Städten empfingen ihn auch hier viele Bewunderer äußerst herzlich. Das feurige Pathos, der mitreißende Schwung und die revolutionäre Siegeszuversicht, die von seinen «Liedern eines Lebendigen» ausgingen, hatten in Königsberg großen Anklang gefunden. Die Studenten brachten ihm am Abend des 30. November ein Ständchen, und dies, obwohl der Prorektor der Albertina untersagt hatte, an irgendwelchen Ehrungen für den Dichter teilzunehmen. Ein gleiches Verbot war auch vom Oberpräsidenten für alle Staatsbediensteten ergangen, aber mit einem ähnlichen Erfolg, wie die Zahl der Beamten und Professoren bewies, die zum Herwegh-Essen erschienen waren. Auch Oberlandesgerichtsrat Ludwig Crelinger hatte die Anordnung in den Wind geschlagen; er gab Herwegh nicht nur für die Dauer seines Aufenthaltes Logis, er stand auch an der Spitze des Einladungskomitees, das das Bankett für ihn vorbereitet hatte.

Crelinger erhob sich als erster und eröffnete den Reigen der Trinksprüche. Gegen den jungen Mann mit dem bleichen Gesicht und den dunklen Augen gewandt, sagte er, Herwegh habe mit der Wahrheit seiner Lieder zuerst die Jugend und dann die Älteren gewonnen; ihm schlügen die Herzen der Anwesenden freudig entgegen. Nach ihm nahm Herwegh das Wort und trug eines seiner gelungensten Gedichte vor. Eine Strophe darin lautete:

Die Lerche war's, nicht die Nachtigall:
  Kein Küssen gilt es und Kosen,
Sie singt von nahendem Donnerhall,
  Sie singt von des Schlachtfelds Rosen,
Den Rosen, damit in Todeslust
          Die Brust,
  Die Brust des Helden sich schmücket.
Drum auf und wohlan: bis frei die Welt,
Sei der Himmel ein einig Kriegergezelt
  Und der Dolch der Rache gezücket!

Herweghs «Morgenruf», denn um dieses Gedicht handelt es sich, fand großen Beifall. Die Kapelle intonierte die Marseillaise, Toast folgte auf Toast, in poetischer Form oder in ungebundener Rede. Einen Gruß an Herwegh in Versen trug Cäsar von Langerke vor, ein Universitätsprofessor und Gegner der kirchlichen Orthodoxie, dessen Übertritt von der Theologischen zur Philosophischen Fakultät großes Aufsehen in Deutschland erregt hatte. Lyrische Grüße brachten die Studenten Wilhelm Jordan und Rudolf von Gottschall; die Stimmung hob sich, die Trinksprüche wurden politisch eindeutiger und radikaler. Ein Berichterstatter beschrieb die sich entwickelnde Atmosphäre als «tumultuarisch». Man verspottete die Zahmen, Vorsichtigen und Bequemen, verlangte mehr Leidenschaft im Einsatz für den Fortschritt, beklagte die deutsche Vielstaatlichkeit und pries ein künftiges einheitliches Deutschland. Jacobys Toast nahm sich angesichts der Hochstimmung nüchtern und sachlich aus, er wies auf die Leistungen hin, die die Oppositionellen um Adam von Itzstein in der Abgeordnetenkammer Badens vollbracht hatten, verglich damit die dürftigen Resultate der preußischen Landtage und ließ die Führer der badischen Liberalen hochleben.

Zum Abschluß des Festes erhob sich Herwegh noch einmal und erklärte, er wolle nicht verhehlen, daß er vor allem in die Pregelstadt gekommen sei, um einen Mann kennenzulernen, mit dem ihn schon seit Jahresfrist die tiefste geistige Freundschaft verbinde; dieser Mann sei Johann Jacoby. Der Dichter brachte ein

Hoch auf ihn aus, in das alle Anwesenden lebhaft einstimmten.

Die Feier blieb nicht ohne Nachspiel. Während einige Beamte mit Ermahnungen und Verwarnungen davonkamen, richtete sich der Zorn des Königs besonders gegen Crelinger, gegen den eine Untersuchung eingeleitet wurde. Sie hatte seine Strafversetzung und wenig später die Entlassung aus dem Staatsdienst zur Folge. Crelinger erwarb sich später einen ehrenvollen Namen, er verteidigte 1847 die polnischen Revolutionäre im Berliner Prozeß.

Den Aufenthalt in Königsberg betrachtete Herwegh als Höhepunkt seiner Reise durch Deutschland. Im Spätherbst 1842 hatte er sich auf die Fahrt begeben, um die bekanntesten Wortführer der entschiedenen Opposition aufzusuchen.

Gemeinsam mit Julius Fröbel, dem Leiter des Literarischen Comptoirs Zürich und Winterthur, wollte der Dichter eine Monatsschrift für Politik und geistiges Leben herausbringen. «Der deutsche Bote aus der Schweiz» sollte den Vertretern des radikalen Flügels der antifeudalen Opposition in Deutschland Gelegenheit geben, ihre Arbeiten unbehelligt von der Zensur erscheinen zu lassen. Es war der erste Versuch, deutsche Demokraten im nationalen Rahmen zu vereinigen und ihnen eine gemeinsame publizistische Plattform zu schaffen.

Herwegh wollte die Oppositionellen in allen Regionen Deutschlands zur Mitarbeit gewinnen und sich ihrer Hilfe beim Absatz der Zeitschrift versichern. Seine Reise war zu einem Triumphzug geworden. Überall, wo der junge Mann, der sich so rasch Ruhm erworben hatte, Station machte, wurde er gefeiert. Demokraten und entschiedene Liberale ließen es sich nicht nehmen, ihm zu Ehren Festessen und Empfänge zu geben. In Köln lernte er Karl Marx kennen, mit dem er bald eng verbunden war. In Jena besuchte er Robert Prutz, einen bedeutenden linksliberalen Publizisten und Dichter. In Leipzig setzten ihm politische Mitstreiter Robert Blums gar einen Lorbeerkranz aufs Haupt, und in Dresden wurde er mit Arnold Ruge und dem russischen Revolutionär Michail Bakunin bekannt.

In Berlin traf der Freiheitssänger mit dem König von Preußen

Georg Herwegh

zusammen. Diese Begegnung endete mit einem Eklat. Herwegh, der in Überschätzung seiner persönlichen Möglichkeiten den damals noch immer liberal schillernden Hohenzollern zur Einleitung einer nationalen Politik überreden wollte, fühlte sich von der Audienz ebenso enttäuscht, wie Friedrich Wilhelm IV. erbittert war, der seinerseits gehofft hatte, den Dichter zum Verzicht auf seine republikanische Gesinnung bewegen zu können. Aus Wut über das Scheitern seines auch auf Popularitätshascherei berechneten

Schrittes verbot der König unverzüglich eine Verbreitung des «Deutschen Boten aus der Schweiz» in Preußen.

In Königsberg waren sich Herwegh und Jacoby erstmals am 29. November persönlich begegnet. Im Verlauf einer langen Unterredung entwickelte der Verfasser der «Vier Fragen» dem um zwölf Jahre jüngeren Dichter, wie dieser an seine Braut schrieb, «sein ganzes politisches Glaubensbekenntnis». Die beiden Republikaner schlossen Duzbrüderschaft; sie blieben jahrelang freundschaftlich verbunden, und Jacoby sagte seine Mitwirkung am «Deutschen Boten in der Schweiz» zu. Herwegh, der in den vierzehn Tagen, die er in Königsberg weilte, viele Liberale kennenlernte, war von der Persönlichkeit Jacobys am stärksten beeindruckt. Seiner Braut teilte er mit, Jacoby sei der «weitaus tüchtigste und idealste» der hiesigen Oppositionsmänner, «einer der seltenen Menschen, die Opfer zu bringen wissen»; er werde «mit der Zeit noch weit gehen und flößt mir Zutrauen ein». Nach seiner Rückkehr bekräftigte er in Zürich dieses Urteil, als er am 14. Januar 1843 an Jacoby schrieb: «Ihr seid und bleibt mir doch die liebsten Menschen, die ich auf meiner Reise getroffen.» Diese Wertschätzung galt auch dem engen Freund Jacobys, Ludwig Walesrode, dem sich Herwegh ebenfalls freundschaftlich verbunden fühlte.

Herwegh hatte den engsten Freundeskreis um Jacoby ins Vertrauen gezogen, als er noch in Königsberg einen Brief an Friedrich Wilhelm IV. schrieb. Nachdem das Schreiben durch Walesrode in die Presse gelangte, erregte es höchstes Aufsehen. Herwegh brachte seine Verachtung für das Verbot des «Deutschen Boten aus der Schweiz» zum Ausdruck, verwies auf die Zwecklosigkeit, das freie Wort zu unterdrücken, und bekannte sich mit Nachdruck als Republikaner. Der Kommentar des Innenministers zu dem Brief lautete, Herwegh habe die dem Monarchen schuldige «Achtung und Ehrerbietung auf eine höchst unangenehme Weise verletzt». Der König rächte sich, indem er den Dichter kurzerhand des Landes verwies. Sein Bannstrahl traf auch die Zeitung, die den Brief veröffentlicht hatte, die Leipziger «Allgemeine Zeitung»; sie durfte im Gebiet der preußischen Monarchie nicht mehr verbreitet werden.

Angesichts der Verbote, die im Anschluß an Preußen auch andere deutsche Staaten erließen, besaß das Zeitschriftenunternehmen keine Chance und mußte aufgegeben werden. Die dafür eingegangenen Beiträge ließ Herwegh im Literarischen Comptoir bei Julius Fröbel in einer Publikation unter dem beziehungsreichen Titel «Einundzwanzig Bogen aus der Schweiz» erscheinen. Unter den Autoren dieses Studienbandes befanden sich namhafte oppositionelle Publizisten, wie Moses Heß, Bruno Bauer, David Friedrich Strauß, Karl Nauwerck, Friedrich Engels, Friedrich Hecker und Karl Reinhold Jachmann. Jacoby war mit einem Aufsatz über den preußischen Kultusminister Eichhorn vertreten; er setzte sich darin mit dem Wirken dieses seit zwei Jahren im Amt befindlichen Ministers auseinander und bewies anhand von Vorgängen in Königsberg, wie nachteilig sich dessen Regime auf Universität, Schulwesen und kirchliches Leben ausgewirkt hatte.

Seitdem Johann Jacoby mit seinen «Vier Fragen» und den Vorgängen um seinen Prozeß ein Mann der Öffentlichkeit Deutschlands geworden war, häuften sich Anfragen von Redakteuren und Herausgebern, die darum baten, er möge seine Feder auch ihren Zeitungen und Zeitschriften zur Verfügung stellen. Aus Leipzig und Halle, aus Stuttgart, Mannheim und Zürich, aus Hannover und Köln kamen die Aufforderungen. Meist stand Jacoby den Wünschen aufgeschlossen gegenüber, konnte aber freilich nicht allen Ansprüchen nachkommen. Groß war sein eigenes Interesse, Kontakte und Beziehungen zu den bedeutenden Männern der Oppositionsbewegung zu knüpfen; häufig findet man in seinen Briefen den Satz: «Kein Freund der Freiheit sei dem anderen fremd.» Wenn Freunde von ihm ins Innere Deutschlands reisten, dann bat er sie, die dortigen Männer des Fortschritts aufzusuchen und über sie zu berichten. So brachte er Gustav Dinter mit Moses Heß in Köln zusammen, Ludwig Walesrode mit Robert Blum, Otto Wigand und Arnold Ruge in Leipzig und Dresden, Simon Meyerowitz mit den badischen Liberalen und den deutschen Emigranten in der Schweiz und in Paris; Rudolf von Gottschall mußte ihm über die Lage in Breslau berichten.

Enge Verbindungen entstanden insbesondere zwischen Jacoby

und den Königsberger Radikalen einerseits und Robert Blum, dem vitalen Führer der sächsischen demokratischen Opposition, andererseits.

Das von Blum und Friedrich Steger herausgegebene Volkstaschenbuch «Vorwärts» brachte 1843 die erste biographische Würdigung Jacobys; sie erschien anonym, dürfte aber wohl aus der Feder von Ludwig Walesrode stammen. Das Taschenbuch enthielt einen ungezeichneten Beitrag von Jacoby über Theodor von Schön; darin erörterte er Ursachen und Anlässe für den Rückzug des ehemaligen Oberpräsidenten aus dem politischen Leben.

Jacobys Briefwechsel belegt, daß ihn auch ein recht freundschaftliches Verhältnis mit Arnold Ruge verband. Ruge war gegen Ende 1842 Demokrat geworden und traf nach dem Verbot seiner «Deutschen Jahrbücher» gemeinsam mit Karl Marx und Julius Fröbel Vorbereitungen, um in Straßburg oder Paris, fern von der deutschen Zensur, eine Aktienbuchhandlung zu begründen, in der eine revolutionäre Zeitschrift oder ein Jahrbuch und radikale Schriften herausgebracht werden sollten. Bei der Finanzierung erhoffte man sich Unterstützung durch oppositionelle Kräfte der Bourgeoisie. Walesrode und Ruge verhandelten im Juni 1843 in Dresden über den Beitrag der Radikalen Ostpreußens zur Fundierung des Unternehmens. Man rechnete damit, in Königsberg 100 Aktien zu je 50 Talern absetzen zu können.

Jacoby hat sich für die Unterbringung der Aktien engagiert. Schon bald aber mußte er konstatieren, daß eine Kluft zwischen der Zustimmung bestand, die dem Plan im allgemeinen entgegengebracht wurde, und der Bereitschaft, ihn durch finanzielle Opfer zu unterstützen. Das Ergebnis war daher bescheiden, zumal auch die Sammlung illegal erfolgte, da der Innenminister ein Verbot der Auslegung von Subskriptionslisten erlassen hatte. Die Bourgeoisie lehnte es ab, Geld in ein radikales Projekt von zweifelhafter Perspektive zu investieren. Aus dem Unternehmen, das sich im ursprünglich geplanten Umfang nicht realisieren ließ, gingen die von Marx und Ruge 1844 in Paris herausgegebenen «Deutsch-Französischen Jahrbücher» hervor. Zu den in dem Sammelwerk vertretenen bedeutenden Autoren – unter ihnen Marx, Engels, Heinrich

Heine, Georg Herwegh, Moses Heß – gehörte auch Johann Jacoby. Wie kam es dazu?

Jacoby hatte 1843 mit zäher Beharrlichkeit monatelang um die Erlangung eines Schriftstückes gekämpft, und zwar um den Text der Begründung des Urteils in seinem Hochverratsprozeß vor dem Oberappellationssenat in Berlin. Als findiger Rechtskenner und geschickter Taktiker erkannte der Politiker sofort, welch ein wirkungsvoller Schlag sich mit dem Freispruch gegen die preußische Justiz führen ließ, wenn man die Urteilsbegründung in die Hand bekam und sie veröffentlichte. Die Begründung des Urteils war, da es sich um ein Dokument des höchsten preußischen Gerichts handelte, geeignet, Gesinnung und Arbeitsweise jener Richter bloßzustellen, die ihn in erster Instanz verurteilt hatten und denen es vor allem auch darum ging, die antifeudale Opposition den Fängen des Strafrechts auszuliefern.

Vom Königsberger Oberlandesgericht erhielt Jacoby eine abschlägige Antwort, als er um eine Abschrift des Urteils und dessen Begründung nachsuchte. Ein danach beim Justizminister unternommener Schritt verlief ebenfalls erfolglos. Nun wandte sich der Freigesprochene mit einer Beschwerde an den König, wobei er darauf hinwies, daß entsprechend einer Verordnung von 1831 jedem Angeklagten in Preußen das Recht zustehe, auf sein Verlangen hin die abschriftliche Fassung der Erkenntnisgründe, das heißt der Urteilsbegründung zu erhalten.

Friedrich Wilhelm IV. war anfangs geneigt, das in seinem Lande geltende Recht zu achten. Bevor er jedoch entschied, hielt er es für angebracht, über Jacobys Forderung mehrere Gutachten einzuholen. Das Gutachten, das der neue Innenminister, Adolf von Arnim-Boitzenburg, einreichte, ist besonders aufschlußreich. Der Minister gab zu bedenken, daß das Urteil veröffentlicht würde, was zweifellos Wasser auf die Mühlen der Opposition leite, somit käme die Zensur in die Lage, ein Schriftstück unterdrücken zu müssen, das die obersten Richter des Landes verfaßt hatten. Jacobys Gesuch abschlägig zu bescheiden, rieten die Minister des Innern und der Justiz dem Monarchen, sie betonten, die Gründe, die für eine Abweichung von der allgemeinen Rechtsnorm sprächen, wären in diesem Falle zu gewichtig, als daß man ihnen nicht entsprechen könne.

Jacoby wußte sich in genauer Übereinstimmung mit dem geltenden Recht und zögerte nicht, den Konflikt an die Öffentlichkeit zu bringen. Sein Gesuch an den König und dessen abschlägige Antwort übergab er der Presse, ließ polemische Artikel in der Königsberger Hartungschen Zeitung erscheinen und brachte eine Broschüre heraus, in der er anhand von Dokumenten nachwies, daß ein Angeklagter ein unbedingtes Recht auf Ausfertigung eines über ihn ergangenen Urteils habe.

Seine Hartnäckigkeit zeitigte schließlich einen Teilerfolg; das Königsberger Gericht fand sich bereit, ihm die Urteilsbegründung zwar nicht auszuhändigen, den Wortlaut des Textes jedoch durch Vorlesen bekanntzugeben. Als sich Jacoby dabei Notizen machen wollte, wurde das untersagt. Der mit dem Verlesen beauftragte Kriminalrichter erklärte sich aber bereit, einige Stellen, um die ihn Jacoby bat, ein zweites Mal vorzulesen. Zu Hause schrieb er das Gehörte nieder, wobei sein Gedächtnis sich als so hervorragend erwies, daß der rekonstruierte Text – vier Fünftel des Ganzen – fast völlig dem Original entsprach, wie der Vergleich ergab, der später möglich wurde.

Natürlich bemühte sich der Publizist vergeblich um eine Druckerlaubnis in Deutschland; er schickte die Urteilsbegründung deshalb nach Zürich, wo sie Julius Fröbel wegen Mißhelligkeiten mit seinem Teilhaber nicht drucken lassen konnte, aber sie an Ruge nach Paris weitergab. So erblickte das «Urteil des Oberappellationssenats in der wider den Dr. Johann Jacoby geführten Untersuchung wegen Hochverrats, Majestätsbeleidigung und frechen, unehrerbietigen Tadels der Landesgesetze» in den «Deutsch-Französischen Jahrbüchern» das Licht der Öffentlichkeit, in einem Buch, in dem mit Karl Marx' Aufsatz «Zur Kritik der Hegelschen Rechtsphilosophie» und der Schrift von Friedrich Engels «Umrisse zu einer Kritik der Nationalökonomie» erste Fundamente für die Begründung des wissenschaftlichen Kommunismus und der historischen Mission der Arbeiterklasse gelegt wurden.

Wenn wir den Königsberger Oppositionellen 1843 und 1844

wiederholt unter den Autoren und Mitarbeitern solcher Publikationen finden, die Repräsentanten der revolutionären Avantgarde Deutschlands herausgaben, so war das kein Zufall, sondern Ausdruck einer Wandlung seiner politischen Position.

Seit Anfang der dreißiger Jahre seiner Überzeugung nach bürgerlicher Republikaner, hielt Jacoby die Gebildeten und die Bourgeoisie für die den politischen Fortschritt tragenden Kräfte. Diese Auffassung deckte sich zeitweilig auch mit der realen Situation. Die Verhältnisse veranlaßten ihn, sein Republikanertum nach außen zu tarnen und unter der Maske eines liberal-konstitutionellen Oppositionspolitikers aufzutreten. Diese Maske durfte er selbst jetzt noch nicht ablegen. Auch in Königsberg bildeten die republikanisch gesinnten Radikalen noch immer ein kleines Häuflein. Taktische Klugheit und Realismus geboten, sich weiterhin der in ihrer übergroßen Mehrheit liberal-konstitutionellen Opposition anzupassen. Ohne eine solche Orientierung hätte Jacoby möglicherweise auf breite Kreise viel weniger Einfluß nehmen können.

Wie zahlreiche Briefstellen bezeugen, durchmaß Jacoby 1843 eine wichtige Wegstrecke, die ihn ins Lager der revolutionären Demokratie führte. Innerlich überwand er die mehr oder weniger starke Bindung an die Klassenposition der Bourgeoisie; er schloß sich den Kräften des revolutionär-demokratischen Kleinbürgertums an. Aus dem bürgerlichen Radikalen wurde ein revolutionärer Vertreter der kleinbürgerlichen Demokratie, ein Sozialrepublikaner.

Zwei wichtige Erkenntnisse offenbaren das Neue in seiner Einstellung. Er fand zur Überzeugung, das Adelsregime könne nicht durch Reformen oder Zugeständnisse von oben überwunden werden, sondern allein auf dem Wege einer gewaltsamen Revolution. Diese Einsicht leitete sich nicht zuletzt vom reaktionären Kurswechsel her, den die preußische Krone 1843 vollzogen hatte. Abschied nahm er nunmehr von Illusionen über eine friedliche Umwandlung des aristokratisch-bürokratischen Machtsystems in einen demokratischen Verfassungsstaat. Sodann erkannte er, daß es falsch sei, im Kampf um politische Freiheit die Hoffnungen primär auf die Bourgeoisie zu setzen. Daß die entscheidenden Fortschrittskräfte und diejenigen, von denen revolutionäre Aktionen erwartet werden können, nicht die besitzenden Klassen sind, sondern die breiten Massen der Handwerker, Bauern, Arbeiter und die mit ihnen verbundenen jungen Intellektuellen, wurde ihm jetzt klar. «Von der Selbstsucht und Feigheit der sogenannten ‹Gebildeten›», schrieb er am 11. Dezember 1843 dem Stuttgarter Redakteur Karl Weil, «ist nichts zu erwarten; alles kommt darauf an, durch Belehrung die tatkräftigen arbeitenden Klassen – das eigentliche Volk – zum Bewußtsein ihrer unwürdigen Stellung zu bringen; gelingt dies – und es wird sicher gelingen –, dann wollen wir mit den Junkern und Pfaffen bald fertig werden.»

In Jacobys politischem Denken und seinem Handeln hat die Erringung eines demokratischen Staatswesens immer die zentrale Rolle gespielt. Ihm war jedoch ein Staat der Demokratie, anders als vielen kleinbürgerlichen Demokraten, nie Selbstzweck, sondern stets Mittel und Werkzeug, um die sozialen Gegensätze der Gesellschaft, die mit dem Aufkommen des industriekapitalistischen Zeitalters immer vielgestaltiger und schärfer wurden, zu mildern und die Lebenslage des arbeitenden Volkes entscheidend zu heben. Sein revolutionärer Demokratismus wies von Anfang an eine starke soziale Note auf. Das resultierte offensichtlich weniger aus eigenen Beobachtungen – in seiner Vaterstadt und in Ostpreußen gab es damals noch kein nennenswertes Industrieproletariat –, sondern wohl vorwiegend aus der Beschäftigung mit Werken der sozialkritischen und sozialutopischen Literatur der Zeit. So hatte er unter anderem «Die Garantien der Harmonie und der Freiheit», das Hauptwerk Wilhelm Weitlings, Arbeiten von Moses Heß, dem philosophisch orientierten utopischen Kommunisten, von Pierre Proudhon, dem französischen Sozialisten, und Bettina von Arnims 1843 erschienenes Werk «Dies Buch gehört dem König» gelesen.

Hielt Jacoby auf der politischen Ebene grundstürzende Wandlungen für notwendig, war er ein politischer Revolutionär, so sprach er sich im Gegensatz dazu gegen gewaltsame Erhebungen für soziale Ziele aus und trat für Verbesserungen auf dem Wege sozialpolitischer Reformen ein. In diesem Sinne schrieb er Ende November 1843 an Julius Fröbel, daß er Weitling für einen tüchtigen Mann halte, der die faulen Stellen am Organismus der Gesellschaft deutlich erkannt habe; er sollte nur «nicht so schnell zum Eisen und Feuer greifen, wenn noch Hoffnung vorhanden ist, durch Medikamente die Heilung zu bewirken». Was er um dieselbe Zeit, am 25. November 1843, gegenüber Arnold Ruge äußerte, bildet bis zu seinem Lebensende den Grundzug seines Demokratieverständnisses, seiner von humanistischer Überzeugung und enger Verbundenheit mit dem Volke geprägten demokratischen Einstellung: «Die unteren Klassen müssen zur Menschenwürde erhoben werden; nur als Mittel zu diesem Zweck haben die freien politischen Institutionen einen Sinn.»

Jacoby und die Königsberger Radikalen sahen sich 1843 einem publizistischen Angriff ausgesetzt, von einer Seite, von der sie es am wenigsten erwarten konnten. Die gegen sie geführte Polemik ging nicht von adlig-konservativen Gegnern aus, sondern von einer Gruppe der Berliner Freien, die sich ultralinks gebärdete und Jacoby reaktionärer Anschauungen bezichtigte. Mit Behagen gefielen sich die Gebrüder Bauer darin, Jacoby den «Leibarzt Seiner Exzellenz des Ministers von Schön» zu nennen, was insofern richtig war, als er die Familie des ehemaligen Oberpräsidenten medizinisch betreute, ohne aber in einem vertraulichen Verhältnis zu Theodor von Schön zu stehen. In einer Flugschrift warf Edgar Bauer den Liberalen Ostpreußens vor, ihre Opposition gegenüber dem bestehenden Regime sei weder prinzipiell noch radikal. Er nannte sie Legitimisten und Reformisten, warf ihnen monarchistisch-konstitutionelle Einstellung vor, weil sie auf ein friedliches Voranschreiten der Fortschrittsentwicklung vertrauten und den bestehenden Rechtsboden achteten. Jacoby habe einen Fehler begangen, als er die Forderung nach einer Verfassung auf das königliche Versprechen von 1815 statt auf die Rechte des Volkes gründete. Ebenso sei er schlecht beraten gewesen, als er sich vor Gericht verteidigte, denn damit habe er die bestehenden Gesetze anerkannt; es wäre besser gewesen, wenn er sich mit stoischem Gleichmut hätte verurteilen lassen.

Die sich um die Gebrüder Bauer scharenden Junghegelianer taten Jacoby Unrecht. Ohne Sinn für taktische Erfordernisse, ohne

Verständnis für bündnispolitische Notwendigkeiten zeigten sie sich selbst außerstande, ein den Gegebenheiten angepaßtes politisches Programm zu entwickeln und die Theorie mit der politischen Praxis zu verbinden. Ihr theoretischer Radikalismus, bei dem die atheistische Religionskritik im Vordergrund stand, erwies sich als ungeeignet, dem politischen Tageskampf als Richtschnur zu dienen. Die Berliner Freien degenerierten alsbald zur Sekte, fanden keinen Anschluß an die sich herausbildende demokratische Strömung, und ihr Subjektivismus, die anarchistischen Neigungen, der anmaßende Ton und die Mißachtung des Volkes diskreditierten den Kampf der Demokraten.

Jacoby hielt es nicht der Mühe wert, auf die Angriffe der Freien zu reagieren. Karl Marx, Georg Herwegh und Arnold Ruge hatten bereits Ende 1842 mit ihnen gebrochen; Marx öffnete ihnen nicht mehr die Spalten der «Rheinischen Zeitung», Herwegh war seit seinem Berlin-Aufenthalt von der mangelnden Ernsthaftigkeit ihres Tuns überzeugt, Jacobys Vetter Julius Waldeck sowie Ludwig Walesrode, der im Sommer 1843 Berlin besuchte, teilten ihm übereinstimmend mit, sie hätten den Eindruck, die Freien würden «mehr schaden als nützen». Waldeck fügte noch hinzu, sie legten sofort die Hände in den Schoß, sobald es ihnen gelungen sei, eine ihrer radikalen Theorien aufzustellen.

Die Jahre 1841 bis 1847 bezeichnete Jacoby später als die schönste Zeit seines Lebens. Dabei spielte wohl eine Rolle, daß er in dieser Zeit seine größten Erfolge als Publizist errang, wichtiger jedoch dürfte für ihn gewesen sein, daß ihn damals – wie später nie wieder – ein ihm eng verbundener Kreis von Gesinnungsfreunden umgab, dessen Haupt er war und mit dem er freudig für die Sache des Volkes und der Freiheit fechten konnte. Was immer im vormärzlichen Königsberg im Sinne des Fortschritts geschah, wurde erdacht, angeregt und getragen von den Kräften der radikalen Opposition um Jacoby. Seit 1843 trat dies noch deutlicher in Erscheinung als bisher, da sich mit der Entwicklung der Jacoby-Freunde zu Radikalen und Demokraten die politischen Fronten verschoben. Die gemäßigten bürgerlichen Liberalen taten sich mit den Junkerliberalen zusammen und führten einen Zweifrontenkampf sowohl gegen die Radikalen wie gegen die Konservativen. Außerdem entstand eine konservative Adelspartei, die auf Kosten der liberalen Junkeropposition wuchs und nach der 1843 erfolgten reaktionären Schwenkung der Berliner Regierungspolitik an Einfluß gewann.

Seit Anfang der vierziger Jahre diente den Anhängern und Vertrauten Jacobys nicht mehr das Hinterzimmer im Erdgeschoß des Café Siegel als Treffpunkt; man hatte eine Donnerstagsgesellschaft ins Leben gerufen, die abwechselnd in den Wohnungen ihrer Teilnehmer tagte, bis sie ständig im Hotel de Berlin zusammenkam. Gegenüber früher war die Gruppe zahlreicher geworden, vor allem kamen junge Menschen, Studenten der Universität und Absolventen, die ihre ersten Schritte im Berufsleben machten, hinzu. Das Gros stellten bürgerliche Intellektuelle, aber auch Kaufleute, kleine Unternehmer und Handwerksmeister gehörten ihr an.

Aus dem Kreis von Jacobys Gesinnungsfreunden seien einige hervorgehoben, die damals eine größere Rolle spielten oder sich späterhin einen Namen gemacht haben.

Politisch am bedeutendsten war Ludwig Walesrode, ein 1810 in Hamburg geborener Jude, der ähnlich wie Jacoby sein ganzes Leben hindurch der Fahne der Demokratie unwandelbar treu blieb. 1837 nach Königsberg gekommen, wo er sein Brot als Englischlehrer und durch literarische Arbeiten verdiente, sah er sich nach Ablauf seiner für drei Jahre geltenden Aufenthaltsgenehmigung vor die Wahl gestellt, entweder ausgewiesen zu werden oder zum Christentum zu konvertieren; er zog letzteres vor. Zur Politik kam er über seine persönliche Freundschaft zu Jacoby. Sein Name wurde bekannt, bald auch über die Grenzen Königsbergs und Ostpreußens hinaus, als er im Winter 1841/42 im Kneiphöfischen Junkerhof politisch-satirische Vorträge hielt, die von allen besucht wurden, die sich zu den Gebildeten zählten. Seine Ausführungen, in einer bilderreichen Sprache formuliert und mit vielen witzigen Pointen gespickt, kommentierten zeitgeschichtliche Vorgänge in spöttisch-kritischem Ton. Unter dem Titel «Glossen und Randzeichnungen zu Texten aus unserer Zeit» ließ er sie auch als Buch erscheinen. Es erlebte fünf Auflagen, eine davon wurde vom jungen Friedrich Engels besprochen. Als Walesrode daranging, vor den Studenten Vorträge zu halten, stieß er auf den Widerstand der Universitätsbehörden, die den Studenten den Besuch der Veranstaltungen verboten. Die Vorträge, die er im Winter 1842/43 hielt, gab er als «Untertänige Reden» ebenfalls in Buchform heraus. Ihr Inhalt atmete den feurigen Oppositionsgeist eines entschiedenen Republikaners, der mit seinem ätzenden Spott weder die Junker noch den König, noch die geistlichen Würdenträger oder die gemäßigten Liberalen verschonte. Walesrode verglich Preußen mit einem Zuchtgefängnis, erklärte, mit dem «besonnenen langsamen Fortschritt» werde nichts erreicht, und stellte fest, zwar sei «das Vaterland noch nicht reif, sich der Schmach der bevormundenden Administration zu entziehen», aber um so nötiger sei es, laut zu protestieren «gegen die Schande feudaler Hörigkeit». Die «Untertänigen Reden» trugen Walesrode eine einjährige Festungshaft ein, die er 1845/46 in Graudenz absitzen mußte.

Von den Studenten sind vor allem Rudolf von Gottschall und Ferdinand Gregorovius zu nennen. Gottschall, aus Breslau gebürtig und einer Offiziersfamilie entstammend, wurde 1843 von der Albertina relegiert, weil er seine Kommilitonen für Walesrodes Vorlesungen mobilisiert hatte. Zur gleichen Zeit publizierte er zwei Gedichtbände, «Lieder der Gegenwart» und «Zensurflüchtlinge», in denen er nach Herweghschem Vorbild den Kampf um die Freiheit besang. Seit 1849 politisch nach rechts abschwenkend, blieb er ein eminent produktiver Journalist und Schriftsteller, verfaßte einige weniger bedeutende Dramen und spielte eine kulturpolitische Rolle als Leiter und Dramaturg mehrerer Stadttheater.

Gregorovius, Sohn eines Beamten, studierte zuerst Theologie, wechselte aber unter dem Einfluß der junghegelianischen Religionskritik zur Philosophie und Geschichte über und wirkte nach seiner 1843 bei Karl Rosenkranz erfolgten Promotion als Lehrer und Journalist in Königsberg. Sein 1843 erschienenes Buch «Karl Siebenhorns Höllenbriefe», eine allegorische Kritik der politischen Zustände Preußens, war vom politischen Sarkasmus der Walesrodeschen Vorträge inspiriert. Gregorovius, der nach der gescheiterten Revolution ebenfalls gegenüber den demokratischen Ideen auf Distanz ging, wurde ein bedeutender Historiker, aus dessen Feder eine vielbändige Geschichte der Stadt Rom im Mittelalter stammt.

Erwähnung verdient auch der damalige Leutnant Wilhelm Rüstow, der 1846 zum Jacoby-Kreis stieß, als er in Königsberg am Festungsbau mitwirkte. Drei Jahre zuvor hatte auf Betreiben des Kriegsministers, General Hermann von Boyen, die preußische Regierung beschlossen, Jacobys Vaterstadt, die bis 1805 Festung gewesen war, erneut mit Befestigungsanlagen zu umgeben, um sie vor einem russischen Angriff zu schützen. Rüstow war ein begabter Schriftsteller, der zunächst kleine literarische und journalistische Arbeiten verfaßte und 1848/49 zu den wenigen Offizieren der preußischen Armee gehörte, die offen auf die Seite des Volkes übertraten. Aus einer Festungshaft ins Schweizer Exil entflohen, nahm er als Generalstabschef Garibaldis am italienischen Befreiungs- und Einigungskampf 1860/61 teil. Kurz danach wurde er mit Ferdinand Lassalle bekannt und schloß mit ihm Freundschaft. In die Geschichte ist Rüstow eingegangen als der bedeutendste deutsche Militärpolitiker der kleinbürgerlichen Demokratie und als ein namhafter Militärschriftsteller.

Auf dem Weg zum Böttchershöfchen

Königsbergs Polizeipräsident Abegg sah sich am Abend des 28. April 1845 vor eine Aufgabe gestellt, der er sich nur mit äußerstem Widerwillen unterzog. Gegen achtzehn Uhr dreißig begab er sich zum Altstädtischen Gemeindegarten, dem Gasthof mit dem größten Saal der Stadt, wo allwöchentlich die Bürgergesellschaft ihre Veranstaltungen durchführte. Gespannt lauschten die Mitglieder dem Vortrag eines Juristen über Rechtsfragen, als der Vorsitzende, Kaufmann Heinrich, den Redner bat, seine Ausführungen für einen Augenblick zu unterbrechen. Heinrich teilte mit, der Polizeipräsident lasse anfragen, ob die Bürger geneigt seien, seinen Besuch zu gestatten. Abegg, diesmal gegen seine Gewohnheit in voller Uniform, betrat den Saal, übergab dem Vorsitzenden ein Schreiben und wandte sich mit wenigen Sätzen an die Versammlung. Er habe, so sagte er, den guten Sinn, von dem die Gesellschaft erfüllt sei, stets anerkannt, und er bitte daher auch, die schmerzliche Nachricht, die er überbringe, mit Ruhe anzuhören. Nachdem der Vorsitzende das ihm übergebene Schreiben verlesen habe, werde er die Versammlung nicht weiter belästigen, sondern ihr selbst alle gesetzlichen Schritte überlassen, die sie für erforderlich halte.

Das Schreiben enthielt die Anordnung des Innenministers über das Verbot der Bürgergesellschaft. Ihr Zweck, so hieß es darin, laufe den Erfordernissen «der öffentlichen Ruhe, Sicherheit und Ordnung» zuwider und verstoße auch gegen einen Beschluß des deutschen Bundestages von 1832, der das Bestehen politischer Vereine untersage.

Kaum hatte Abegg den Saal verlassen, da brach ein Sturm der Entrüstung los. Als erster verschaffte sich Jacoby Gehör. In einer kurzen Rede machte er deutlich, daß mit dem Verbot geltende Rechtsgrundsätze verletzt würden, er schlug vor, zwei Schritte zu unternehmen: Man sollte erstens in einem Brief an den König Beschwerde führen und ihn um seinen Schutz ersuchen. Und zweitens sollte eine Deputation zum Oberpräsidenten gesandt werden mit der Bitte, bis zur Antwort des Königs die Vollziehung der Verbotsmaßnahme auszusetzen.

In wenigen Minuten war die Eingabe an den Monarchen formuliert und mit vielen Unterschriften versehen. Bevor man auseinanderging, wurde beschlossen, das Verbot vorerst unbeachtet zu lassen und sich «untereinander fest verbrüdert, regelmäßig alle Woche bald hier, bald dort» zu treffen; für die kommende Woche bestimmte man, im Böttchershöfchen, einer Ausflugsgaststätte mit einem parkähnlichen Garten vor der Stadt, zusammenzukommen. Erst etwas später erfuhren Königsbergs Bürger, daß an diesem Tage an die Soldaten der Garnison scharfe Munition ausgegeben worden war. Offensichtlich hatten die Militärbehörden nach der Auflösung der Bürgergesellschaft den Ausbruch einer Revolte für wahrscheinlich gehalten.

Mit der Intervention beim König bezweckte Jacoby ganz sicher nur, dem Ereignis eine größere Publizität zu verschaffen; daß der Monarch seinen Innenminister desavouieren würde, daran dürfte er nicht ernstlich geglaubt haben. Unter den Führungskräften der Bürokratie traten dennoch Meinungsverschiedenheiten zutage. Oberpräsident von Boetticher gab dem Innenminister zu bedenken, es sei günstiger, die Bürgergesellschaft bestehen zu lassen und ihre Existenz an strenge Auflagen zu binden. Graf Arnim-Boitzenburg wollte davon nichts wissen und bezeichnete in einem Bericht an den König die Bürgergesellschaft als eine Institution, die «unter dem Deckmantel humaner Bestrebungen die Ideen des Radikalismus in diejenigen Schichten einzuführen» bestrebt ist, «in denen ihrer Bildung und Stellung nach sie am gefährlichsten sind». Friedrich Wilhelm IV. stellte sich hinter den Minister und rechtfertigte das Verbot.

Die Bürgergesellschaft in Königsberg hat nur wenige Monate bestanden. Sie war am 20. Dezember 1844 gegründet worden; bereits an der Gründungsversammlung hatten 150 bis 200 Personen teilgenommen. Ihr neunköpfiger Vorstand setzte sich – das sollte verabredungsgemäß stets so sein – aus fünf Handwerksmeistern und vier Vertretern anderer Schichten zusammen. Diese vier waren Johann Jacoby, der Arzt Gustav Dinter, der im Kleinbürgertum der Stadt große Popularität genießende Kaufmann Karl Ludwig Heinrich als Vorsitzender und der Direktor einer höheren Töchterschule, Julius Leopold Sauter. Bei Dinter, Heinrich und Sauter handelte es sich um enge Freunde Jacobys. Die Königsberger Radikalen gründeten die Bürgergesellschaft, nachdem seit September immer mehr Handwerker an den Debatten der Donnerstagsgesellschaft teilzunehmen wünschten. Der Erfolg übertraf alle Erwartungen. Schon im Januar 1845 betrug die Mitgliederzahl 700, das Fassungsvermögen des Saales im Altstädtischen Gemeindegarten war erschöpft. Der Vorstand mußte erklären, es sei unmöglich, weitere Mitglieder aufzunehmen. Anfang April beschloß man, auf Aktienbasis eine größeren Anforderungen genügende Bürgerhalle zu bauen.

Die Bürgergesellschaft vereinte Handwerksmeister, die die

Versammlung im Böttchershöfchen, aus der «Illustrierten Zeitung» 1845

Mehrheit bildeten, Handwerksgesellen, Kaufleute, Kleinhändler und Intellektuelle; Beamte und Universitätslehrer gab es in ihr kaum. Die Jacoby-Anhänger bezweckten mit der Vereinigung in erster Linie, die arbeitenden Schichten, besonders die Handwerksgesellen, zu organisieren. Dagegen gab es aus dem Kreis der Handwerksmeister, die überwiegend noch im Zunftdenken und in Standesvorurteilen befangen waren, Widerstand. So wünschten einige von ihnen, daß den Gesellen der Zutritt versperrt bliebe. Mit Mühe kam eine Übereinkunft zustande, derzufolge die Aufnahme von Gesellen prinzipiell möglich, der Beitritt des einzelnen aber vom Vorschlagsrecht der Meister abhängig sein sollte.

Die Väter der Bürgergesellschaft hatten für ihre Organisation nach einer Form gesucht, die sie soweit wie möglich vor behördlichen Schikanen schützte. Deshalb gründeten sie keinen offiziellen, der polizeilichen Genehmigungspflicht unterliegenden Verein, sondern eine Privatgesellschaft; deren Existenz brauchte den Behörden nur angezeigt zu werden. Dementsprechend gab es auch keine schriftlich formulierten Statuten; es wurden nur mündliche Vereinbarungen getroffen, unter anderem darüber, daß der Mitgliedsbeitrag 40 Pfennig je Monat beträgt.

Die Bürgergesellschaft wollte ihre Mitglieder in geselligem Umgang einander näherbringen und sie dadurch «in ihren gemeinsamen Interessen als Bürger und Menschen» fördern, wie es in der Rede des Kaufmanns Heinrich auf der Gründungsversammlung hieß. Die Zweckbestimmung als Geselligkeitsverein mit volkspädagogischer Zielstellung wiederholte Jacoby ausdrücklich in der folgenden Versammlung.

Zweifellos aber verfolgten die Demokraten von Anfang an weitergehende Ziele – ihnen ging es um die politische Aufklärung der Mitglieder, auch wenn das nur mit großer Zurückhaltung geschehen konnte. Nach längerer Diskussion wurde in einer Versammlung entschieden, daß es unmöglich sei, aus den Erörterungen der Gesellschaft die Politik gänzlich auszuschließen. Den Männern um Jacoby kam es darauf an, bei den Handwerkern und Gesellen politisches Selbstbewußtsein zu erwecken, die Überzeugung zu vermitteln, daß sie die gleichen staatspolitischen Rechte haben wie die Angehörigen anderer Schichten und Berufe. Teilnahme am Vereinsleben in voller Gleichberechtigung – ein Ausgangspunkt für die Entwicklung von politischem Bewußtsein und die Hebung ihres allgemeinen Bildungsniveaus.

Die Gründung der Bürgergesellschaft stand in enger Beziehung zu einem Ereignis, das wenige Monate vorher die Einwohner der Pregelstadt eine Woche lang in Feststimmung versetzt hatte: der 300-Jahr-Feier der Albertus-Universität. Falkson schildert die Wirkung des Jubiläums mit folgenden Worten: «Von diesem Gedenkfeste ab dürstete alles nach persönlicher Aussprache, nach unmittelbarer Gedankenvermittlung. Es konnte nur noch eine Frage kurzer Zeit sein, bis sich Vereine bildeten und große Volksversammlungen zusammentraten.»

Die politische Bedeutung, die die Säkularfeier der Albertina Ende August 1844 erhielt, erwuchs aus der offenen Konfrontation von Regierung und akademischen Behörden. Kultusminister Eichhorn hatte in einer Professorenversammlung die Universität be-

Gedenkmünze anläßlich des Universitätsjubiläums 1844

schuldigt, sie räume in den Fächern Philosophie und Theologie den Vertretern destruktiver Auffassungen zu großen Spielraum ein. Ihm trat mit entschiedenen Worten Karl Burdach entgegen, Jacobys nun schon hochbetagter ehemaliger Anatomie- und Physiologielehrer, als Prorektor geschäftsführender Repräsentant der Universität. Burdach verteidigte die Lehrfreiheit als ein unverzichtbares Prinzip des akademischen Schaffens, bekannte sich zum Geist der Burschenschaften und erklärte, die Achtung, die die Albertina in Deutschland und in der Welt genieße, leite sich von Kant und den auf dessen Denktraditionen beruhenden Fortschritten der Wissenschaften her.

Ebensowenig wie seinem Minister gelang es dem König, eine überzeugende Figur zu machen. Als Rektor der Albertina konnte er das Jubiläum nicht gut ignorieren, obgleich er lange gezögert hatte, bevor er dem Senat seine Teilnahme zusagte. Noch war sein Ärger über einige Vorfälle an der Universität nicht verflogen, wie über den Vorlesungsboykott, den die Studenten gegen einen auf Weisung der Regierung berufenen orthodox-reaktionären Theologieprofessor verhängt hatten. Nicht im entferntesten löste sein Erscheinen in der Stadt eine so freudige Anteilnahme aus wie im Jahre 1840. Ihm behagte die freisinnige Atmosphäre nicht, in der die Festlichkeiten stattfanden, und er hielt es deshalb für angebracht, sich auf den Besuch nur ganz weniger Veranstaltungen zu beschränken. Der Tenor seiner Rede, die er anläßlich der Grundsteinlegung für ein neues Universitätsgebäude hielt, war politisch defensiv, er warnte vor Verlockungen der liberalen Schlagworte und rief zu «echter Gottesfurcht» und «echter Treue» zum Monarchen auf.

Auch durch Jacobys persönlichen Anteil gelang es, dem Universitätsjubiläum einen volkstümlichen Charakter zu geben, es zu einer Manifestation freiheitlichen Gedankenguts zu machen. Dank seiner Initiative entstand neben dem offiziellen Festkomitee des Senats ein sogenanntes freies Komitee, das vor allem vielen ehemaligen Studenten die Teilnahme an den Feierlichkeiten ermöglichte. Für sie wurde ein gesondertes Festprogramm arrangiert. Im geselligen Beisammensein mit den aus der Provinz nach Königsberg gekommenen Lehrern, Pfarrern, Beamten und Gutsbesitzern, den Absolventen vieler Studienjahre, boten sich vielfältige Gelegenheiten, auch politische Tagesfragen und unterschiedliche Standpunkte zu diskutieren. Auf einem Bankett mit 300 ehemaligen Kommilitonen toastete man auf die Freiheit der Wissenschaft, auf liberale Veränderungen im Justizwesen, auf eine mit dem Volke verbundene Universität. Zu einem Höhepunkt der Jubelfeier wurde am 30. August eine von Jacoby angeregte Demonstration vor dem Hause Professor Burdachs, an der sich über tausend Menschen beteiligten.

Entstehung und Wirken der Königsberger Bürgergesellschaft vollzogen sich nicht unabhängig von Vorgängen und Ereignissen in anderen Teilen Preußens. Aus lokal und regional ganz unterschiedlichen Anlässen war im Sommer 1844 eine Welle von Bürger- und Volksversammlungen entstanden, die in den größeren Städten der Provinz Sachsen begann und alsbald die Rheinprovinz, Westfalen und Schlesien ergriff. Auf den von Tausenden besuchten Versammlungen wurden vorwiegend Fragen der Kommunal- und Innenpolitik sowie der Religion und Kirchenpolitik erörtert und fand die Unzufriedenheit mit der herrschenden Ordnung Ausdruck. Meist standen Männer vom demokratischen Flügel der Opposition an der Spitze der Bewegung.

Ausmaß und Gewicht der Versammlungsbewegung ließen deutlich werden, daß sich eine Kräfteverschiebung im antifeudalen Lager vollzog. Im Kampf gegen das adlig-bürokratische Machtsystem traten nunmehr die arbeitenden Klassen in den Vordergrund, wurden die progressiven Kräfte aus dem Kleinbürgertum, der Bauernschaft und der Arbeiterklasse zur Hauptkraft. In den Händen der liberalen Bourgeoisie blieb zwar die Führung der Opposition, doch deren Stärke und Stoßkraft hingen von nun an vor allem von den Volkskräften ab.

Der Aufstand der schlesischen Weber vom Juni 1844 unterstrich die gewachsene Bedeutung der Massen. Mit der Erhebung hatten sich die Weber nicht nur gegen die erbarmungslos ausbeutenden Unternehmer gewehrt; sie erhielt auch eine Richtung gegen den preußischen Staat, der nicht zögerte, den Aufstand mit militärischer Gewalt niederzuschlagen und seine Teilnehmer einer harten Strafjustiz zu überführen. Den Ereignissen im schlesischen Eulengebirge folgten Streiks, Unruhen, lokale Revolten, Unbotmäßigkeiten und Widerstandsaktionen in anderen Teilen Deutschlands.

Die Not der auf dem Lande lebenden Bevölkerung Ostpreußens stand dem Elend der schlesischen Weber kaum nach. Hier hatte der Adel durch Landraub bei der Ablösung der Feudalrechte einem Teil der Bauern die Existenzgrundlage genommen. Ein Überangebot an Arbeitskräften, eine hohe Arbeitslosenrate, ein niedriges Lohnniveau und ein katastrophaler Gesundheitszustand der Massen waren die Folge. Nirgendwo in Preußen gab es eine so hohe Sterblichkeitsquote wie in seiner nordöstlichsten Provinz. Die Lage verschärfte sich von 1844 bis 1846 weiter durch Mißernten bei Kartoffeln und Getreide. Die Lebensmittelpreise stiegen um fünfzig Prozent, und ganze Gegenden, vor allem das Masurengebiet, litten unter Hunger. Die soziale Notlage erfaßte auch das städtische Kleinbürgertum.

Seit dem schlesischen Weberaufstand rückten die Lebens- und Arbeitsbedingungen in das Blickfeld der öffentlichen Meinung. Presse und Buchwesen begannen, sich ernsthaft mit der sozialen Frage in Deutschland zu beschäftigen. Selbst viele Beamte und Angehörige der besitzenden Klassen hielten angesichts des wachsenden Massenelends Hilfsmaßnahmen für unerläßlich. Im Anschluß an eine Gewerbeausstellung gründeten Anfang Oktober 1844 Fabrikanten, Kaufleute und Beamte in Berlin einen «Zentralverein für das Wohl der arbeitenden Klassen», dessen Schirmherrschaft der König übernahm. Nach seinem Muster sollten in allen größeren Städten des Landes Lokalvereine entstehen, zum Zwecke der Wohltätigkeit, der Armenfürsorge und der Hebung des sittlich-moralischen Zustandes der armen Bevölkerungsschichten. Unverkennbar ging es Bürokratie und Bourgeoisie darum, die Volkskräfte unter ihre Kontrolle zu bringen.

In Königsberg nahm Oberpräsident von Boetticher persönlich die Vorbereitungen zur Bildung eines Lokalvereins für das Wohl der arbeitenden Klassen in die Hand. Da dieses Projekt den Vorstellungen und Zielen der Bürgergesellschaft zuwiderlief, widersetzten sich die Demokraten der Bildung eines solchen Vereins. Mitte Januar 1845 tagte die Gründungsversammlung unter dem Vorsitz des Oberbürgermeisters der Stadt; dies nahmen die Radikalen sogleich zum Anlaß für eine Offensive. Auch hier zeichnete sich Johann Jacoby durch große Aktivität aus.

Heftig protestierte er, als der Vorsitzende, der vorgab, Verein und Vorstand würden faktisch schon existieren, die Diskussion zu gängeln suchte. Nach Jacobys Auftreten erhob sich einem Zeitungsbericht zufolge ein «wahrer Sturm, der bis zum Schluß der Beratung sich eher steigerte als nachließ». Für die Gründung des Vereins fand sich nur eine schwache Mehrheit, und nach der weiteren Diskussion mußten die vorgelegten Statuten in einem Sinne umgeformt werden, der den Absichten der Initiatoren gänzlich zuwiderlief.

Jacoby mißbilligte die Grundtendenz des Vereins, die nach seiner Ansicht auf eine Bevormundung der arbeitenden Klassen durch die Begüterten hinauslief. Nicht moralische Unterordnung der Arbeitenden unter die Obhut anderer Klassen, erklärte er, sondern Beseitigung jeder Bevormundung der Proletarier und Erwekkung ihres Selbstbewußtseins seien vonnöten. Besonders empörte ihn das Anliegen des geplanten Vereins, der Entsittlichung unter den Besitzlosen entgegenzuwirken; er sagte, daß die «Unmoralität, die bei den Armen nur in ihren Blößen greller erscheine, nicht minder, wenn nicht in weit höherem Grade unter den sogenannten höheren und gebildeten Ständen herrsche».

Es sei in diesem Zusammenhang bemerkt, daß Jacoby in den vierziger Jahren noch kein ins Detail gehendes Sozialkonzept besaß. Mit einer grundlegenden Besserung der Lebensbedingungen für die Massen rechnete er nicht, solange das adlig-monarchische Machtsystem bestand. Erst nach dessen Sturz sah er die Voraussetzungen gegeben, unter denen es den arbeitenden Klassen möglich sein würde, durch Selbsthilfe ihr Los zu verbessern.

Als die Abstimmung über die einzelnen Paragraphen der Statuten erfolgte, blieben die Demokraten erfolgreich. Angenommen wurde auch Jacobys Vorschlag, den Lokalverein nicht «zum Wohle der arbeitenden Klassen», sondern «zur gegenseitigen Förderung und Bildung aller Klassen» zu nennen. An einem Verein dieser Art, der in seinen Zielen und Grundsätzen der Bürgergesellschaft entsprochen hätte, waren die hohe Verwaltungsbürokratie und die Spitzen der Bourgeoisie in der Pregelstadt nicht interessiert. Ende Januar ließ der Oberpräsident erklären, er trete von seinem Projekt zurück. Damit hatten die Jacoby-Anhänger ihre Widersacher aus dem Felde geschlagen.

Die Bürgergesellschaft bot ein ansprechendes Programm. Vereinstag war der Montag, der Tag, an dem die Handwerker gewohnheitsmäßig nur halbtags arbeiteten. Auf den gemeinsamen Gesang eines Liedes oder der Rezitation eines Gedichtes folgten ein oder zwei populärwissenschaftliche Vorträge. Daran schloß sich die «Debatte» an, die «Glanzseite der Versammlungen», wie Alexander Jung berichtet, jener Tagesordnungspunkt, den die Mitglieder mit besonderem Interesse erwarteten. Die zu besprechenden Fragen entnahm man einem Zettelkasten, in den alle ihre Debattenwünsche einwerfen konnten. Die Veranstaltungen endeten in zwangloser Geselligkeit, mit Gesprächen bei Bier und Tabak.

Als Mitglied des Vorstandes oblag es Jacoby, aus der Vielzahl der gewünschten Themen jeweils die zu haltenden Vorträge auszuwählen. Wie sich aus den monatlichen Polizeiberichten ergibt, bemühte sich der Vorstand, zunächst die Linie eines vorwiegend unpolitischen Bildungsprogramms einzuhalten. So waren Gegenstand von Vortragsthemen beispielsweise alte und neue Baumethoden, Dampfmaschinen, Pestalozzi, Hans Sachs, die Volksschule der Gegenwart, Fragen der Weltgeschichtsschreibung, die Wohnungen der Armen, die Lage der weiblichen Dienstboten. Das Programm wandelte sich von Anfang März an und erhielt nunmehr einen dominierend politischen Charakter. Offensichtlich gab der Vorstand dabei nicht ungern der Stimmung der Mitgliedschaft nach, denn wie sich Ferdinand Falkson später erinnerte, zielte «eine unausgesprochene, auf allen Gesichtern zu lesende Erwartung ... auf das, was jeder ersehnte: politische Vorträge und Debatten über Fragen der Gegenwart».

Meist enthielten die historischen Themen aktuelle Bezüge. Ein charakteristisches Beispiel dafür ist der Vortrag des Apothekers Freundt, der über die Steinsche Städteordnung sprach und dabei auf die Tatsache verwies, daß die preußischen Reformen vom Anfang des Jahrhunderts ihre Krönung in der Berufung einer Volksvertretung finden sollten. Nur eine solche Vertretung sei in der Lage, den Deputierten des Volkes die Möglichkeit zu geben, gegen die Sünden der Regierung zu protestieren. «Ist der Protest fruchtlos und sind die Sünden zu groß, dann freilich unterstützt das Volk wohl seine Deputierten, indem es zu seiner ultima ratio, den Pflastersteinen und Barrikaden Zuflucht nimmt und handelt, wo Worte nichts mehr nützen.»

Aufschluß geben auch die Ausführungen des Schneidermeisters Hohmann, der aus seiner Erfahrung als Mitglied des Bundes der Gerechten über die deutschen Handwerkervereine im Ausland sprach. Er ging unter anderem auf die Ausweisung von Karl Marx und Arnold Ruge aus Paris ein, eine Maßnahme, die die französischen Behörden auf Ersuchen der preußischen Regierung verfügt hatten. Er bezeichnete sie in seinem Vortrag als «Männer, auf die Deutschland stolz sein kann, sie geboren zu haben».

Mit dem «Ostpreußischen Bürgerblatt», in dem ein Teil der Vorträge gedruckt erschien, hatte sich die Bürgergesellschaft zudem ein Organ geschaffen, das die Öffentlichkeit mit ihrem Wirken bekannt machte.

Der Plan, die Bürgergesellschaft zu unterdrücken, war zwischen dem Berliner Innenministerium und der Provinzadministration schon seit Februar 1845 erörtert worden. Die Königsberger «Allgemeine Zeitung», ein aus Adelskreisen finanziertes Lokalblatt, hatte den Verein wiederholt subversiver Tendenzen bezichtigt. Außerdem entstanden nach Königsberger Vorbild gleiche oder ähnliche Gesellschaften in anderen Städten der Provinz, in Elbing, Braunsberg, Heiligenbeil, Fischhausen und Pillau. Unter Hinweis auf die «bedenklichen Erscheinungen dieser Art» drang der Minister auf ein Verbot, dem sich der Königsberger Regierungspräsident von Raumer lange widersetzte, unter anderem mit dem Argument, es seien bisher keine Tatsachen bekannt, die eine Auflösung gesetzlich begründen könnten. Am 4. April erließ der Minister das Verbot als Befehl, nicht, ohne noch einmal ausdrücklich auf die Leiter hinzuweisen, von denen man besorgen müsse, sie würden regierungsfeindliche Elemente heranbilden. Drei Wochen dauerte es, ehe sich die Königsberger Behörden entschlossen, die ministerielle Weisung auszuführen.

Regisseur der Massenversammlungen

Ein Zeitgenosse schilderte, welches Bild sich demjenigen bot, der sich im Mai, Juni oder Juli 1845 montags auf den Weg zum Böttchershöfchen, dem Gasthaus vor dem Tragheimer Tor mit dem großen parkähnlichen Garten, machte: «Es war Sitte, fast guter Ton geworden, schon am frühen Nachmittag hinauszuwandern, um sich einen guten Platz zu sichern. Eine ganze Wagenburg bedeckte den kurzen Chausseeweg, Reiter und Fußgänger in dichten Scharen bewegten sich an den Rändern der Straße. Es war eine buntgemischte Menge, die den Garten bevölkerte: die Elite der Bürgergesellschaft, die angesehensten Männer der Stadt neben Handwerkern, Matrosen, Landbewohnern, Soldaten. Die Damenwelt war reich vertreten ... Der Drang nach Mitteilung auf der einen, das Mitgeteilte zu hören auf der anderen Seite, war unwiderstehlich.»

Das Böttchershöfchen galt als Wallfahrtsort der Königsberger, bot den Radikalen Zuflucht für ihr öffentliches Wirken. Als sie das Verbot der Bürgergesellschaft traf, resignierte die antifeudale Opposition nicht, sondern ging daran, die begonnene Arbeit unter freiem Himmel fortzusetzen und große Volksversammlungen zu organisieren. Ihre Ausstrahlung nahm zu, denn zu den Versammlungen hatten nicht nur eingeschriebene Mitglieder wie ehedem, sondern jedermann Zutritt, und es sollen regelmäßig zwischen 1000 und 1500, an einigen Tagen sogar 4000 bis 6000 Menschen gewesen sein, die das Böttchershöfchen bevölkerten. Das ergab auch eine andere soziale Physiognomie: Handwerksgesellen und Angehörige anderer plebejischer Schichten bis hin zu den weiblichen Dienstboten stellten nunmehr das Gros.

Mit Sicherheit wissen wir, daß Johann Jacoby dazu aufgefordert hat, nicht zu kapitulieren, sondern nach anderen Formen der Selbstbehauptung zu suchen. «Jacoby war die Seele des weiteren Unternehmens», schreibt Ferdinand Falkson mit Bezug auf das Vereinsverbot, «er war der Mann, der doppelte Entschlossenheit zu zeigen gewohnt war, wenn ihm Hindernisse entgegentraten. So war man in der Tat im Begriffe, an die Stelle der Vereinssitzungen im geschlossenen Raum Volksversammlungen unter freiem Himmel treten zu lassen.» Und Karl Bender konnte damals bei seinem Freunde einen Charakterzug studieren, den er zwei Jahre später in einem Aufsatz über «Königsberg und seine Männer» mit den Worten beschrieb: Jacoby war «ein Mann von klaren, gesunden Sinnen, von lebendigem Rechtsgefühl, von unerschütterlicher Standhaftigkeit, und, was beim Politiker wesentlich ist, einer Geduld, die ebenso wenig von den Schwierigkeiten und der Langenweile der zu beschreitenden Bahn abgeschreckt wird, als etwa imstande wäre, seinen Mut außer Fassung zu setzen.»

Auf den Zusammenkünften im Böttchershöfchen konnte der Jacoby-Kreis ungezwungen agieren. Es verging kein Montag, an dem die Menge nicht von einem als Tribüne dienenden Rasenhügel inmitten des Gartens einen Vortrag und ein Gedicht politischen Inhalts gehört hätte. Wiederholt stand das Verhältnis von Bürgerschaft und Militär zur Debatte. Grund dafür waren sowohl die

Ausgabe der scharfen Munition am Tage der Auflösung der Bürgergesellschaft als auch die insgesamt feindselige Haltung des Offizierskorps gegenüber der Stadtbevölkerung. Es herrschte eine vergiftete Atmosphäre, nachdem ein Referendar, der am König Kritik geübt hatte, von einem Leutnant erschossen worden war und General Graf Dohna den Offizier öffentlich in Schutz genommen hatte. Walesrode setzte den Zuhörern auseinander, wie die bürgerfeindliche Einstellung der Offiziere mit deren meist adliger Herkunft zusammenhing und daß den Bürgern nichts anderes übrig bliebe, als ebenso wie die Offiziere einen auf fester Solidarität gegründeten Korpsgeist zu entwickeln. Viele Vorträge und Diskussionen beschäftigten sich mit Aspekten des politischen Zeitgeschehens sowie mit der religiösen Oppositionsbewegung. Fundierte Einsichten vermittelte erneut der Schneidermeister Hohmann, der in einem Vortrag anhand geschichtlicher Beispiele die Veränderbarkeit aller gesellschaftlichen Zustände erläuterte.

Wenn es 1845 gelang, über das Bürgertum hinaus breite Bevölkerungskreise der Pregelstadt erstmals für politische Fragen zu interessieren, dann haben die Massenversammlungen viel dazu beigetragen. So mag es nicht verwunderlich erscheinen, daß nach Schätzung Wilhelm Rüstows aus dem Jahre 1847 ein Drittel aller erwachsenen männlichen Einwohner der Stadt zur Opposition gehörte. Die politische Bewußtseinsbildung schlug sich auch in einem gewachsenen Lesebedürfnis nieder, die Zahl der Buchhandlungen stieg von 1842 bis 1848 von vier auf elf.

Böttchershöfchen war zu einem Begriff geworden, der in die deutsche Presse Eingang fand. Rudolf von Gottschall schreibt darüber: «Das bescheidene Böttchershöfchen mit seinem Volksgarten und seinen Laubbäumen gewann einen Ruf in ganz Deutschland; der klassische Boden dieser Volksmeetings wurde mehrfach abgebildet. Etwas ähnliches gab es damals nirgends, es war, als würden dort Maienbäume und Freiheitsbäume gepflanzt, und es waren doch nur wiederum die friedlichen Bürger des Gemeindegartens, getrieben von jenem dunklen Instinkt einer freieren politischen Zukunft, der damals in den Lüften lag.»

Erhebliches Aufsehen erregte es, als am 8. Juni 1845 auf eine

Königsberger Anregung hin Ostpreußens Radikale eine große Demonstration in Pillau durchführten. Die über viertausend Teilnehmer aus Königsberg, Elbing, Braunsberg, Heiligenbeil, Fischhausen, Frauenburg und Pillau kamen aus Orten, in denen Bürgergesellschaften bestanden oder bestanden hatten. Eine große Rolle auf der Kundgebung spielte eine von Jacoby verfaßte und einstimmig angenommene Resolution, mit der die Aufmerksamkeit erneut auf die Verfassungsfrage gelenkt werden sollte. Da die Lösung aller anderen Differenzen zwischen Regierung und Volk, so hieß es darin, von der Berufung einer «aus allen Klassen der Staatsbürger gewählten reichsständischen Versammlung» abhänge, müsse jeder daran mitwirken, dieses Ziel auf gesetzlichem Wege zu erreichen. Nicht ohne Sarkasmus hatte ein Redner zuvor erklärt, den Staatsbehörden, ja dem König könne es nur angenehm sein, die wahre Volksstimmung zu hören.

Zu dieser Zeit hielt sich Friedrich Wilhelm IV. in Ostpreußen auf. Zwei Tage nach dem Verbrüderungsfest in Pillau sprach er vor einer Deputation des Magistrats und der Stadtverordneten Königsbergs und beklagte sich darüber, daß in der Stadt nach wie vor ein «Geist der Opposition und der Aufregung gegen die Maßnahmen der Regierung» herrsche; Vereine und große Versammlungen würden dazu benutzt, Stimmung gegen das Militär und die Offiziere zu machen. Er forderte die Stadtväter auf, Königsberg zur «guten und treuen Gesinnung» zurückzuführen, er sähe sich sonst gezwungen, Strenge walten zu lassen. Immerhin besaßen die städtischen Behörden so viel Mut, die Vorwürfe zurückzuweisen und dem Monarchen mitzuteilen, daß die Klagen der Bewohner über die bürgerfeindliche Haltung des Militärs berechtigt seien.

Es scheint, als habe Jacoby mit der Ansprache, die er am 1. Juli unter «stürmischem Beifall» im Böttchershöfchen hielt, die Absicht gehabt, dem König auf seine Weise eine Antwort zu geben. Er wandte den Kunstgriff an, das, was er sagen wollte, der Flugschrift eines deutschen Radikalen von 1794 zu entnehmen. Seine Ausführungen waren eine schonungslose Abrechnung mit den Anmaßungen des fürstlichen Gottesgnadentums. Kein Mensch glaube mehr an die göttliche Sendung eines Herrschers, hieß es darin; die

Fürsten hätten «keine angeborenen inneren wesentlichen Vorzüge und Gaben, die sie zur Regierung eines Staates geschickter machen als andere»; sie seien nichts als Repräsentanten des Staates und dem Volke untergeordnet. Der höchste Zweck aller Staatsverfassungen bestehe in der «Wohlfahrt jedes einzelnen Bürgers». Am Schluß faßte Jacoby dann die oppositionellen Forderungen zusammen: Freiheit des Denkens, Freiheit der Entfaltung aller physischen und geistigen Kräfte des Menschen, Gleichheit aller vor dem Gesetz, Abschaffung aller Standesvorrechte, Verteilung der Staatslasten nach dem Reichtum und die Pflicht eines jeden Bürgers, sich um die Angelegenheiten des Staates zu kümmern.

Die meisten Bürgervereine waren schon unterdrückt, als die Regierung im Mai 1845 beschloß, auch alle Bürger- und Volksversammlungen zu verbieten. Sie stützte sich dabei auf einen Bundesbeschluß von 1832. Da Ostpreußen nicht zum Deutschen Bund gehörte, glaubte der Königsberger Polizeipräsident, diesen Beschluß für seinen Amtsbereich ignorieren zu können. Der Oberpräsident zwang ihn jedoch zum Eingreifen. Am 4. Juli erhielt Abegg den Befehl, gegen die Versammlungen im Böttchershöfchen, die eine Fortsetzung der verbotenen Bürgergesellschaft seien, «sofort und ohne allen Verzug» einzuschreiten. Abegg, der darauf bedacht war, diese Weisung auf eine möglichst schonende Weise durchzuführen, lud wenig später 29 Bürger aufs Polizeipräsidium, die häufiger auf den Versammlungen gesprochen hatten, unter ihnen Jacoby, Dinter, Falkson, Hohmann, Heinrich, Martin Ballo und Gregorovius, verwarnte sie und untersagte ihnen bei Androhung einer Geldstrafe von fünfzig bis hundert Talern beziehungsweise von zwei bis vier Wochen Gefängnis jedes aktive Auftreten auf weiteren Veranstaltungen. Jacoby und seine Freunde, die gegen die Verwarnung protestierten, stellten entschieden in Abrede, daß es sich bei den Versammlungen im Böttchershöfchen um eine Fortführung der ehemaligen Bürgergesellschaft handele.

Wie ernst war die polizeiliche Verwarnung zu nehmen und wie weit blieb die gesetzlich verbürgte Redefreiheit noch gewährleistet? Jacoby prüfte diese Fragen, als er und Martin Ballo am darauffolgenden Montag zum Rednerhügel schritten. Im Böttchershöfchen war, wohl auch in Erwartung sensationeller Vorgänge, eine an die 5000 Köpfe zählende Menge zusammengeströmt. Während Ballo Preußen mit einem Polizeistaat von der Art des zaristischen Rußland verglich, berichtete Jacoby über die Vorladung auf das Polizeipräsidium und verlas das darüber verfaßte Verhandlungsprotokoll sowie eine Beschwerde an den Innenminister. Am nächsten Tag lagen die polizeilichen Strafbescheide vor. Jeder sollte fünfzig Taler zahlen; da sie sich weigerten, schritt man zur Pfändung.

In der Versammlung am 28. Juli machte Walesrode darauf aufmerksam, daß man zwar nicht reden dürfe, aber das laute Besprechen von Angelegenheiten noch immer erlaubt sei. Zwei Tage später war es auch damit zu Ende. Die Polizei hatte Befehl erhalten, Reden auf allen Versammlungen in der Stadt und ihrer Umgebung zu unterbinden und bei Verstößen sogleich Verhaftungen vorzunehmen. Am Montag darauf fanden die Königsberger einige Plätze und die Tore ihrer Stadt von Militär bewacht. Am Böttchershöfchen formierten sich mehrere Hundert Handwerksgesellen und Bürger zu einem Zug, marschierten zur Innenstadt und brachten vor den Wohnungen von Jacoby, Walesrode, Ballo und Heinrich Hochrufe aus.

Als nächstes entledigte sich die Reaktion nunmehr ungeeigneter Beamter. Abegg verlor seinen Posten und mußte als Eisenbahnbeamter nach Breslau gehen. An seine Stelle trat ein bisheriger Landrat Lauterbach, ein Mann von stockkonservativer Gesinnung und reaktionärem Draufgängertum.

Mit der Unterdrückung der Massenversammlungen war die stürmische Phase in der Geschichte der vormärzlichen Volksbewegung Königsbergs vorüber. Das bedeutete aber keineswegs das Ende der antifeudalen Bewegung. Die Opposition gewann zunächst für einige Wochen noch einmal einen Rahmen durch die Organisierung geschlossener Versammlungen auf rein privater Grundlage. Diese Bemühungen sprachen vor allem das vermögende Bürgertum und die Intelligenz an, kamen jedoch schon im Herbst 1845 zum Erliegen.

Im Frühjahr 1846 entstand der Verein der städtischen Ressource, ein Klub, bestehend aus Mitgliedern der ehemaligen Bürgergesellschaft und einer großen Zahl von Beamten und gemäßigten Liberalen. Seinen Vorsitz übernahm einer der Bürgermeister der Stadt. Aus behördlicher Initiative hervorgegangen, gab sich der Verein den Anschein, ein ähnliches Ziel wie die ehemalige Bürgergesellschaft verfolgen zu wollen: Förderung des Gemeinsinns und Annäherung der Klassen durch geselligen Verkehr. Der Unterschied war jedoch gravierend, denn die Statuten untersagten die Behandlung politischer und religiöser Fragen, und überdies schloß der hohe Mitgliedsbeitrag von einem Taler die werktätigen Schichten von vornherein aus. Jacoby und seine Freunde sahen, in ihren sonstigen Wirkungsmöglichkeiten beschränkt, keinen Grund, die Ressource zu boykottieren. Falkson wurde sogar Mitglied des Vorstandes, Gottschall trat häufig als Referent auf, und Raphael Jakob Kosch, Jacobys enger Freund und Berufskollege, galt als der Hauptredner des Vereins. Soviel wir wissen, hat Jacoby sich vorwiegend mit der Rolle eines Zuhörers begnügt; er wartete auf den Tag, wo es möglich sein würde, die Ressource zu politisieren, um sie, wie er im März 1846 schrieb, «einer gewaltsamen Auflösung würdig» zu machen oder sie als Werkzeug für den politischen Kampf benutzen zu können. Dieser Tag kam, auch wenn er zwei Jahre auf sich warten ließ.

1845 und 1846 vermochte in Königsberg wie in vielen Städten Deutschlands die religiöse Opposition vorübergehend beachtlichen Einfluß zu gewinnen. Zum Zuge kamen hier weniger die Deutsch-Katholiken, jene unter der Leitung des ehemaligen katholischen Kaplans Johannes Ronge stehende Bewegung, die das römische Papsttum bekämpfte und für die Schaffung einer deutschen Nationalkirche eintrat. Dagegen fand bei einem Teil der Bevölkerung die aus der evangelischen Kirche hervorgegangene freireligiöse Bewegung Anklang. Ihre Forderung nach religiöser Toleranz, nach einer Demokratisierung des kirchlichen Lebens und ihre Gegnerschaft gegen den orthodoxen Protestantismus entsprachen aufklärerischem Gedankengut. Beide Strömungen wandten sich gegen die traditionellen Staatskirchen, die ideologischen

Hauptstützen der absolutistisch-bürokratischen Regime in den deutschen Staaten, und deshalb ging von ihnen eine positive Wirkung auf den antifeudalen Kampf aus. Viele Demokraten, besonders Robert Blum in Sachsen, haben nicht gezögert, ihre Kraft zeitweise in den Dienst der religiösen Opposition zu stellen. Jacoby verhielt sich hingegen skeptisch.

Aufmerksam verfolgte er die Entwicklung der Ende 1845 in Königsberg gegründeten «Freien evangelischen Gemeinde», die zunächst großen Zulauf fand, nachdem zahlreiche Protestanten aus der Landeskirche ausgetreten waren. In der Absicht, sie für die politische Agitation zu nutzen, schlossen sich ihr einige Anhänger Jacobys an. Ihr Leiter, Julius Rupp, der Großvater von Käthe Kollwitz, stand Jacoby ebenfalls nahe, er war Mitglied der Donnerstagsgesellschaft gewesen. Rupp, von Haus aus Lehrer und Prediger, ein Mann von hinreißender Beredsamkeit, den staatliche und kirchliche Behörden mehrfach gemaßregelt hatten, genoß in der Stadt große Popularität. Seinen Anstrengungen blieb dennoch ein durchschlagender Erfolg versagt; von Ende 1846 an stagnierte die Gemeinde, und viele Demokraten sagten sich enttäuscht von ihr los. Jacobys Skepsis erwies sich als berechtigt. Er hatte vorausgesehen, daß christliche Vereinigungen für ein politisch geprägtes demokratisches Wirken wenig geeignet sein würden. Diese Erkenntnis fand auf nationaler Ebene ihre Bestätigung während der Revolution, als beide Richtungen der religiös-oppositionellen Bewegung angesichts der aufbrechenden Klassenkonflikte weitgehend ihre Anhängerschaft verloren und bedeutungslos wurden.

Ein neuer Prozeß

Nicht Vertreter der Provinzbürokratie, sondern zwei Spitzenpolitiker im Ministerrang waren es, die im Frühjahr 1845 einen neuen Versuch inszenierten, Johann Jacoby hinter Schloß und Riegel zu bringen. Der preußische Justizminister erteilte am 3. März dem Oberlandesgericht in Königsberg den Auftrag, Jacoby wegen seiner kürzlich erschienenen Broschüre «Das Königliche Wort Friedrich Wilhelms III.» strafrechtlich zu verfolgen. Das Verlangen des Ministers, die Untersuchung zu beschleunigen und sie schon binnen acht Wochen abzuschließen, erwies sich als undurchführbar; das Gericht konnte vorerst nur mit der Feststellung aufwarten, daß gegen den Beschuldigten ein Verfahren nicht wegen Hochverrats, sondern nur wegen Majestätsbeleidigung eingeleitet werden könne.

Ende Mai trat dann der Innenminister auf den Plan. Er forderte einen weiteren Prozeß und gab dem Oberpräsidenten von Boetticher den Befehl, Jacoby wegen einer zweiten Broschure, «Preußen im Jahre 1845», vor Gericht zu stellen. Die Anklage im zweiten Verfahren, das am 8. August begann und ebenfalls vor dem Königsberger Oberlandesgericht verhandelt wurde, lautete auf frechen, unehrerbietigen Tadel der Landesgesetze und Erregung von Mißvergnügen gegen die Regierung.

Wie war Jacoby in die Lage gekommen, Angeklagter in zwei Prozessen zu werden, die fast zur gleichen Zeit begannen? Ende 1844 bereitete er eine neue publizistische Aktion vor, mit der er abermals auf die Dringlichkeit einer bürgerlichen Umgestaltung Preußens aufmerksam machen wollte. Dem ostpreußischen Provinziallandtag, der im Februar 1845 zusammentrat, und Ständeversammlungen anderer Provinzen gedachte er eine Petition mit den wichtigsten Forderungen der antifeudalen Bewegung vorzulegen. Da es ihm nicht gelang, diese Schrift rechtzeitig – bis Einreichungsschluß für Eingaben – fertigzustellen, ließ er zunächst nur den ersten Teil, unter dem Titel «Das Königliche Wort Friedrich Wilhelms III.», drucken. Der zweite Teil, der den Ständen im Manuskript zuging, erschien wenig später ebenfalls gedruckt als Flugschrift «Preußen im Jahre 1845». Beide Schriften bildeten also ein Ganzes, und es war bloßer Zufall, daß sie gesondert an die Öffentlichkeit kamen.

In den im Dezember 1844 und im Januar 1845 entstandenen Broschüren erörterte Jacoby Probleme, die von ihm in ganz ähnlicher Weise schon in den «Vier Fragen» behandelt worden waren. Der Grundtenor der Darlegungen ist, daß die Stände, wenn sie nicht gegen die Interessen des Landes verstoßen wollen, verpflichtet seien, beim Monarchen erneut auf die Berufung einer Volksvertretung zu dringen.

Die erste Schrift, ein acht Seiten umfassendes Pamphlet, verwandte Jacoby noch einmal für den ausführlichen Nachweis, daß Friedrich Wilhelm IV. moralisch und rechtlich an das Verfassungsversprechen seines Vaters aus dem Jahre 1815 gebunden sei. Aus dieser These konnte man schließen, der König habe jahrelang Unrecht begangen und gegen Prinzipien des politisch-moralischen Anstands verstoßen. Diese Arbeit, die weniger bedeutend als die andere ist, offenbart einen für den Politiker Jacoby charakteristischen Zug, eine Schwäche, die man als bürgerlichen Rechtsdogmatismus bezeichnet hat und die später wiederholt bei ihm hervortrat. Er vertrat die Ansicht, das Recht stelle eine selbständige Kraft dar und es sei möglich, einen Rechtsanspruch, unabhängig von den konkreten Gegebenheiten, auch einlösen zu können, wenn man ihn unablässig geltend mache. Dieses Denken in abstrakten Rechtskategorien war nicht nur Jacoby eigen, er teilte es mit vielen führenden Vertretern des Liberalismus und der kleinbürgerlichen Demokratie Deutschlands. Befangen in dieser Auffassung, irritierte ihn nicht, daß der König wiederholt erklärt hatte, er fühle sich in keiner Weise an die Verordnung von 1815 gebunden. Objektiv leistete Jacoby damit der Illusion Vorschub, es könne noch immer gelingen, den Monarchen auf legalem Wege zur Erfüllung des Verfassungsversprechens zu bewegen.

Während «Das Königliche Wort Friedrich Wilhelms III.» den Ständen gewidmet war, wandte sich Jacoby mit «Preußen im Jahre 1845» an das Volk. Die Schrift, umfangreicher als die erste, enthielt eine Analyse der politischen Situation. Nach wie vor, so konstatierte Jacoby, seien die Beamtenwillkür und die Ausschließung der Bevölkerung von einer Mitwirkung am Staatsleben die tiefsten Ursachen für den Zwiespalt zwischen Regierung und Volk. Eingehend beleuchtete er, wiederum auf eine Fülle von Fakten gestützt, wie einerseits das politische Regime in Preußen in den vergangenen Jahren zunehmend reaktionärer geworden war und wie andererseits die Opposition an Einfluß und Kraft gewonnen hatte. Zum erstenmal beschäftigte er sich auch mit der nationalen Frage, wobei er schon vor der Gefahr warnte, reaktionäre Kräfte könnten mit antiliberaler Absicht und auf dem Wege militärischer Gewaltanwendung die nationalstaatliche Einigung herstellen.

Bei der Drucklegung der beiden Schriften war es Jacoby gelungen, abermals die Unterstützung Arnold Ruges und Julius Fröbels zu finden; sie sorgten dafür, daß die Broschüren in Paris beziehungsweise in der Schweiz gedruckt wurden. Außerdem erschienen Übersetzungen ins Englische und Französische. Ihre größte Verbreitung fanden sie jedoch vor allem, weil Robert Blum und Friedrich Steger sie in ihr Volkstaschenbuch «Vorwärts» für 1845 als Artikel aufnahmen. Da nur ein kleiner Teil der Auflagen vom Buchhandel vertrieben und der größere illegal abgesetzt wurde, erwies sich das ohnehin wieder zu spät erfolgende polizeiliche Verbot als wenig wirksam.

Ebenso wie die «Vier Fragen» riefen Jacobys Darlegungen auch diesmal konservative Publizisten auf den Plan. Eine der anonymen Gegenschriften trug den Titel «Anti-Jacoby». Die für das absolutistisch-bürokratische System parteinehmenden Streitschriften kamen der Regierung recht gelegen; der Innenminister ließ davon Exemplare an die preußischen Gesandten in Baden und Württemberg übersenden und forderte ihre Verbreitung, um dem Einfluß der Arbeiten Jacobys in der süddeutschen Öffentlichkeit entgegenzuwirken.

Eine ähnlich große Resonanz wie die «Vier Fragen» haben «Das Königliche Wort Friedrich Wilhelms III.» und «Preußen im Jahre 1845» nicht gefunden. Die Verfassungsfrage, die Jacoby erneut behandelt hatte, war inzwischen keine neue politische Forderung mehr. Immerhin dürften die Flugschriften mit dazu beigetragen haben, daß 1845 Liberale und Demokraten vieler Städte Ostpreußens, Schlesiens und des Rheinlandes das Verlangen nach einer bürgerlichen Konstitution zum Gegenstand von Eingaben an die Ständevertretungen machten. Die Landtage, in denen meist konservative oder auch gemäßigt-liberale Kräfte dominierten, verschlossen sich allerdings dem Anliegen dieser Petitionen. Nur der rheinische und der ostpreußische erklärten, eine Landesrepräsentation sei ein Bedürfnis des Volkes, sie lehnten es aber beide ab, die Initiative für einen offiziellen Antrag an den König zu ergreifen.

Jacoby ging davon aus, daß die Gefahr einer Verurteilung für ihn größer war, wenn er zweimal angeklagt wurde, als wenn er nur in einem Prozeß vor den Schranken des Gerichts stand. Deshalb wandte er sich an den Justizminister und an den König und bat um die Zusammenlegung beider Verfahren. Diese Schritte mußten erfolglos bleiben, denn die Behörden beabsichtigten gerade durch die Erhebung von zwei Anklagen, mit Gewißheit wenigstens eine Verurteilung zu erreichen. Dennoch konnte Jacoby seine Absicht durchsetzen. Der mit der Untersuchung beauftragte Richter unterstützte ihn dabei, ein Liberaler, der ganz offensichtlich mit dem Beschuldigten sympathisierte und sich alle Mühe gab, das Verfahren hinauszuzögern. Jacobys Verteidiger ließ absichtlich zweimal die zur Abgabe der Verteidigungsschrift gestellte Frist verstreichen, was ihm einen Tadel und den Entzug des Rechts einbrachte, seinen Mandanten weiter zu verteidigen, woraufhin Jacoby wieder selbst seine Verteidigung übernahm.

Inzwischen war so viel Zeit verstrichen, daß beide Prozesse zu gleicher Zeit entscheidungsreif geworden waren. Das Gericht konnte nun nicht mehr umhin, die Verfahren zusammenzulegen. Seine Verteidigungsschrift reichte Jacoby Ende Januar 1846 ein, und er ließ sie wiederum unter Umgehung der Zensur auch sogleich drucken. Nach dem Lesen dieser Arbeit, in der die politischen Aussagen der Broschüren verteidigt und bekräftigt wurden, notierte Varnhagen von Ense in sein Tagebuch: «Unbeugsam tapfer.» Am 18. April 1846 fällte das Oberlandesgericht das Urteil. Jacoby wurde in beiden Anklagepunkten für schuldig befunden und sowohl wegen Majestätsbeleidigung als auch wegen frechen, unehrerbietigen Tadels der Landesgesetze zu zweieinhalb Jahren Festung verurteilt. Gegen das Urteil legte er sofort Berufung ein.

Nunmehr hatte Jacoby einige Monate Zeit, sich auf das Revisionsverfahren vorzubereiten. Es entstand seine zweite Verteidigungsschrift, «Ein Urteil des Königsberger Kriminalsenats», die er ebenfalls drucken ließ und deren Verbreitung wiederum verboten wurde. Aber nicht genug damit, erlaubte er es sich, jedem Mitglied des Obertribunals ein Exemplar dieser Schrift zu übersenden. Das war ein bisher einmaliger Schritt. Polizeipräsident Lauterbach, der am 6. Januar 1847 dem Oberpräsidenten von Boetticher gegenüber seiner Empörung darüber Luft machte, bezeichnete den Vorfall als eine «unerhörte Frechheit» und als den offenbaren Versuch einer Bestechung.

In jenen Monaten hatte Jacoby noch ein anderes publizistisches Bravourstück zuwege gebracht. Sicher nicht ohne die Hilfe des ihm gewogenen Untersuchungsrichters Wilhelm von Neitzschütz war es ihm gelungen, Vernehmungsprotokolle seines Prozesses, einen Teil des Schriftverkehrs zwischen dem Richter und dessen vorgesetzter Behörde sowie einschlägige behördliche Anweisungen in die Hand zu bekommen. Er nahm davon Abschriften, versah die Schriftstücke mit bissigen Kommentaren und veröffentlichte sie in der Broschüre «Rechtfertigung meiner Schrift ‹Preußen im Jahre 1845›», die mit dem Impressum eines norwegischen Verlages erschien. «Eine beispiellose Frechheit» – so der Kommentar des preußischen Justizministers zu dieser Schrift, die der Öffentlichkeit zum erstenmal die Praxis einer geheimen politischen Kriminaluntersuchung enthüllte. Natürlich kam auch diese Broschüre auf die Liste der verbotenen Druckerzeugnisse.

Am 28. Januar 1847 war das Obertribunal des Königsberger Oberlandesgerichts zur abschließenden Beratung über das Jacobysche Berufungsverfahren zusammengetreten. Sechzehn Richter nahmen an ihr teil. Am Schluß der ganztägigen Plenarsitzung fiel die Entscheidung: Kassation des Urteils erster Instanz und Freispruch des Angeklagten. Bei der Abstimmung hatte es Stimmengleichheit gegeben; acht Richter waren für, acht gegen einen Freispruch gewesen. Nach juristischer Praxis erhielt das für den Beklagten günstigere Votum Rechtskraft.

Der Ausgang des Prozesses löste unter der Königsberger Bürgerschaft Freude und Genugtuung aus. Der Königsberger Korrespondent der «Bremer Zeitung» sprach gar von einem «Trauertag der Reaktion». Konservative Beamte dagegen, die an einer Verurteilung Jacobys nicht gezweifelt hatten, konnten ihre Enttäuschung und Empörung nicht verbergen. «Der Fall ist entsetzlich und zum verzagen», schrieb Polizeipräsident Lauterbach an den Innenminister nach Berlin, «was helfen alle Anstrengungen der Polizeibehörden, wenn sie keine Unterstützung bei den richterlichen Spruchbehörden finden.»

Am Vorabend der Revolution

Zum letztenmal hatte sich Johann Jacoby 1830, auf einer Reise nach den böhmischen Bädern, in Berlin aufgehalten, wenige Wochen vor Ausbruch der Pariser Julirevolution. Inzwischen waren siebzehn Jahre vergangen, und als er am 9. April 1847 wiederum in die Residenzstadt kam, standen abermals Gewitterwolken am politischen Horizont, diesmal aber über den Gefilden des eigenen Landes. Und gerade aus diesem Grunde hatte sich der ostpreußische Oppositionsführer in die preußische Hauptstadt begeben, erwartete man doch hier wichtige politische Entscheidungen.

Der Reisende war mit der Postkutsche über Elbing nach Danzig gefahren, hatte dort ein Dampfboot bestiegen, das ihn nach Stettin brachte, und war dann mit der Eisenbahn weitergereist. Er dürfte es als große Erleichterung empfunden haben, daß man von Königsberg nach Berlin auf diese Weise nicht mehr wie früher acht, sondern nur noch drei Tage brauchte. Sein Reisepaß berechtigte ihn dazu, sich von seinem Wohnort drei Monate zu entfernen und alle Staaten des Deutschen Bundes aufzusuchen. Für Berlin benötigte er außerdem eine Aufenthaltskarte, die ihm die hauptstädtischen Behörden ausstellten.

Jacoby hatte sich kaum in der Wohnung seines Vetters, des Arztes Eduard Waldeck, in der Breite Straße 5 einquartiert, als ein Herr erschien, der ihm mitteilte, er komme im Auftrage des Polizeipräsidenten von Puttkamer, inoffiziell, versteht sich, und dieser lasse ihn um seinen Besuch bitten. «Wünscht der Polizeipräsident mich zu sprechen, mag er zu mir kommen, ob ich ihn vorlasse, weiß ich jetzt noch nicht», soll Jacoby Verwandten und Freunden gegenüber geäußert haben. War es Puttkamers Absicht, ihn zu einer «Transaktion», zu einer gegenseitig vorteilhaften Vereinbarung zu bewegen, wovon in der wenig später niedergeschriebenen Notiz eines Polizeiagenten die Rede ist? Näher liegt wohl die Annahme, daß er sich in einem Gespräch überzeugen wollte, ob Jacoby willens sei, für die Zeit seines Berlinaufenthaltes politisches Wohlverhalten an den Tag zu legen.

Der Polizeipräsident war ein umsichtiger Beamter; unabhängig davon, wie eine mögliche persönliche Kontaktaufnahme verlaufen würde, hatte er schon einen Tag vor Jacobys Ankunft seine Agenten angewiesen, den Verfasser der «Vier Fragen» auf Schritt und Tritt zu beschatten. Jeden Tag des Monats, den Jacoby in Berlin verbrachte, hat er unter polizeilicher Überwachung gestanden.

Als das Patent vom 3. Februar 1847 über die Einberufung eines Vereinigten Landtags erschien, geriet die politische Öffentlichkeit Preußens und Deutschlands in erhebliche Erregung. Mit diesem Landtag offerierte Friedrich Wilhelm IV. seinen Untertanen ein Gebilde, das seine Herkunft aus feudalständischer Vorstellungswelt nicht verleugnen konnte und mit dem er glaubte, die Wünsche und Forderungen nach einer gesamtstaatlichen Repräsentation, nach Reichsständen zu erfüllen. Zum Vereinigten Landtag sollten alle Mitglieder der acht Provinziallandtage der Monarchie zusammentreten, gegliedert nach einer Herrenkurie, die siebzig Vertreter des Hochadels umfaßte, und den drei Ständekurien, die vom ritterschaftlichen Adel und den Repräsentanten der städtischen und ländlichen Eigentümer gebildet wurden. Das Februarpatent räumte dem Vereinigten Landtag nur ein Minimum an Befugnissen ein: eine beratende Rolle bei der Gesetzgebung, sofern der König eine solche Beratung wünschte, die Möglichkeit, Petitionen an die Regierung zu richten, wenn dafür eine Zweidrittelmehrheit zustande kam, sowie das Recht, Anleihen und neue Steuern zu bewilligen.

Seit die antiabsolutistischen Kräfte immer mehr an Einfluß gewonnen hatten, konnte sich Friedrich Wilhelm IV. immer weniger der Erkenntnis verschließen, daß eine Konzession in der Verfassungsfrage unumgänglich sei. Der Vereinigte Landtag wurde aber auch deshalb berufen, weil Preußens Staatsbudget in Unordnung geraten war und die finanzielle Misere keinen anderen Ausweg zu-

Seit der Einführung der ersten deutschen Eisenbahnen verkürzten sich die Reisezeiten beträchtlich, zeitgenössischer Stich

ließ. Neue Anleihen mußten her, aber um sie aufnehmen zu können, bedurfte es einer parlamentarischen Vertretung, denn die preußische Krone hatte sich in einem Gesetz aus dem Jahre 1820 dazu verpflichtet, neue Staatsanleihen nicht ohne Zustimmung einer gesamtstaatlichen Repräsentation aufzunehmen. Dieses Gesetz war bei der Bildung der Provinzialstände drei Jahre später noch einmal ausdrücklich bestätigt worden.

In den Reihen der liberalen Opposition fand das Februarpatent ein unterschiedliches Echo. In Ost- und Westpreußen und in Schlesien herrschte die Auffassung vor, daß es geboten sei, das politische Täuschungsmanöver der Hohenzollern zurückzuweisen und den Vereinigten Landtag zu boykottieren. Diesen Standpunkt begründete am eindrucksvollsten der wenig später eng mit Jacoby verbundene Breslauer Jurist Heinrich Simon, der in der Flugschrift «Annehmen oder Ablehnen» dem König erklärte: «Wir baten Dich um Brot, und Du gibst uns einen Stein.» Die rheinischen

Liberalen dagegen traten dafür ein, den Vereinigten Landtag zu beschicken; sie betrachteten ihn als eine nützliche Plattform und als Ausgangspunkt für das Ringen um ein wirkliches Parlament. Die unterschiedlichen Einstellungen wurden bald überwunden, vor allem durch das entschiedene Auftreten David Hansemanns, des rheinischen Kaufmanns und Landtagsabgeordneten. Jacoby stand seit 1845 im gelegentlichen Briefwechsel mit Hansemann, und so hatte es nahegelegen, daß der Rheinländer die Hilfe des Königsberger Arztes in Anspruch nahm, um die Verbindung zu den einflußreichsten liberalen Ständevertretern Ostpreußens herzustellen.

Da er als Fachmann für Verfassungsfragen galt, ist Jacoby damals von mehreren Seiten aufgefordert worden, eine kritische Abfertigung des Februarpatents zu schreiben. Andere wiederum haben ihn vor einem solchen Schritt gewarnt, bezeichnenderweise mit dem Argument, er solle doch einmal versuchen, «wie es sich einen Sommer ohne Presseprozeß lebt». Er hat seine Meinung nicht in einer umfangreicheren Schrift, sondern in einem anonymen Artikel entwickelt, der in der Leipziger «Konstitutionellen Staatsbürger-Zeitung», dem Organ der Freunde um Robert Blum, erschien.

Im Februarpatent sah Jacoby den Versuch, ohne substantielle Zugeständnisse den bürokratischen Absolutismus einer politischen Kosmetik zu unterziehen. Für ihn waren die verfassungspolitischen Vorgaben der Regierung voller Widersprüche, und er wies besonders auf das Fehlen jeglicher Volksrechte wie der Pressefreiheit, der Geschworenengerichte, der Unabhängigkeit des Richterstandes hin. An die Ständevertreter richtete er die Aufforderung, sich nicht als Abgeordnete des preußischen Volkes zu betrachten und es unter allen Umständen abzulehnen, der Regierung Gelder zu bewilligen. Er wünschte, daß die neugeschaffene Institution, der Vereinigte Landtag, imstande sei, dem herrschenden Regime eine schwere politische Niederlage beizubringen.

Am 11. April wurde der Vereinigte Landtag im Weißen Saal des Berliner Schlosses mit einer Thronrede Friedrich Wilhelms IV. eröffnet. Diese vielbeachtete Ansprache war eine einzige Absage an all diejenigen, die in dem Landtag einen Schritt auf dem Wege zu einer konstitutionellen Monarchie sahen. Der König ließ es nicht an Drohungen nach allen Seiten fehlen, gegen den Liberalismus, von dem er sagte, er sei der Baum, der die argen Früchte des Ungehorsams trage, gegen die Presse, in der der finstere Geist des Verderbens herrsche, gegen die Abgeordneten, denen es gelüste, die Rolle von Volksrepräsentanten zu spielen. Die Rede gipfelte in einem unumwundenen Bekenntnis zum Absolutismus: «Es drängt mich zu der feierlichen Erklärung, daß es keiner Macht der Erde je gelingen soll, mich zu bewegen, das natürliche, gerade bei uns durch seine innere Wahrheit so mächtig machende Verhältnis zwischen Fürst und Volk in ein konventionelles, konstitutionelles zu wandeln, und daß ich es nun und nimmermehr zugeben werde, daß sich zwischen unserem Herrgott im Himmel und diesem Land ein beschriebenes Blatt, gleichsam als eine zweite Vorsehung eindränge, um mit seinen Paragraphen zu regieren und durch sie die alte heilige Treue zu ersetzen.»

Jacoby war in erster Linie nach Berlin gereist, um persönlich auf die oppositionellen Deputierten Einfluß zu nehmen. Aus den Berichten der Polizeiagenten wissen wir, daß er an vielen Diskussionszirkeln teilnahm, so im Russischen Hof, im Hotel de France, im Englischen Hause und besonders in der Konditorei Stehely am Gendarmenmarkt (heute: Platz der Akademie), wo demokratisch eingestellte Journalisten und Schriftsteller verkehrten. Regelmäßig hat er abends das Mielentzsche Lokal aufgesucht, den Versammlungsort der ostpreußischen Abgeordneten, die seinen Rat sehr interessiert aufnahmen und schätzten, unterhielt er doch nach wie vor gute Beziehungen zu einflußreichen Junkerliberalen, wie beispielsweise zu den beiden Schwiegersöhnen Theodor von Schöns, Siegfried von Brünneck und Kurt von Bardeleben. Bardeleben, der Landrat von Fischhausen war, hat Jacobys Hilfe auch bei der Abfassung und Redigierung politischer Rundschreiben an seine Wähler in Anspruch genommen. «Es ist hier ein so bewegtes Leben», schrieb Jacoby am 15. April seinen Schwestern, «daß – selbst wenn ich ein Freund vom Briefeschreiben wäre – ich dennoch nicht dazu kommen könnte. Täglich habe ich hier eine solche

Im Café Stehely, Aquarell von C. C. Müller 1827

Menge Besuche zu machen und zu empfangen, so viel anzuhören und wider meine ständige Gewohnheit so viel zu sprechen, daß ich kaum zur Besinnung, geschweige denn zur Ruhe komme.»

Die Debatten im Vereinigten Landtag fand Jacoby anfangs öde und unbedeutend. Zwar registrierte er die antiministerielle Gesinnung und den guten Willen vieler Abgeordneter, aber er beklagte zugleich ihre geringe Entschiedenheit und Energie, ihre Neigung zum «leidigen Vermitteln und Diplomatisieren». Seine Kritik forderte vor allem die im Ton servile und im Inhalt äußerst gemäßigte Adresse heraus, mit der der Landtag die Thronrede des Königs beantwortete. Optimistischer wurde er, als einige Sprecher der Opposition, wie der westfälische Landrat Georg von Vincke und Hansemann, die Regierung mit scharfen Worten attackierten.

Als Jacoby schon nicht mehr in Berlin weilte, fiel auf dem Vereinigten Landtag eine Entscheidung, die seinen vollen Beifall fand. Um zu verhindern, daß Preußen auf die Bahn einer konstitutionellen Entwicklung geriet, hatte der König die Forderung des Vereinigten Landtags nach einem Recht auf periodisches Zusammentreten zurückgewiesen. Diese Absage quittierte die Mehrheit der

Abgeordneten damit, daß sie es ablehnte, die von der Regierung geforderte Anleihe für den Bau der Ostbahn, der Eisenbahnstrecke von Berlin nach Königsberg, zu bewilligen. Aus Hansemanns Munde waren bei den Verhandlungen die zum Zitat gewordenen Worte zu hören gewesen: «Bei Geldfragen hört die Gemütlichkeit auf, da muß bloß der Verstand uns leiten.» Mit diesem Beschluß stellten Bourgeoisie und liberaler Adel unter Beweis, daß sie eine politische Macht darstellten, mit der die Hohenzollern künftig zu rechnen hatten; sie zeigten sich entschlossen, die bürokratisch-absolutistische Regierungsgewalt in die Schranken zu weisen. An der Verweigerung der Anleihe beteiligten sich auch alle liberalen Ständevertreter Ostpreußens, obgleich sie die Tatsache in Rechnung stellen mußten, daß sich daraus für ihre Provinz materielle Nachteile ergaben.

Interessant ist, daß Jacoby im Herbst 1847 daranging, eine Geschichte des Vereinigten Landtages zu schreiben. Offensichtlich bewog ihn dazu der enorme Widerhall, den das Ereignis in der Öffentlichkeit auslöste, und dessen große politische Bedeutung. Jacobys Arbeit blieb allerdings Fragment, die umfangreichen Materialstudien und die Entwürfe, die sich in seinem Nachlaß befanden, lassen jedoch erkennen, mit welchem Elan er die Aufgabe in Angriff genommen hatte.

Jacoby hielt sich nur bis Anfang Mai in Berlin auf. Ende April erreichte ihn dort ein Brief Adam von Itzsteins, Führer der badischen Opposition, der ihn bat, an einer Beratung in Hallgarten am Mittelrhein, wo Itzstein ein Weingut besaß, teilzunehmen. «Ich kenne Sie persönlich nicht», schrieb Itzstein, «aber ich verehre Sie wie Tausende mit mir als wahren, furchtlosen Patrioten, als Freund des Volkes und des Rechts.» Jacoby folgte der Einladung um so lieber, als sich mit ihr ein größeres Reiseprogramm verbinden ließ, das er offensichtlich schon länger geplant hatte.

Am 5. Mai verließ er Berlin und begab sich nach Sachsen, mehrere Tage hielt er sich in Leipzig und Dresden auf. Hier lernte er einige der Oppositionspolitiker, mit denen er seit Jahren Briefe gewechselt und bei manchen Aktionen zusammengearbeitet hatte, endlich persönlich kennen: Robert Blum, Otto Wigand, Arnold

Ruge, Julius Fröbel. Mit Ruge verband ihn von nun an ein besonders enges freundschaftliches Verhältnis. Von Sachsen aus reiste er nach der Schweiz, wo er Zürich besuchte und unter anderem ein Gespräch mit dem bekannten, von der deutschen Reaktion gemaßregelten Naturphilosophen Lorenz Oken führte, der seit 1832 Universitätslehrer in der Eidgenossenschaft war. Nach Deutschland zurückgekehrt, empfingen ihn Ende Mai badische Landtagsabgeordnete in Karlsruhe. Vier herrliche Tage verlebte er in Heidelberg, der ihm schon 1828 vertraut gewordenen Stadt, deren landschaftliche Reize ihn erneut beeindruckten. Von seinem Aufenthalt in der Neckarstadt schrieb er seinem Freund Meyerowitz, er habe viele interessante und nützliche Begegnungen gehabt, so mit den Historikern Karl Hagen, der 1848/49 zur äußersten Linken der Frankfurter Nationalversammlung gehörte, und Friedrich Christoph Schlosser, dessen neunzehnbändige Weltgeschichte auch von Marx und Engels stark beachtet wurde, mit dem Anatomieprofessor Jakob Henle, mit Gustav von Struve, dem neben Friedrich Hecker bedeutendsten Führer der badischen Demokraten, mit dem Staatsrechtler Karl Theodor Welcker, dem Herausgeber des berühmten «Staatslexikons», dem Jacoby die Abfassung eines Beitrages über Preußens Entwicklung seit 1840 zusagte, und mit dem Historiker und Literaturhistoriker Georg Gottfried Gervinus, der gerade dabei war, die Herausgabe der «Deutschen Zeitung», des Hauptorgans der gemäßigten Liberalen, vorzubereiten. Mit Gervinus hat es offensichtlich eine kontroverse Diskussion über Möglichkeiten und Wege einer liberalen Umgestaltung Preußens gegeben.

Über Mannheim, Darmstadt und Frankfurt am Main – er machte hier überall kurz Station – begab sich Jacoby nach Hallgarten, wo ihn der Gastgeber «wie einen längst bekannten Freund» empfing. Adam von Itzstein, dreißig Jahre älter als Jacoby, also damals schon zweiundsiebzig Jahre zählend, Richter von Beruf, ein Mann von meisterhafter Beredsamkeit, an dem viele eine Ähnlichkeit mit Goethe bemerken wollten, war eine liebenswürdige, noble und in Baden sehr populäre Persönlichkeit. Hochgeschätzt wurde er auch wegen seiner Hilfsbereitschaft, mit der er – er besaß ein großes Vermögen – Opfer der feudal-bürokratischen Reaktion und deren Familien unterstützte. Wegen seines Einsatzes als Oppositionsführer im badischen Landtag hatten ihn die Behörden zuerst strafversetzt und dann vorzeitig pensioniert.

Itzstein war aber nicht nur ein badischer Politiker. Größere Bedeutung erwarb er sich durch seine Bemühungen, Kontakte zwischen den Führern der antifeudalen Bewegung Deutschlands über die Grenzen der Einzelstaaten hinweg herzustellen und mit dem Hallgarten-Kreis ein Zentrum zur Koordinierung aller wichtigen Aktivitäten der Opposition auf nationaler Ebene zu schaffen. Von 1832 an kamen auf Itzsteins Weingut Jahr für Jahr oder zuweilen im größeren Abstand Liberale und Demokraten zusammen, zunächst aus Süddeutschland und Sachsen, seit 1839 auch aus anderen mitteldeutschen Ländern, um ihr Vorgehen in der Presse und auf den Landtagen miteinander abzustimmen. Die Leitung der Organisationsarbeit für die Staaten nördlich des Mains übernahm bald Robert Blum, unter dessen Schirmherrschaft eine Tagung des Hallgarten-Kreises im Mai 1845 in Leipzig stattfand. Itzstein und Hecker erhielten hier den Auftrag, nach Preußen zu reisen und in Berlin sowie in Königsberg mit Jacoby Verbindungen anzuknüpfen. In Berlin wurden sie, noch ehe sie nach Königsberg aufbrechen konnten, von der Aufforderung durch die Polizei überrascht, Preußen unverzüglich zu verlassen. Gegen diese Ausweisung kam es zu einer breiten Protestbewegung.

Der Einladung, an der Tagung im August 1846 in Hallgarten teilzunehmen, die von Blum ausging, hatte Jacoby nicht Folge leisten können. Damals hielt ihn sein Majestätsbeleidigungsprozeß in Königsberg zurück. In seinem Auftrag hatte Karl Bender, ein junger Kampfgefährte, die Reise an den Rhein angetreten und an den Besprechungen teilgenommen. Diese Tagung von 1846 war besonders bedeutsam gewesen, weil es den Demokraten gelang, das Übergewicht über die Liberalen zu gewinnen. Die Beschlüsse der Zusammenkunft erwiesen, daß man sich auf eine revolutionäre Erhebung als einzigen Ausweg aus den immer unhaltbarer gewordenen politischen Zuständen Deutschlands einstellte. So war vereinbart worden, die Agitation durch den Druck von Flugschriften und die Absendung von Emissären zu intensivieren, eine Unterstützungskasse für verfolgte Patrioten zu gründen, Beziehungen zu den Arbeitervereinen herzustellen, eine Kriegskasse der Opposition in Form einer Aktienbuchhandlung in Leipzig ins Leben zu rufen und Beziehungen zu den in der Schweiz und in Nordamerika lebenden Deutschen herzustellen.

Die Forschung hat bisher nicht ergründen können, worüber auf der 1847er Tagung, der letzten des Hallgarten-Kreises, verhandelt worden ist. Es liegt aber die Annahme nahe, daß die im Jahr zuvor gefaßten Beschlüsse auch den Inhalt dieser Beratungen bestimmt haben. Die etwas ausgefallene Reiseroute, die Jacoby für seine Rückfahrt wählte – Koblenz, Bonn, Köln, Münster, Magdeburg, Berlin, Breslau, Stettin und Danzig –, sowie die Tatsache, daß er sich nach seiner Heimkehr unverzüglich für die Gründung eines Arbeitervereins einsetzte, deuten auf sein Bemühen hin, ohne Zögern das in Hallgarten Beschlossene in die Tat umzusetzen.

In Köln veranstalteten Gesinnungsfreunde am 22. Juni für ihn eines der damals beliebten Festessen, bei denen es üblich war, während des Genusses der Tafelfreuden Ansprachen zu halten und Toasts politischen Inhalts auszubringen. Von hier schrieb er an Georg Herwegh, er müsse sich leider den lang gehegten Wunsch versagen, nach Paris zu kommen, aber er wolle nach Brüssel fahren, sich dort vier Tage aufhalten und er bitte ihn um seinen Besuch. «Unendlich würde es mich freuen, Dich nach so langer Trennung wiederzusehen! Ich rechne mit Sicherheit darauf, daß Du, wenn es Dir irgend möglich ist, meine Bitte erfüllst.» Die Freunde trafen sich in der belgischen Hauptstadt, und Jacoby fand den Dichter vital und gesund, aber auch in seinem Lebenszuschnitt viel anspruchsvoller als früher und «unendlich reicher» geworden, was wahrscheinlich mit Herweghs Ehe mit der Tochter eines Berliner Bankiers zusammenhing.

In Brüssel traf Jacoby auch Friedrich Crüger, einen ehemaligen Königsberger Journalisten, der in die Emigration gegangen und Mitarbeiter der «Deutschen-Brüsseler-Zeitung» geworden war, jenes Blattes, das Marx und Engels und den deutschen Kommunisten damals als Organ diente, ihre Anschauungen zu verbreiten.

Bei den Gesprächen mit Crüger dürfte es auch, wie aus späteren Briefen zu schließen ist, um Jacobys Mitwirkung an der finanziellen Sicherung und illegalen Verbreitung dieser Zeitung in Ostpreußen gegangen sein. Crüger war Mitglied des Bundes der Kommunisten geworden. Durch ihn hatte Jacoby vorübergehend Kontakt zur revolutionären Arbeiterbewegung geknüpft.

Und noch mit einer anderen Persönlichkeit ist er in Brüssel zusammengekommen: mit Karl Marx, der seit seiner Ausweisung aus Paris in der belgischen Metropole lebte. Diese Begegnung wird freilich nicht mehr als ein formelles Bekanntwerden gewesen sein, wobei nicht einmal gesagt werden kann, von wem sie vermittelt worden ist, ob von Herwegh oder von Crüger.

Aufschlußreich ist, daß Friedrich Engels den Namen Jacobys – und das dürfte durchaus im Zusammenhang mit seinem Brüsselaufenthalt stehen – wenig später zweimal in seinen Texten erwähnte, einmal in einem Brief an Marx vom 25. Oktober 1847, zum anderen in seinem Aufsatz «Die Kommunisten und Karl Heinzen», der am 3. Oktober 1847 in der «Deutschen-Brüsseler-Zeitung» erschien. Beide Male wies Engels darauf hin, daß Jacoby den Kommunisten als einer der bedeutendsten Repräsentanten der deutschen radikalen Demokratie gilt und daß diese Radikalen es sind, die die revolutionäre Arbeiterpartei als ihre «Alliierten» betrachtet.

Nach seiner Rückkehr in die Heimatstadt spürte Jacoby immer deutlicher die Symptome der revolutionären Krise, die seit Monaten in Deutschland herrschte.

In Berlin war er am 21. April Zeuge der Kartoffelunruhen gewesen, hatte gesehen, wie eine hungrige Menschenmenge Geschäfte und Marktstände plünderte, wie Kavallerie erbarmungslos auf revoltierende Menschen einschlug. In Königsberg erlebte er, wie Tausende Tag für Tag zum Rathaus zogen und darauf warteten, daß Getreide und Lebensmittel verteilt würden. Offen lehnten sich die Stadtverordneten der Pregelstadt gegen die Regierung auf. Im November verweigerten sie die vom Berliner Ministerium geforderte Absetzung eines wegen politischer Agitation mißliebig gewordenen Mädchenschuldirektors; außerdem nahmen sie eine Petition mit der Forderung nach Pressefreiheit und Schaffung eines deutschen Parlaments an.

Wenig später brachten Jacoby und seine Freunde eine große Zahl von Unterschriften für ein Glückwunschschreiben zusammen, das sie an die Schweizer Tagsatzung richteten und worin sie ihre Freude kundtaten über den Sieg, den die progressiven Kräfte über den konservativ-klerikalen Sonderbund errungen hatten. Im Kampf innerhalb der Eidgenossenschaft, den die Demokraten unter Anwendung von Gewalt für sich entscheiden konnten, sahen die Jacobyaner ein Zeichen der Hoffnung und einen Ansporn für die Fortschrittskräfte in Deutschland.

Der Bürgerkrieg in der Schweiz war zum Vorspiel der europäischen Revolution von 1848/49 geworden.

Revolutionäre Praxis 1848/49

Königsberger Märztage

«Endlich wird es Tag in Deutschland. Überall erhebt sich das Volk und richtet in eigener Sache! Der Ruf: es lebe die Republik! hat auch mir nach jahrelanger Gemütsverstimmung wieder Genesung gebracht. Jetzt ist mir wohl; jetzt atme ich wieder frei auf, und der alte Itzstein ist der erste, dem ich in der Freude meines Herzens zujubeln muß. Als vor einem Jahr ich Dich nassen Auges mit dem Dampfer ‹König› dahinfahren sah, wer hätte ahnen sollen, daß die Verwirklichung unserer schönsten Träume so nahe sei.»

Als Jacoby diesen Brief am 15. März 1848 schrieb, der mit dem Ruf: «Es lebe die Republik» schloß, befand sich Deutschland inmitten der Revolution, war der von den Demokraten ersehnte und von der französischen Februarrevolution ausgelöste Freiheitskampf, der wie ein Sturmwind über Europa fegte, in vollem Gange. Die unter der roten Fahne kämpfenden Pariser Arbeiter hatten nach ihrer siegreichen Erhebung am 25. Februar 1848 ein Signal gesetzt, als sie das Bürgerkönigtum Louis Philippes stürzten, die Proklamation der Republik erzwangen und die neue Provisorische Regierung nötigten, einschneidende soziale Umgestaltungen in Aussicht zu stellen.

Nach einem vierzehntägigen zähen Ringen, unter dem Druck städtischer Volksbewegungen und bäuerlicher Aufstände, kapitulierten die Fürsten der mittel- und süddeutschen Staaten und fanden sich bereit, ihre reaktionären Minister zu entlassen, neue Kabinette aus gemäßigten Liberalen zu berufen und die Märzforderungen zu erfüllen – Pressefreiheit, Schwurgerichte und die Volksbewaffnung einzuführen sowie ihre Zustimmung zur Wahl eines deutschen Parlaments zu erklären. Eines erbitterten Straßenkampfes und vieler Opfer bedurfte es, damit am 13. März in Wien das Metternich-Regime gestürzt werden konnte. Sein Repräsentant, das Haupt der vormärzlichen Reaktion, sah sich nun von den Habsburgern verlassen und mußte sein Heil in der Flucht nach England suchen.

Auf Preußen hatte die Revolution schon am 3. März übergegriffen, als es in Köln zu einer von Kommunisten organisierten großen Arbeiterdemonstration gekommen war. Seitdem befanden sich die Städte des ganzen Rheinlandes in Aufruhr. In Berlin nahm die revolutionäre Bewegung am 6. März mit den Volksversammlungen im Tiergarten ihren Anfang.

Am selben Tage zündete der revolutionäre Funke auch in Königsberg. Hier rückte die städtische Ressource, die sich im Kneiphöfischen Junkerhof versammelte und deren Präsident inzwischen Jacobys Freund Raphael Jakob Kosch geworden war, in den Mittelpunkt des Geschehens. Am 6. März schien es zunächst, als würde diese Sitzung einen routinemäßigen Verlauf nehmen. Daraufhin eilte Jacoby zum Rednerpult und machte sich zum Wortführer derer, die nicht mehr über Belanglosigkeiten, sondern über die brennenden Tagesfragen diskutieren wollten. Kosch verwies zwar auf das Verbot, über Politik zu debattieren, erklärte sich aber bereit, dieses Verbot zu ignorieren, wenn es der einstimmige Wunsch der Versammlung sei. Von allen Seiten scholl ihm ein donnerndes Ja entgegen. Nun war das Eis gebrochen. Jetzt wurden Meldungen über die Vorgänge in Frankreich und Süddeutschland bekanntgemacht und kommentiert. Jacoby erhob sich und verlas einen Brief Herweghs, der in Paris Augenzeuge der Februarrevolution gewesen war. Der Dichter, der schrieb, er habe «die schönsten Tage dieses Jahrhunderts mitgelebt», bat seine Gesinnungsgenossen in Königsberg, wenn irgend möglich, die französische Republik zu unterstützen, sei es durch Sympathieadressen oder durch Beiträge in den Zeitungen. Einer Anregung Julius Rupps folgend, beschloß die Versammlung die unverzügliche Absendung einer von Jacoby, Dinter und Rupp formulierten Adresse an den König, in der eine echte Volksvertretung für Preußen, unbedingte Pressefreiheit und ein deutsches Parlament gefordert wurden.

Daß die Ressource, deren Wohlverhalten bisher außer Zweifel gestanden hatte, politische Debatten führte, ja sogar mit einer selbständigen politischen Initiative hervortrat, betrachteten Polizei und Behörden als schlimmen Affront, befürchteten sie doch, die Stadt könnte beim Monarchen erneut mißliebig werden. Kosch wurde zum polizeilichen Verhör zitiert, man erwog ein Verbot der Ressource und faßte die Verhaftung der drei Verfasser der Adresse sowie Ludwig Walesrodes ins Auge, nahm aber dann davon wieder Abstand, denn eine solche Maßnahme hätte die revolutionäre Bewegung noch mehr angeheizt. Oberpräsident von Boetticher ließ es mit der strengen Weisung genug sein, die Ressource habe auf die Behandlung politischer Themen unbedingt zu verzichten.

Als Kosch am 13. März der Ressource diesen Bescheid überbrachte, löste er lebhafte Proteste und Unmutsbezeugungen aus. Mehrere Mitglieder warnten davor, sich fernerhin von den Behörden gängeln zu lassen. In Erwartung eines Polizeieinsatzes gegen die rebellische Vereinigung hatten sich vor dem Junkerhof mehrere hundert Gesellen und Studenten versammelt, von denen ein Teil vergebens versucht hatte, Einlaß in den überfüllten Sitzungssaal zu erhalten. Als man erfuhr, daß die Ressource entschlossen war, sich das Recht auf politische Diskussionen nicht wieder nehmen zu lassen, erschollen Hurrarufe.

Die Menge verlangte Jacoby und Rupp zu sehen, und als sich beide zeigten, wurden Vivats auf sie ausgebracht. Danach zog man zum Polizeigebäude, das zugleich der Wohnsitz des Polizeipräsidenten Lauterbach war. Hier machten die Demonstranten ihrer Empörung Luft und begannen, Fenster und Türen einzuschlagen. Kürassiere, denen der Stadtkommandant Befehl gegeben hatte, die Straßen zu räumen, hieben mit blankem Säbel auf die Bürger ein. Es gab viele Verletzte, und die Zahl der Verhafteten belief sich auf mehrere Dutzend.

Bürgerblut und Säbelterror – das rief auch die Stadtväter Königsbergs auf den Plan. Magistrat und Stadtverordnete standen nun nicht mehr abseits; sie verurteilten den Militäreinsatz und verlangten die Zurücknahme der Truppen aus der Stadt sowie die unverzügliche Einrichtung einer bewaffneten Bürgergarde. Mit einer eigenen Adresse an den König, in der sie die Berufung eines volksfreundlichen Ministeriums forderten, stellten sie sich auf die Seite der Opposition. Provinzial- und Militärbehörden waren damit isoliert.

Johann Jacoby, überzeugt, man werde Friedrich Wilhelm IV. auf friedlichem Wege niemals zum Nachgeben zwingen, rechnete mit einem revolutionären Entscheidungskampf. An Itzstein schrieb er in dem erwähnten Brief, Preußens Regierung habe «zu festes Vertrauen auf ihre Bajonette (in Königsberg allein stehen über 4000 Mann), um bloßen Worten und Demonstrationen zu weichen». Diese Auffassung teilte auch eine Versammlung von 80 Vertretern der Opposition aus der Provinz, die am 15. März in Königsberg zusammenkam und auf der Jacoby eine bedeutende Rolle spielte. Aus seiner Feder stammte die nach einer fünfstündigen Debatte angenommene Resolution. In dem eindringlichen Appell an den König hieß es: «Majestät: Wir dürfen es uns nicht verhehlen: weiter noch als die meisten deutschen Brüder sind wir Preußen in staatlicher und sozialer Beziehung hinter den billigen Anforderungen der Zeit zurückgeblieben. Zensur, Abhängigkeit des Richterstandes, Beschränkung der Glaubens- und Bekenntnisfreiheit, Verbot öffentlicher Versammlungen, alleinige Vertretung des Besitzes, eine privilegierte Herrenkammer, ein Landtag mit bloß beratender Stimme und ohne Kontrolle des Staatshaushalts – dies ganze System amtlicher Bevormundung kann dem neu erwachten Volksgeist gegenüber nicht Bestand haben.»

Neben der Resolution faßte die Versammlung einen Beschluß, in dem sie erklärte: Sollte die Regierung sich weiterhin den Wünschen der Bevölkerung verschließen, dann würde man gezwungen sein, eine aus Männern des öffentlichen Vertrauens bestehende Volkskommission zu berufen. Geplant war, jede Stadt und jeden Kreis der Provinz aufzufordern, je zwei Vertreter in dieses Gremium zu delegieren. Es lag auf der Hand, daß der Volkskommission die Aufgabe zugedacht war, im Falle einer weiteren Zuspitzung der Krise die Verwaltung der Provinz zu übernehmen, eine aus der Volksbewegung hervorgegangene provisorische Regionalregierung zu bilden.

Bei der Nähe zur russischen Grenze herrschte unter der Bevölkerung Ostpreußens große Furcht vor einem Einmarsch zaristischer Truppen. Die Hohenzollern, so glaubte man, würden, um ihren Thron zu schützen, nicht davor zurückschrecken, nach einer militärischen Intervention des mit ihnen verwandtschaftlich verbundenen Zaren zu rufen. Die Interventionsfurcht und die Antipathie gegen das Offizierskorps der in der Provinz stationierten Einheiten der preußischen Armee ließen den Ruf nach einer Volksbewaffnung immer lauter werden. Jacoby machte sich zum Sprecher solcher Besorgnisse, als er am 19. März Karl Wilhelm von Boetticher aufsuchte und ihn auf die tiefe Mißstimmung gegenüber dem Militär aufmerksam machte. Er sagte, lange könnten sich die Behörden nicht mehr der Forderung entziehen, die Bildung einer Bürgergarde zu genehmigen. Eindringlich verwies er darauf, daß die Bevölkerung sich erheben und zu den Waffen greifen würde, wenn eine Invasion erfolgen sollte.

Am 20. März erreichte die revolutionäre Stimmung ihren Höhepunkt. Die Nachricht vom Sieg des Volkes in Wien erfüllte die Menschen mit Zuversicht und Hoffnung. Die aus Berlin ausbleibende Post ließ Gerüchte über einen Aufstand in der Hauptstadt aufkommen. Lokale, in denen Zeitungen auslagen, waren von Hunderten belagert. Die Geschäftstätigkeit begann zu stocken, die Armeeführung ließ die Truppen verstärken und die Wachen verdoppeln. Wie auf den Straßen, so herrschte am Abend in der Versammlung der Ressource eine gespannte Atmosphäre. Reden von Ballo, Jacoby und Walesrode ließen an Deutlichkeit nichts zu wünschen übrig, sie waren die entschiedensten, die man in Königsberg je gehört hatte. Unter ihrem Einfluß erklärte die Ressource, sie sei entschlossen, sich nicht länger hinhalten zu lassen und die Volksbewaffnung unter allen Umständen durchzusetzen. «Ein sehr aufgeregter Tag, ich fühle mich heute abend angegriffener denn je», notierte Boetticher in sein Tagebuch.

Am nächsten Tag, am 21., begab sich morgens neun Uhr eine

Deputation, bestehend aus mehreren Mitgliedern des Magistrats sowie Jacoby und Walesrode, auf den Weg zum Oberpräsidenten. So starr und unnachgiebig sich Boetticher in den Tagen zuvor gegeben hatte, so bereitwillig zeigte er sich jetzt, den Wünschen der städtischen Vertreter entgegenzukommen. Er bewilligte die Errichtung einer 4000 Mann zählenden Bürgerwehr und ihre Ausrüstung mit Gewehren aus Militärbeständen, außerdem wurde den Studenten erlaubt, sich ebenfalls zu bewaffnen. Mit Genugtuung nahmen die Deputierten zur Kenntnis, wie rasch der Oberpräsident auch auf ihre Forderung nach Entlassung des verhaßten Polizeipräsidenten Lauterbach einging.

Boetticher hatte nicht nur kapituliert, weil er den Ausbruch einer Erhebung in der Stadt befürchtete und weil er die Patrizier und alle um ihr Eigentum bangenden Bürger auf die Seite der legitimen Ordnungskräfte ziehen wollte. Sein Sinneswandel beruhte primär auf den Informationen, die er erhalten hatte, kurz bevor die Deputation bei ihm erschienen war, den Mitteilungen nämlich über die Ereignisse des 18. und 19. März in Berlin, über den Sieg des Volkes in der Barrikadenschlacht über das Militär, die weitgehenden Zugeständnisse, die der Monarch hatte machen müssen, über die Entlassung des alten Ministeriums und die Proklamation Friedrich Wilhelms IV., in der er um die Gunst des Volkes warb. Boettichers Kommentar am Abend lautete: «Der unglücklichste Tag meines Lebens.»

Den für den Provinzgewaltigen ungünstigen Verlauf dieses Tages bestimmten weitere Ereignisse. Noch immer auf Nachrichten aus Berlin wartend, war die Bevölkerung am frühen Nachmittag von der Kunde elektrisiert worden, ein königlicher Kurier mit einer nach Petersburg adressierten Depesche sei auf der Post eingetroffen. Handelte es sich um das gefürchtete Hilfeersuchen an den Zaren? Darüber konnte es wohl kaum einen Zweifel geben. Rasch eilte eine Bürgerabordnung, zu der auch Jacoby gehörte, zur Post, beschlagnahmte die Depesche und deponierte sie beim Oberpräsidenten mit der Weisung, sie bis zum Eintreffen beruhigender Nachrichten aus der Hauptstadt zu verwahren. Ob nun mit oder ohne Schuld Boettichers – der Postreiter war auf einmal mitsamt

Im März 1848 in der Breiten Straße in Berlin

der Depesche verschwunden und der von allen gehegte Verdacht schien damit bestätigt. In Windeseile besorgten sich zwei Demokraten, unter ihnen Friedrich August Witt, der ehemalige Redakteur der Königsberger Hartungschen Zeitung, einen schnellen Wagen und machten sich auf den Weg in Richtung Grenze. Sie holten den Kurier ein, nahmen ihm die Depesche ab und brachten sie im Triumphzug zum Rathaus. Die Freude über das Gelingen der Aktion überwog die Empörung über Boettichers zwielichtige Haltung.

Dasselbe revolutionäre Mißtrauen leitete am Abend einen weiteren Schritt. Unter Führung Jacobys forderten drei Radikale vom Postdirektor, ihnen alle an den Oberpräsidenten und an den Kommandierenden General gerichteten Briefe auszuhändigen, mit denen sie sich zu General Graf von Dohna und Karl Wilhelm von Boetticher begaben. Während letzterer, eingeschüchtert von den Vorgängen der vorangegangenen Tage, keine Schwierigkeiten machte und ihnen den Inhalt der Schreiben mitteilte, verwies der General auf die Ungesetzlichkeit eines solchen Vorgehens und führte mit Jacoby einen harten Disput. Jacoby und seinen Freunden war es darum gegangen, rechtzeitig Kenntnis zu erhalten sowohl von möglichen Maßnahmen, die zur Unterdrückung der Volksbewegung Königsbergs geplant wurden, wie von militärischen Abmachungen Preußens mit dem zaristischen Rußland.

Diese Aktion hat Jacoby im nachhinein Kritik eingebracht; nicht nur viele seiner Mitbürger, auch eine ganze Anzahl seiner Freunde ziehen ihn der Eigenmächtigkeit und der Voreiligkeit und ließen seine Berufung auf die Erfordernisse einer revolutionären Situation nicht gelten.

Am 24. März war Jacobys Vaterstadt festlich geschmückt. Die Bevölkerung feierte den Sieg über den Absolutismus und fand sich zu Gottesdiensten in den Kirchen ein, um der gefallenen Helden des Berliner Barrikadenkampfes zu gedenken. In den Jubel über den politischen Umschwung im Lande mischte sich Freude darüber, daß auch aus Königsberg die Truppen mit den mißliebigen Offizieren abgezogen worden waren. Überdies hatte auch Oberpräsident von Boetticher seine erbetene Entlassung erhalten. Unter den Bürgern herrschte die Überzeugung, die den Hohenzollern abgerungenen Konzessionen würden nunmehr ein festes Fundament für eine günstige Entwicklung Preußens bieten und seien der Auftakt für den Beginn eines neuen Abschnittes der Geschichte Deutschlands.

In Jacobys Leben stellen dic Märzrevolution und die auf sie folgenden Wochen eine biographisch bemerkenswerte Phase dar. Zu keinem anderen Zeitpunkt ist der sonst so nüchterne und jedem Gefühlsüberschwang abholde Politiker und Gelehrte von einem Ereignis so tief berührt, emotional so aufgewühlt worden wie vom Losbruch der europäischen Revolution im Frühjahr 1848. Was damals auf ihn einstürmte und woran er mitwirken konnte, empfand er wie einen Jungbrunnen, wie eine Wiedergeburt seiner Person. Die wohl erhofften, in ihrer Dimension jedoch über jede Erwartung hinausgehenden Geschehnisse galten ihm als Unterpfand für den Sieg der bürgerlichen Demokratie, als Garantie für die

Verwirklichung seiner humanistischen Ideale. Seiner Freundin Fanny Adelson schrieb er, ihm hätten die Märztage nicht allein «Jugendmut und Lebensfrische» wiedergebracht, ihn nicht nur um ein Jahrzehnt verjüngt, sondern ihm auch die Hoffnung gegeben, «eine neue Weltepoche anbrechen zu sehen».

Nun ist Jacoby stets voller Optimismus gewesen, sowohl in bezug auf sein persönliches Schicksal wie – ganz im aufklärerischen Sinne – im Hinblick auf einen fortschreitenden Siegeslauf der Vernunft im Weltgeschehen. Sein politischer Fortschrittsglaube hat meist mit sehr langen historischen Zeiträumen gerechnet; ganz anders im Frühjahr 1848, da war er der Überzeugung, seine Hoffnungen würden sich sehr bald erfüllen und es sei schon in naher Zukunft möglich, überall in Europa einen auf Freiheit, Gleichheit und Brüderlichkeit gegründeten Gesellschaftszustand herzustellen. Seine Annahme fußte auf dem Gedanken, Frankreich, nachdem das Land Republik geworden war, sei berufen und in der Lage, eine Führerstellung auf dem europäischen Kontinent einzunehmen und beispielgebend auf dem Gebiet der staatlichen Organisation wie der sozialen Reformen voranzuschreiten. Jacoby blieb zusammen mit Tausenden demokratischer Patrioten die traurige Erfahrung nicht erspart, daß sich solche Hoffnungen schon nach wenigen Monaten als Illusion erwiesen, als Wunschträume, die in der rauhen Wirklichkeit der revolutionären Kämpfe nicht in Erfüllung gehen konnten.

Frühjahr 1848: Frankfurt

Jacoby hielt sich seit sechs Tagen in Frankfurt auf, das Vorparlament war eben zu Ende gegangen, da fand er zum erstenmal Muße, in einem Brief an Ludwig Moser vom 4. April seinen Freunden in der Heimat ein Bild von der Stimmung zu geben, wie er sie in der alten Krönungsstadt der deutschen Kaiser am Main erlebt hatte: «Von der Aufregung, die in den letzten Tagen hier herrschte, könnt Ihr im Norden kaum eine Vorstellung haben. Tausende von Menschen durchzogen mit Lärm und Gesang die

Straßen; vor den Toren, aus allen Fenstern wehen schwarzrotgoldene Fahnen; die Häuser sind auf das festlichste mit Teppichen und Blumenkränzen geschmückt; jeden Augenblick erschallen Freudenschüsse; hier Jauchzen und Jubel, dort Streit und rücksichtsloser Kampf der Partei; auf den öffentlichen Plätzen Volksredner, die zum Freischarenzug gegen Rußland auffordern, die Fürsten absetzen und die deutsche Republik proklamieren. Man glaubt sich mitten in eine Revolution versetzt.»

Jacobys Schilderung läßt deutlich werden, wie erwartungsvoll demokratisch gesinnte Kreise des Volkes dem Zusammentritt und Wirken des Vorparlaments entgegensahen. Diese Hoffnungen waren nicht unbegründet, handelte es sich doch beim Vorparlament, dessen Einberufung eine am 5. März in Heidelberg tagende Versammlung süddeutscher Liberaler und Demokraten beschlossen hatte, um eine aus der revolutionären Bewegung hervorgegangene, von jeder Mitwirkung der Fürsten unabhängige parlamentarische Vertretung vormärzlicher Oppositionspolitiker aus allen Teilen Deutschlands. Von ihnen erwartete man Schritte, durch die die bisher auf einzelstaatlicher Ebene vollzogene Revolution zentralisiert und in ihrem Verlauf beschleunigt werden sollte. Im Mittelpunkt der Tätigkeit des Vorparlaments stand die Vorbereitung einer deutschen Nationalversammlung.

Jacoby, der die Einladung zur Teilnahme wohl von Adam von Itzstein erhalten hatte, war am 30. März in Frankfurt eingetroffen und in dem nachmals berühmten Gasthof Weidenbusch abgestiegen. Hier fand am Abend dieses Tages die erste Besprechung der Demokraten statt. Da sie die erwarteten Mehrheitsverhältnisse optimistisch einschätzten, kam man überein, im Vorparlament die demokratische Republik auszurufen. Außerdem wurde beschlossen, den Bundestag, der als Vertretung der achtunddreißig deutschen Einzelstaaten Machtorgan der Fürsten war und der sein Domizil ebenfalls in Frankfurt hatte, beiseitezuschieben und ihn vom ferneren politischen Geschehen auszuschalten.

Die mehr als fünfhundert Mitglieder des Vorparlaments versammelten sich am 31. März im Kaisersaal des Römer, des ehrwürdigen Frankfurter Rathauses. Sie wählten ihren Präsidenten, den Heidelberger Juraprofessor Karl Mittermaier, und begaben sich dann im feierlichen Zug, begleitet von einer Abteilung Bürgergarde, zur nahe gelegenen Paulskirche, ihrem Tagungsort, wo sie bis zum 3. April täglich von neun bis sechzehn Uhr ihre Sitzungen hielten. Die Fraktionen berieten anschließend bis in die Nachtstunden.

Von Beginn an gab es zähe Auseinandersetzungen. Zu den führenden Repräsentanten der Demokraten gehörten Robert Blum, Adam von Itzstein, Jacoby, der Mainzer Rechtsanwalt Franz Zitz, Friedrich Hecker und Gustav von Struve. Entgegen ihren Erwartungen konnten sie sich bei den Abstimmungen nur auf zwei Fünftel der Abgeordneten stützen. Ernüchtert erkannten sie, daß die gegen den fürstlichen Absolutismus gerichtete und in den Hauptpunkten einheitliche antifeudale Oppositionsfront des Vormärz zerbrochen war. Nachdem sie durch die Revolution Sitz und Stimme in den liberalen Märzregierungen erhalten hatten, erstrebten die Vertreter der Bourgeoisie weiterführende Umgestaltungen nun nicht mehr mit Hilfe der Volksbewegung, sondern im Bündnis und durch Vereinbarungen mit den Fürsten. Unter der taktisch geschickten Regie Heinrich von Gagerns, des späteren ersten Präsidenten der deutschen Nationalversammlung, legte sich die liberale Majorität im Vorparlament auf ein Verfassungsprogramm fest, das die Errichtung eines Bundesstaates in der Form einer konstitutionellen Monarchie vorsah. Angesichts des Kräfteverhältnisses mußte die demokratische Minderheit davon absehen, das Risiko einer Abstimmung über die Frage in Kauf zu nehmen, ob der künftige einheitliche Staat auf republikanischer oder monarchischer Grundlage zu beruhen habe.

Für die Linke war der Beschluß ein Erfolg, die Abgeordneten zur deutschen Nationalversammlung nach den Grundsätzen eines demokratischen Wahlrechts zu wählen, wogegen die Liberalen nicht anzugehen gewagt hatten. In den weiteren Debatten traten zwei Streitpunkte offen zutage.

Der erste wurde durch einen von Struve eingebrachten Antrag ausgelöst, wonach die Versammlung beschließen sollte, bis zum Zusammentritt der Nationalversammlung in Permanenz zu tagen.

Dieser Forderung lag die Absicht zugrunde, das Vorparlament als eine Art Konvent, als revolutionäres Zentrum zu konstituieren, um es den durch die Märzrevolution schwer angeschlagenen Fürsten unmöglich zu machen, verlorenes Terrain zurückzuerobern und antidemokratische Aktionen zu unternehmen. Vor allem bedeutete der Antrag eine Kriegserklärung an den Bundestag.

Als Jacoby sich erhob, um für die Permanenz zu sprechen, wurde ihm Beifall gezollt, noch bevor er das Wort ergriffen hatte. Es war die verdiente Anerkennung für sein mutiges Wirken und seine tapfere Haltung im Kampf für den politischen Fortschritt. Seine kurze Rede schloß er mit dem Satz: «Es ist unsere Pflicht, nicht zu weichen von diesem Platz.» Mit 356 zu 142 Stimmen wurde der Antrag abgelehnt. Im Gegenzug gelang es den Liberalen, die Mehrheit für die Wahl eines Fünfzigerausschusses zu gewinnen, der die Wahlen zur Nationalversammlung kontrollieren und dabei mit dem Bundestag zusammenarbeiten sollte.

Der zweite Streitpunkt kam am 2. April zur Verhandlung. In einem von Franz Zitz eingebrachten Antrag erklärte die demokratische Linke, eine Kooperation von Fünfzigerausschuß und Bundestag nur dann akzeptieren zu können, wenn der Bundestag sich bereit finde, alle von ihm gefaßten reaktionären Beschlüsse der Vormärzzeit für ungültig zu erklären und sich von allen Politikern in seinen Reihen zu trennen, die am Zustandekommen dieser Beschlüsse mitgewirkt hatten. Es war der Versuch, dem Fünfzigerausschuß den Status eines von fürstlicher Einwirkung unabhängigen Organs zu geben. Wie viele andere Sprecher trat auch diesmal Jacoby vergebens für die Sache der Linken ein. Daß der Antrag abgelehnt wurde, führte aber nicht zu der von vielen Demokraten erwogenen Sprengung des Vorparlaments, weil die Liberalen dem demokratischen Anliegen schließlich in abgeschwächter Form entsprachen und der Bundestag am gleichen Tage die Annullierung der reaktionären Ausnahmegesetzgebung verkündete. Damit war auch der Weg für eine Teilnahme der Demokraten an der Wahl des Fünfzigerausschusses frei.

Es lag auf der Hand, daß die Linke kein günstiges Ergebnis erwarten konnte; sie brachte nur acht ihrer Kandidaten durch, darunter Blum, Itzstein und Jacoby. Für den Verfasser der «Vier Fragen» war es ein persönlicher Erfolg, daß er mit 396 Stimmen, die für ihn abgegeben wurden, das viertbeste Resultat erzielte. Große Illusionen über Nutzen und Wirkungsmöglichkeit des Ausschusses machte sich Jacoby nicht; er hat das Mandat nur angenommen, um zu verhindern, daß die Zahl der darin vertretenen Demokraten noch geringer wurde.

In Jacobys politischem Denken bilden die ersten Apriltage in Frankfurt abermals eine Zäsur. Die Erfahrungen, die er aus den Diskussionen im Vorparlament und den Kontakten mit zahlreichen Abgeordneten gewonnen hatte, veranlaßten ihn, von der während der Märzrevolution gehegten Vorstellung abzurücken, es könnte im raschen Tempo gelingen, dem Beispiel Frankreichs zu folgen und Deutschland zu einer Republik zu erklären. Er stellte jetzt fest, daß die Deutschen noch in ihrer Mehrheit eine demokratische Republik ablehnten. Daher billigte er auch nicht die Absicht der radikalen Republikaner unter der Führung von Hecker und Struve, in Südwestdeutschland einen republikanischen Aufstand auszulösen. Ihre Erhebung, die am 12. April begann und nur sehr mangelhaft vorbereitet war, wurde schon nach wenigen Tagen von hessischen Truppen niedergeschlagen. Das gleiche Schicksal ereilte auch das von Georg Herwegh geleitete und mit der Führung des badischen Aufstandes ungenügend koordinierte Unternehmen der Deutschen Legion, einer aus mehreren hundert in Frankreich lebenden deutschen Handwerksgesellen und Emigranten bestehenden Freiwilligenschar, die Einheiten der württembergischen Armee nach Überschreiten des Rheins am 27. April bei Niederdossenbach überwältigten. Deutlich erwiesen diese Unternehmen und ihre ungenügende Unterstützung durch das Volk, welch politisches Abenteuerertum es war, wenn Demokraten darauf setzten, die Republik im Handstreich zu erobern.

Frei von jedem Wunschdenken, hielt es Jacoby nur für real, wenn die Probleme, vor denen Deutschland stand, auf dem Boden einer demokratisch-konstitutionellen Monarchie gelöst würden. Was er darunter verstand, deckte sich keineswegs mit Plänen liberaler Politiker von einer verfassungsmäßig beschränkten Monarchie. Ihm ging es vielmehr um einen Staat, der auf dem Prinzip der Volkssouveränität beruht und in dem der Macht des Monarchen durch allgemeine Bewaffnung des Volkes und demokratische Institutionen enge Grenzen gesetzt und Vorkehrungen getroffen sind, die arbeitenden Klassen vor Unterdrückung und Ausbeutung zu schützen und ihr Lebensniveau zu heben.

Für Jacoby bedeutete die Orientierung auf eine demokratisch regierte Monarchie in keiner Weise die Preisgabe seiner republikanischen Grundüberzeugung. «Die Republik ist nach meinem Dafürhalten», schrieb er am 12. April an Meyerowitz, «die einzige, eines freien, politisch gebildeten Volkes würdige Staatsform, sie ist am besten geeignet, die staatsökonomische Frage, die große Aufgabe der Zukunft, zu lösen.» Das offene Eintreten für den Gedanken der Republik, ihre Propagierung und Verankerung im Bewußtsein des Volkes hielt er aber erst zu einem späteren Zeitpunkt für möglich, wobei er sich in Übereinstimmung mit der großen Mehrheit der kleinbürgerlichen Demokratie Preußens befand. Diese Haltung ist im radikal-demokratischen Lager auf Kritik gestoßen und mit Recht als inkonsequent bezeichnet worden. Wollte man die Volkssouveränität erringen und ein wahrhaft demokratisches Staatswesen schaffen, dann durfte man nicht darauf verzichten, die Massen im republikanischen Sinne zu beeinflussen; denn allein eine demokratische Republik war in der Lage, die Macht des Volkes und eine Volksregierung dauerhaft zu gewährleisten. Damit wird deutlich, daß Jacoby innerhalb der kleinbürgerlichen Demokratie Deutschlands nicht zu den äußersten Linken gehörte, sondern eine Position einnahm, die trotz des erklärten Republikanertums moderate Züge aufwies.

Der Arbeit im Fünfzigerausschuß gewann Jacoby weit mehr Interesse ab, sie bot ihm mehr Befriedigung, als er erwartet hatte. Es schwang Genugtuung und auch ein wenig Stolz mit, wenn er am 9. April Fanny Adelson schrieb: «Wir haben jetzt alle Hände voll zu tun. Jeden Vormittag drei bis vier Stunden Beratungen der verschiedenen Kommissionen, nachmittags ebensolange öffentliche Plenarsitzungen. Fast täglich gehen aus allen Ecken Deutschlands Petitionen und Beschwerden beim Ausschusse ein; die Behörden selbst wenden sich an denselben, um Auskunft über die vorzunehmenden Wahlen zu erhalten oder seine Hilfe gegen Ruhestörungen in Anspruch zu nehmen. Bei der allgemeinen Ratlosigkeit der Regierungen wird der Fünfzigerausschuß in allen allgemeinen Angelegenheiten Deutschlands als die einzige, durch den Volkswillen eingesetzte Autorität angesehen. Der Bundestag führt ohne Widerstreben aus, was wir im Namen des Vorparlaments von ihm verlangen.»

Zwar dominierten die Liberalen im Fünfzigerausschuß, aber es war das kleine Häuflein der Demokraten, von denen die meiste Initiative ausging, und unter diesen wiederum handelten Blum und Jacoby mit besonderer Energie und Klarsicht. Jacoby war Mitglied mehrerer Kommissionen, und er hatte keinen geringen Anteil daran, daß es dem Ausschuß gelang, die Regierungen zu bewegen, die Wahlen in Übereinstimmung mit der vom Vorparlament beschlossenen Wahlordnung vorzubereiten und durchzuführen. Den größten Erfolg verzeichnete man, als die Berliner Camphausen-Hansemann-Regierung sich gezwungen sah, die Wahlen der preußischen Abgeordneten zum deutschen Nationalparlament, die sie durch den Vereinigten Landtag hatte vornehmen lassen, zu annullieren und Neuwahlen nach den Prinzipien des demokratischen Wahlrechts anzusetzen.

Jacoby kannte die Geschichte der europäischen Revolutionen gut genug, um zu wissen, daß es reaktionären Kräften häufig gelungen war, unter der Maske von Ordnungshütern aufzutreten und ihre eigentlichen Ziele zu verschleiern. Als unmittelbar nach dem Hecker-Struve-Putsch Diplomaten des Bundestages im Zusammenspiel mit liberalen Mitgliedern des Fünfzigerausschusses den Plan entwickelten, ein Triumvirat, eine aus Regierungsvertretern Preußens, Österreichs und Bayerns bestehende provisorische Zentralgewalt, an die Spitze Deutschlands zu stellen, trat er als erster gegen diesen Vorschlag auf und brandmarkte ihn als einen Versuch der Errichtung einer Diktatur und als Bedrohung der revolutionären Errungenschaften. Aktiv hat er daran mitgewirkt, weitere von Mitgliedern des Bundestags ausgehende Anschläge auf die Souveränität der künftigen Nationalversammlung zunichte zu machen. Es war sein Verdienst und das seiner Gesinnungsgenossen, wenn es gelang, alle Versuche der in Frankfurt residierenden deutschen Diplomaten zu vereiteln, den Fünfzigerausschuß vor ihren Karren zu spannen und für reaktionäre Ziele zu mißbrauchen.

Große Beachtung hat Jacoby in Frankfurt der polnischen Frage und den Vorgängen in der Provinz Posen geschenkt. Er war einer der wenigen, die es nicht bei der deklamatorischen Erklärung des Vorparlaments bewenden ließen, daß die Teilung Polens ein schmachvolles Unrecht sei und Deutschland die Pflicht habe, an der Wiederherstellung der Einheit und Unabhängigkeit dieses Nachbarlandes mitzuwirken. Erneut erwies er sich als beredter Anwalt der Sache der Polen, der er schon 1831 gewesen war. Ihm ging es vor allem darum, den Fünfzigerausschuß zu gewinnen, seine Autorität für die gerechten Ansprüche der Polen und gegen die zwielichtige Polenpolitik der preußischen Camphausen-Regierung einzusetzen.

Jacoby unterhielt in Frankfurt vielfältige Kontakte zu polnischen Patrioten, so daß er über den aktuellen Stand der Polenfrage seit der Märzerhebung der polnischen Bevölkerung im Großherzogtum Posen gut informiert war. Er setzte sich für polnische Emigranten ein, die aus Frankreich in ihre Heimat zurückkehren wollten und die auf Herweghs Empfehlung zu ihm gekommen waren. Nachdem er mit Vertretern des in Posen gebildeten polnischen Nationalkomitees darüber beraten hatte, unternahm er einen Vermittlungsversuch bei der preußischen Regierung und bat sie um Selbstaufgabe ihrer polnischen Gebiete. Er glaubte fest an das Gelingen eines solchen Schrittes, da er annahm, es sei allein die Furcht vor dem Zarismus, die Preußen davon abhalte, den Polen ihre nationale Freiheit zu geben.

Zusammen mit zwei seiner Gesinnungsgenossen im Fünfzigerausschuß, die ihm zu guten Freunden wurden, mit Heinrich Simon aus Breslau und Bruno Erhard Abegg, dem ehemaligen Königsberger Polizeipräsidenten, wandte er sich am 10. April mit einem Brief an den preußischen Innenminister, Alfred von Auerswald. Die Verfasser kritisierten darin das Vorgehen der preußischen Behörden im Großherzogtum, die ohne Mitwirkung der Polen den Plan einer «nationalen Reorganisation» betrieben. Entschieden verurteilten sie die Tatsache, daß zugleich die Verhängung des Belagerungszustandes über Posen erfolgt war. «Man hat mit Worten den Polen Hoffnungen auf volle Wiederherstellung erweckt und in der Tat sich ihnen feindlich gegenübergestellt.» Das traf den Kern der Politik, die die liberale Regierung Preußens in der polnischen Frage verfolgte. Eindringlich wiesen Jacoby, Simon und Abegg darauf hin, es müsse alles getan werden, um ein freies, staatlich organisiertes Polen als befreundetes Nachbarvolk und als Bundesgenossen gegen das zaristische Rußland zu gewinnen. Der Minister wurde aufgefordert, rasch zu handeln und öffentlich zu erklären, ein selbständiger polnischer Staat liege im Interesse Preußens und Deutschlands.

Die Bemühungen blieben ohne Erfolg. Von Auerswald kam eine abschlägige Antwort, und im Fünfzigerausschuß erlebte Jacoby das gleiche, was damals alle konsequenten deutschen Polenfreunde feststellen mußten: Der überwiegende Teil der Liberalen und nicht wenige Demokraten hatten, auch unter dem Eindruck der antipolnischen Hetzkampagne der deutschen Minderheit im Posenschen, ihre einstmals großen Sympathien und jede Bereitschaft zu solidarischer Hilfe aufgegeben und nationalistische Positionen gegenüber Polen bezogen.

Es war Jacobys Wunsch, Abgeordneter der deutschen Nationalversammlung zu werden. Er ließ sich in seiner Vaterstadt als Kandidat aufstellen, ohne am Wahlkampf persönlich teilzunehmen. Jacoby wußte, wenn er sich dem deutschen Parlament zur Verfügung stellte, würde er mindestens ein Jahr von Königsberg abwesend sein und die Existenz seiner ärztlichen Praxis aufs Spiel setzen. Am 12. April schrieb er an Meyerowitz, er sei bereit, «jede Unannehmlichkeit» in Kauf zu nehmen für «das Bewußtsein, zu der großartigen Wiedergeburt des Vaterlandes wenn auch nur ein geringes beigetragen zu haben». Freilich konnte er bei dieser Entscheidung erneut auf die Freundschaft Gustav Dinters zählen, der die Betreuung seiner Patienten mit übernahm.

In Königsberg fand die Vorbereitung der Wahlen – neben der

Frankfurter Nationalversammlung war auch das preußische Parlament zu wählen – im Zeichen eines politischen Rechtsrucks statt. Da es in Berlin eine aus Liberalen bestehende Regierung gab, herrschte unter der Königsberger Handelsbourgeoisie und den Junkerliberalen die Meinung vor, alle weiteren politischen Konflikte seien überflüssig und nur geeignet, die Interessen der besitzenden Klassen zu gefährden. Sie nahmen jeden unter Beschuß, der in dem Ruf stand, mehr zu fordern, als die Märzverheißungen des Königs in Aussicht stellten. Die Diffamierungskampagne traf vorwiegend die Republikaner, besonders Jacoby und Walesrode; sie blieb auch nicht ohne Wirkung auf manchen Jacoby-Mitkämpfer aus den Tagen des Vormärz.

Mißfällig hatte man Jacobys Aktivitäten und Stellungnahmen im Vorparlament und im Fünfzigerausschuß aufgenommen. Zwei Gesichtspunkte seines Wirkens brachten die Liberalen im besonderen Maße in Harnisch. Das war einmal sein Eintreten für die Freiheit der Polen. Was ihn bei «den Königsbergern so fürchterlich» mache, schrieb ihm am 9. Mai ein Freund, sei seine «fortdauernde Sympathie» für Polen. Aktive Polenfreundschaft bekundete in der Pregelstadt nur noch eine kleine Zahl von Demokraten, unter ihnen Ferdinand Gregorovius, der damals sein zweibändiges Werk «Die Idee des Polentums» herausbrachte. Zum Sprecher derer, die dem nationalen Egoismus das Wort redeten, machte sich Jacoby gegenüber seine Freundin Fanny Adelson. Sie schrieb ihm Mitte April: Man hege in Ostpreußen keine Sympathien mehr für Polen, und man wolle vor allem keinen Krieg mit Rußland, zu dem es unweigerlich kommen würde, wenn Polen seine nationale Unabhängigkeit erhalte. «Sie lassen sich von einigen exaltierten Polen beschwatzen und stehen nicht an, sich im Angesichte von ganz Europa dafür lächerlich zu machen. Sie wollen das Unglück des Landes, Sie wollen alles umstürzen, woran das Menschenherz hängt.»

Der zweite Punkt betraf sein Bekenntnis zur nationalen Einigung, die Selbstverständlichkeit, mit der er für eine Unterordnung aller deutschen Einzelstaaten unter das Verfassungswerk eintrat, das aus der Arbeit des deutschen Nationalparlaments hervorgehen sollte. Ostpreußens Liberale, Vertreter ihres bürgerlichen wie ih-

Deutsches Parlament.

Das demokratische Central-Comité
für die Wahlen zur constituirenden Versammlung
an das deutsche Volk.

In weniger als vier Wochen, Montag den 1. Mai, soll, nach den Beschlüssen des Vorparlaments die constituirende Versammlung zusammentreten. Diese wird zu entscheiden haben, ob der Druck, welcher seit so langer Zeit auf Deutschland lastet, seine Zersplitterung im Innern und seine Herabwürdigung von Außen fortbestehen, ob der Kampf zwischen einer unhaltbar gewordenen Vergangenheit und den Ansprüchen der Gegenwart auf unbestimmte Zeit verlängert, oder aber ob derselbe durch eine Reihe entscheidender Beschlüsse beendigt werden soll. Alle Diejenigen, welche daher auf der einen Seite die Befreiung Deutschlands, auf der anderen aber auch die rasche Beendigung unserer staatlichen Kämpfe wünschen, werden sich uns anschließen und nur solche Männer wählen, welche den Muth besitzen, mit der alten Zeit und allen ihren Drangsalen vollständig zu brechen, um eine neue Zeit des Wohlstandes, der Bildung und der Freiheit über Deutschland heraufzuführen.

Wir brauchen Euch, unsern Brüdern, den Alp, welcher auf unserm Vaterlande lastet, nicht zu schildern. Das Gefühl erlittenen schweren Druckes ruht in jeder Mannes-Brust, wenn auch die Ursachen desselben nicht allgemein erkannt werden. Was wir wollen, was wir unter Freiheit verstehen, müssen wir Euch aber bestimmt und deutlich erklären. Wir haben bereits von der Versammlung zu Frankfurt verlangt und verlangen noch immer, jetzt um so mehr, als unser Verlangen von derselben der constituirenden Versammlung zur Prüfung und geeigneten Berücksichtigung empfohlen worden ist:

1) Aufhebung der stehenden Soldatenheere und Verschmelzung derselben mit der Bürgerwehr zum Behufe der Bildung einer wahren, alle waffenfähigen Männer umfassenden Volkswehr.
2) Aufhebung der stehenden Heere von Beamten und Ersetzung derselben durch eine wohlfeile Regierung, welche aus freigewählten Volksmännern besteht.
3) Abschaffung der stehenden Heere von Abgaben, welche an dem Marke des Volkes zehren, insbesondere aller derjenigen Abgaben, welche den innern Verkehr Deutschlands hemmen, Binnenzölle und Schiffahrtsabgaben, welche die Landwirthschaft drücken, Zehnten, Gülten, Frohnden u. s. w., welche die Gewerbe belasten, Gewerbsteuer, Accise u. s. w. und Ersetzung derselben:
   durch eine progressive Einkommens- und Vermögens-Steuer, bei welcher der nothwendige Lebensunterhalt frei von allen Abgaben verbleibt;
4) Abschaffung aller Vorrechte, welchen Namen dieselben tragen mögen, insbesondere des Adels, der Privilegien des Reichthums (Census) und der bevorzugten Gerichtsstände, und Ersetzung derselben durch ein allgemeines Staatsbürgerrecht.
5) Abschaffung der Bevormundung der Gemeinden und Ersetzung derselben durch ein, auf der Grundlage der Selbstverwaltung ruhendes Gemeindegesetz.
6) Auflösung des Bundes, welcher bisher bestand zwischen Kirche und Staat, und Kirche und Schule, und Ersetzung desselben durch:
   a) die Grundsätze der gleichen Berechtigung aller Glaubensbekenntnisse, der ungeschmälerten Glaubens- und Gewissensfreiheit, des freien Associationsrechts, der Selbstverwaltung der Gemeinden und namentlich des Rechts desselben, ihre Geistlichen, Lehrer und Bürgermeister frei zu wählen;
   b) Besserstellung des Lehrerstandes und gleichmäßigere Ordnung der Pfarrbesoldungen;
   c) Abschaffung des Schulgeldes und der Stolgebühren.
7) Abschaffung der Censur, Concessionen und Cautionen und Ersetzung dieser Zwangsanstalten durch den Grundsatz der Preßfreiheit in seiner weitesten Ausdehnung.
8) Abschaffung der geheimen und schriftlichen Inquisitionsgerichte und Ersetzung derselben durch öffentlich und mündlich gepflogene Schwur-Gerichte.
9) Abschaffung der Hunderte von Beschränkungen der persönlichen Freiheit der Deutschen der verschiedenen Stände und gleichmäßige Sicherstellung derselben durch ein besonderes Gesetz (Habeas corpus-Acte im ausgedehntesten Sinne des Worts), welches insbesondere auch das Vereins- und Versammlungsrecht des Volkes feststellt.
10) Beseitigung des Nothstandes der arbeitenden Classen und des Mittelstandes, Hebung des Handels, des Gewerbstandes und der Landwirthschaft.
   Die bisherigen ungeheuern Civillisten, Appanagen, die unverdienten und zu hohen Besoldungen und Pensionen, die mannigfaltigen Stiftungen und die jetzt brach liegenden Besitzungen vieler Körperschaften, sowie die Domänen des Landes bieten hierzu reiche Mittel.
11) Ausgleichung des Mißverhältnisses zwischen Arbeit und Capital vermittelst eines besondern Arbeiter-Ministeriums, welches dem Wucher steuert, die Arbeit schützt und derselben namentlich einen Antheil an dem Arbeitsgewinne sichert.
12) Abschaffung der tausendfältig unter einander abweichenden Gesetze des Privatrechts, Strafrechts, des Prozesses, des Kirchenrechts und des Staatsrechts, in Sachen der Münze, des Maaßes, des Gewichts, der Post, der Eisenbahnen u. s. w. und Ersetzung derselben durch Gesetze, welche dem Geiste unserer Zeit entspringend, die innere Einheit Deutschlands in geistiger und materieller Beziehung gleichmäßig wie seine Freiheit feststellen.
13) Aufhebung der Zerrissenheit Deutschlands und Wiederherstellung der Eintheilung in Reichskreise mit billiger Berücksichtigung der Zeitverhältnisse.

Was die Staatsform betrifft, so muß es allen denkenden Männern einleuchten, daß nur die freieste uns in den Besitz der bezeichneten dreizehn Forderungen des Volks zu setzen, nur diese uns von den zu gleicher Zeit genannten dreizehn auf unserm Volke lastenden Landplagen zu befreien vermag.

In der Wahlschlacht wird sich das Schicksal Deutschlands entscheiden. Jeder volljährige Deutsche kann durch das Gewicht seiner Stimme und seiner Thätigkeit den Ausschlag in diesem Kampfe ertheilen.

Wem daher die höchsten Güter des Menschen und des Bürgers am Herzen liegen, der trete ein in die Reihen der Kämpfer für den Wohlstand, die Bildung und die Freiheit des gesammten deutschen Volkes! Er schließe sich uns an, um vereint mit uns den Sieg zu erringen.

Frankfurt a. M., den 4. April 1848.

Das demokratische Central-Comité
für die Wahlen der constituirenden Versammlung.

Reichenbach aus Schlesien. d'Ester aus Rheinpreußen. Cürke aus Westpreußen. Titus aus Bayern. Detering aus Hannover. Meyer aus Hannover. Diemar aus Württemberg. Minkwitz aus Sachsen. Hecker aus Baden. Struve aus Baden. Würth aus Baden. Bitz aus Hessen. Mohr aus Hessen. Pflüger aus Hessen. Würth aus Sigmaringen.

Sonnabend, den 8. April Abends 6 Uhr, Volksversammlung in Tivoli zur Besprechung der Wahlen zu dem deutschen Parlament.

Schnellpressendruck von B. Schlesinger, an der Schleuse No. 4.

Aufruf für die Wahlen zur Paulskirchenversammlung

res junkerlichen Flügels, zogen plötzlich die schwarzweiße Fahne hoch, bekannten sich als Befürworter der Eigenstaatlichkeit Preußens, als Gegner eines Aufgehens Preußens in Deutschland und huldigten einem Preußentum, das nicht nur partikularistisch war, sondern auch eine ziemlich reaktionäre Färbung aufwies. Daß der Fünfzigerausschuß es gewagt hatte, Maßnahmen deutscher Regierungen zu kritisieren und insbesondere das Berliner Ministerium in der Wahlfrage unter Druck zu setzen, betrachtete man als Anmaßung und Übergriff, als eine Herausforderung der Großmacht Preußen. Unter denen, die weniger deutsche als preußische Patrioten sein wollten, befanden sich so enge Freunde Jacobys wie Meyerowitz und Kosch.

Die Wahl zur deutschen Nationalversammlung fand in Königsberg am 10. Mai statt. Jacobys Chancen waren ursprünglich gut gewesen, wie drei Probeabstimmungen der Wahlmänner ergeben hatten, bei denen er jeweils vorn lag. In der entscheidenden Abstimmung siegte mit 67 zu 63 Stimmen jedoch sein Kontrahent Eduard Simson, ein ehemaliger Studienkollege von ihm, ein Rechtsliberaler und Juraprofessor, der als Gewährsmann der Geldaristokratie galt. Für Jacoby hatten sich Linksliberale, die Demokraten, Mitglieder der Freien Gemeinde und die Führer des im April gegründeten Arbeitervereins eingesetzt. Über seine Niederlage bestürzt, beeilten sie sich, ihm ihr ungebrochenes Vertrauen in einer Adresse auszusprechen, in der es hieß: «In unseren Augen ist die unverwelkbare Bürgerkrone, welche Ihr Haupt schmückt, nicht eines Blattes beraubt. Auch fortan wird Sie als unseren Freund zu ehren unser Glück, Ihnen nachzustreben unser Ziel sein. Erhalten Sie dem Vaterlande Ihre Kräfte, denn wie könnte jene Freiheit eine dauernde sein, wenn ihm Männer fehlten, die wie Sie die Begeisterung mit der Besonnenheit, den Eifer mit der Beharrlichkeit zu verbinden wissen.»

Ein Sieg Jacobys hätte wohl außer Frage gestanden, wenn die Wahl direkt erfolgt wäre, durch die Gesamtheit der Wahlberechtigten, und nicht auf indirekte Weise, bei der die Entscheidung in der Hand von Wahlmännern lag, die in einem ersten Wahlgang von den sogenannten Urwählern gewählt wurden. Daß es bei dieser Abstimmung Wahlmanipulationen gegeben haben soll, unter anderem durch den Kauf von Stimmen arbeitsloser Proletarier, ist mehrfach behauptet worden, läßt sich aber nicht sicher beweisen.

Jacoby hatte sich auch an anderen Orten um ein Mandat für Frankfurt beworben, wobei ihm Freunde Hilfe leisteten, wie Jakob Venedey in Bad Kreuznach und Adam von Itzstein in Waldshut in Südbaden. Auch in Erfurt kandidierte er, doch alle diese Bemühungen blieben ohne Erfolg, denn in diesen Wahlbezirken kannte man ihn kaum. Schließlich entschloß er sich, für Berlin, für die konstituierende Versammlung Preußens, zu kandidieren und siegte am 20. Mai bei einer Nachwahl im vierten Berliner Wahlbezirk mit 58 zu 51 Stimmen über den Verfassungsrechtler Professor Rudolf von Gneist. Im selben Wahlbezirk war er tags zuvor zum Abgeordnetenstellvertreter für Frankfurt gewählt worden.

Jacoby betrachtete den Umstand, daß er Mitglied des preußischen und nicht des deutschen Parlaments geworden war, ohne Illusionen. Er wußte, daß die Camphausen-Regierung der Berliner Versammlung, die man auch preußische Nationalversammlung nannte, die Rolle zugedacht hatte, Gegenspieler und Konkurrent des deutschen Nationalparlaments zu werden. Schon die Tatsache, daß sie zum selben Zeitpunkt wie die Frankfurter Nationalversammlung einberufen wurde, deutete ihre Bestimmung als Werkzeug preußisch-partikularistischer Absichten an. Sie sollte den Souveränitätsanspruch des Nationalparlaments in Frankfurt unterlaufen. Da sich das Berliner Ministerium auf eine unter den Liberalen der östlichen und mittleren Provinzen Preußens starke propreußisch-antinationale Strömung stützen konnte, verfaßte Jacoby die Broschüre «Deutschland und Preußen». Mit dieser Schrift wandte er sich am 18. Mai, dem Tage des Zusammentritts des Paulskirchenparlaments, an die preußischen Abgeordneten.

Die Flugschrift war eine massive Abrechnung mit der Camphausen-Regierung, eine kritische Durchleuchtung ihrer Innen- und Außenpolitik, die in dem Vorwurf gipfelte, das Kabinett stelle ein Hindernis für den positiven Fortgang der Revolution und für die staatliche Einigung der Nation dar. Jacoby erklärte den Sturz der gegenwärtigen und die Einsetzung einer neuen, mit diktatorischen Vollmachten ausgestatteten Regierung zur wichtigsten Aufgabe für die Abgeordneten der preußischen Versammlung. Nach diesem Schritt sollte sich das Parlament so lange vertagen, bis in Frankfurt die Verfassung für ein einiges Deutschland verabschiedet sei. Von Preußens neuer Regierung, einer entschieden demokratischen, erwartete er energische Schritte zur Unterbindung reaktionärer und anarchistischer Bestrebungen, Gesetze zum «Schutz der Arbeit» und geeignete Maßnahmen, um den Arbeitslosen Beschäftigung und Lohn zu garantieren.

Die Broschüre fand offensichtlich nur geringe Beachtung, und es dürfte richtig sein, was Julius Waldeck seinem Vetter und Freund schrieb, es fehle der Schrift an Verbreitung und Popularität, denn sie sei dem preußischen Bürger zu radikal.

Bevor Jacoby Ende Mai aus Frankfurt aufbrach, hatte er die ersten Sitzungen des Paulskirchenparlaments erlebt und enttäuscht registriert, wie die liberale Majorität eine Politik einschlug, die bei allen Demokraten höchste Besorgnis hervorrufen mußte. Zu den positiven Resultaten seines Frankfurtaufenthaltes zählte er den Gewinn mehrerer Freunde, von denen ihm Heinrich Simon der wichtigste wurde. Der Breslauer Jurist ähnelte dem Königsberger Arzt in manchem, er war jüdischer Herkunft, Kaufmannssohn, unverheiratet, schreibgewandt, aber ohne rhetorisches Talent, besaß persönlichen Mut und politischen Ehrgeiz, und sein Denken bewegte sich vornehmlich in den abstrakten Kategorien der bürgerlichen Rechtslehre.

Jacoby schloß auch Bekanntschaft mit dem jungen Mainzer Journalisten Ludwig Bamberger, einem radikalen Demokraten und späteren erfolgreichen Bankier, der zum geistigen Schöpfer der Deutschen Reichsbank und zum führenden linksliberalen Abgeordneten des Deutschen Reichstages wurde. Bamberger, ein hervorragender Menschenkenner, hatte Gelegenheit, Jacoby während des Vorparlaments, in den ersten Tagen der Frankfurter Nationalversammlung und im Jahr darauf wochenlang im Schweizer Exil eingehend zu studieren. In seinen reichlich vier Jahrzehnte später geschriebenen «Erinnerungen» hielt er den Eindruck fest, den er von seiner Persönlichkeit gewonnen hatte: «Die Erscheinung und das Auftreten des Mannes hatte etwas zur Verehrung Einladendes ... Das ganze Wesen atmete eine eigentümliche Mischung von Charakterfestigkeit und Milde. Von Jacoby kann ich aus eigener Beobachtung nur sagen, daß ich in ihm immer den Mann seines Wortes fand. Wie er redete, so handelte er im größten wie im kleinsten. Es war nirgends der geringste Abstand, aus dem man einen Widerspruch hätte ableiten können. Sein Benehmen war, bei aller Unbeugsamkeit, unter Umständen Schroffheit der Grundsätze, ein überaus bescheidenes und verbindliches.»

Parlamentarische Anfänge in Berlin

Am 4. Juni, an dem Tag, als Johann Jacoby in Berlin eintraf, um seine Abgeordnetenpflichten wahrzunehmen, erlebte die preußische Hauptstadt eine der eindrucksvollsten Kundgebungen des Jahres 1848. Auf Initiative demokratischer Studenten formierten sich Tausende von Arbeitern, Handwerkern und Studenten auf dem Gendarmenmarkt und zogen, unter Mitführung vieler hundert Fahnen, zum Friedrichshain, wo die Gefallenen des 18. und 19. März ihre letzte Ruhestätte gefunden hatten. An der Spitze des Zuges schritten mehrere Abgeordnete der Linken des Berliner Parlaments. Zwölf Redner ergriffen an den Gräbern der Toten das Wort. Im Namen der Gewerke, der Berufsgruppen der Berliner Handwerksgesellen und Arbeiter, sprach Stephan Born, ein vierundzwanzigjähriger Buchdruckergeselle, der spätere Initiator und Führer der Arbeiterverbrüderung. Paul Boerner, ein Student, Mitglied des Demokratischen Klubs, wandte sich an die anwesenden demokratischen Abgeordneten und rief ihnen zu: «Nun wohl, meine Herren, Sie sind die Minorität in jenem Saale, aber seien Sie überzeugt, wollen Sie sich auf die Volkssouveränität stützen, Sie sind dann bei uns Majorität, Sie sind dann die alleinigen Vertreter des ganzen Volkes, denn in ihm wurzelt Ihre wahre, Ihre einzige Kraft; das Volk wird Ihnen diesen Schritt nie vergessen, wird Sie verteidigen mit Gut und Blut ... Wir aber wollen die Revolution aufrechterhalten in allen ihren Konsequenzen, wir wollen einen neuen Kampf freudig beginnen, wenn man dies Recht uns nehmen will.»

Mit dieser Demonstration wollten Berlins Demokraten nicht allein die Märzgefallenen ehren und die Erinnerung an ihre Heldentat im Volke lebendig erhalten. Vor allem appellierten sie an die Abgeordneten der am 22. Mai erstmals zusammengetretenen konstituierenden Versammlung, die Revolution anzuerkennen und alle sich aus ihr ergebenden Schlußfolgerungen zu ziehen.

Seit Tagen beschäftigte die preußische Öffentlichkeit die Auseinandersetzung um die Stellung zur Revolution. Jacoby war mitten hinein geraten. War die Erhebung am 18. März eine Revolution gewesen, oder kam ihr diese Bedeutung nicht zu? Diese Frage zu beantworten hieß nicht nur, ein historisches Urteil abzugeben, die Bewertung eines geschichtlichen Ereignisses vorzunehmen. Die Haltung zur Revolution entschied darüber, ob und auf welchem Wege die in Gang gekommene politische Umgestaltung des Landes fortgesetzt werden sollte. Wer sich, wie die demokratischen Kräfte, zur Revolution bekannte, stellte sich auf den Boden der Volkssouveränität und trat dafür ein, daß die entscheidende Macht im Staate in den Händen des vom Volk gewählten Parlaments zu liegen habe.

Einen starken Impuls hatte die Debatte von einer Feststellung des Ministerpräsidenten Ludolf Camphausen erhalten, der am 30. Mai den Abgeordneten des Parlaments erklärte, ihre Existenz als Volksvertreter beruhe nicht auf den Märzereignissen, sondern auf den vom zweiten Vereinigten Landtag Anfang April gefaßten Beschlüssen. Gemäß der von Camphausen erfundenen Vereinbarungstheorie war die liberale Großbourgeoisie bestrebt, eng mit dem Königtum und der Adelsklasse zusammenzuarbeiten, wobei die Verfassung Preußens im Ergebnis einer gleichberechtigten Partnerschaft von Krone und Parlament entstehen sollte. Obwohl es die Revolution gewesen war, der sie ihre Ministersessel verdankten, taten die Repräsentanten der Bourgeoisie in der Regierung nun alles, um sich von ihr zu distanzieren. Einen betont antidemokratischen Schritt hatten sie mit der Mitte Mai erfolgten Rückberufung des Prinzen Wilhelm von Preußen aus seinem Exil in England unternommen. Diese Maßnahme bedeutete, da der «Kartätschenprinz» in den Märztagen einer der reaktionärsten Scharfmacher gewesen war, die Rehabilitierung eines eingefleischten Revolutionsgegners und eine Ermunterung für alle Konterrevolutionäre.

Entschiedene Feinde der Revolution waren die zunächst zum geheimen Agieren gezwungenen Exponenten des preußischen Junkeradels, der König und die Kamarilla, eine Gruppe konterrevolutionärer Generale und Höflinge, die sich seit Ende März in Potsdam als eine Art Nebenregierung etabliert hatten und den entschlußlosen, aber störrisch-eigensinnigen Monarchen weitgehend beherrschten. Ihr Endziel, die Rückeroberung der politischen Alleinherrschaft des Adels, wollten sie auf dem Wege eines militärischen Staatsstreichs und unter Ausnutzung der Demokratiefeindlichkeit der Bourgeoisie erreichen. Ihren gefährlichsten Gegner erkannten sie in der revolutionären Volksbewegung, und unablässig bemühten sie sich darum, die Camphausen-Regierung zur Unterdrückung der demokratischen Kräfte Berlins zu veranlassen. «Berlin ist eine Eiterbeule», schrieb der König Anfang Juni seinem Ministerpräsidenten, «die, wenn der Staat in Freiheit aufstreben soll, wie es mein ernster Wille ist, aufgeschnitten werden muß über kurz oder lang».

Jacoby ergriff die erste Gelegenheit, um sich öffentlich darüber zu äußern, wie er zur Revolution stand. Da er seinen Wählern persönlich unbekannt war, stellte er sich ihnen am 5. Juni in einer Versammlung mit einer Rede vor, die viele prinzipielle Aussagen enthielt und auch auf viele Fragen der aktuellen Situation Antwort zu geben suchte. Eingangs machte er darauf aufmerksam, daß es gefährlich wäre, sich in Sicherheit zu wiegen, die bürgerliche Freiheit sei noch nicht gefestigt, der Absolutismus noch nicht vernichtet, und überall könne man die Reaktion am Werke sehen. Ihm habe man, so fuhr er fort, vorgeworfen, ein Wühler, ein Demagoge, ein Revolutionär und ein Republikaner zu sein. Er wolle gern zugeben, daß er wühle und agitiere, doch dürfe man dabei nicht übersehen, wogegen das geschehe: allein zur Bekämpfung der Konterrevolution und der Machtanmaßung der Junker.

Was den Titel «Revolutionär» angehe, sagte er, so akzeptiere er ihn voll und ganz. «Ich für meinen Teil nehme nicht Anstand, die Revolution als Revolution anzuerkennen, als solche sie mit Freude und Dank zu begrüßen. Für mich ist der Kampf in jenen denkwürdigen Tagen des März keine bloße ‹Begebenheit› – er ist die großartigste Volkstat, die Preußens Geschichte seit den Jahren 1813 und 1814 aufzuweisen hat – in ihren Folgen, hoffen wir, bedeutsamer als jener ‹Freiheitskrieg›. Die Bürger Berlins dürfen stolz sein auf diese Revolution, und ich bin stolz darauf, Berlins Abgeordneter zu sein.»

Jacoby bekannte sich sodann zur Republik, die er als den «reinsten Ausdruck bürgerlicher Selbstregierung und Gleichberechtigung» bezeichnete, erklärte, unbedingter Verfechter des Prinzips der Volkssouveränität zu sein, und warnte davor, in der Existenz einer Verfassung schon eine zureichende Garantie für eine demokratisch-konstitutionelle Ordnung zu sehen. Um ein vom Volk getragenes Staatswesen vor reaktionären Anschlägen zu schützen, sei zweierlei vonnöten: die Ersetzung des stehenden Heeres durch ein Volksheer und die Durchführung sozialer Reformen im Interesse der arbeitenden Klassen.

Nur wenige Tage vergingen, da war es an der preußischen Nationalversammlung, zur Revolution Stellung zu nehmen. Am 8. und 9. Juni kam es in der Singakademie (heute: Maxim-Gorki-Theater) am Kastanienwäldchen, wo die Versammlung die ersten Monate tagte, bevor sie Ende September ins Schauspielhaus am Gendarmenmarkt überwechselte, zu einer Redeschlacht, an der sich fünfzig Abgeordnete beteiligten und die zum ersten großen Ereignis in der Geschichte des Parlaments wurde. Die Debatte entzündete sich am Auftreten des «Kartätschenprinzen», des Bruders des Königs. Prinz Wilhelm, der ein Abgeordnetenmandat für den posenschen Kreis Wirsitz besaß, war in voller Generalsuniform erschienen, um seine Verachtung gegenüber den Parlamentariern zu bekunden, und hielt eine Ansprache, die er mit den Worten schloß: «Mit Gott für König und Vaterland», eine Losung, die wenig später den konservativen Kräften im Lande als Kampfruf diente. Als Antwort auf diese Provokation und im Sinne der Kund-

Im Sitzungssaal der preußischen konstituierenden Versammlung, die von Mai bis Ende September 1848 in der Singakademie tagte, aus der «Illustrierten Zeitung» 1849

gebung vom 4. Juni im Friedrichshain stellte der Buchdrucker Julius Berends im Namen der Linken den Antrag, die Versammlung möge sich zur Revolution bekennen und aussprechen, daß die Kämpfer vom 18. und 19. März sich um das Vaterland verdient gemacht haben.

Während Camphausen, Hansemann und viele Redner der Rechten den Antrag unter Hinweis auf die Vereinbarungstheorie bekämpften, nahm die Linke ihn zum Anlaß, um eine Lanze für die Volkssouveränität, für das alleinige Recht des Parlaments auf Ausarbeitung der Verfassung zu brechen. In der «Neuen Rheinischen Zeitung» bezeichnete Friedrich Engels die Rede Jacobys als die beste der ganzen Sitzung. Sie war eine der eindrucksvollsten, die er je gehalten hat. Er sagte: «Bis zu den Tagen des März war die Souveränität, die Machtvollkommenheit bei den Fürsten. Ihr Wille war das entscheidende Gesetz; Gehorsam und Unterwürfigkeit das Los der übrigen Landesbewohner. Anders ist es jetzt. In den Tagen des März hat es sich gezeigt, daß keine Macht der Erde dem einmütigen Willen des Volkes zu widerstehen vermag.» Und er fügte hinzu, dem Grundsatz, wonach der Gesamtwille des Volkes die einzige Quelle der Macht im Staate sei, habe sich auch der König zu unterwerfen.

Der Antrag Berends fand keine Mehrheit, eine Tatsache, die die Potsdamer Hofkreise mit großer Erleichterung quittierten, war man doch andernfalls entschlossen gewesen, gegen das Parlament vorzugehen und es von Berlin in eine andere Stadt zu verlegen. Tiefe Enttäuschung über den Ausgang der Debatte herrschte dagegen bei der Volksmenge, die sich am Abend des 9. Juni um das Kastanienwäldchen versammelt hatte und den Sprechern der Linken, darunter Jacoby, Sympathiebezeugungen brachte. Ihr Eindringen in die Singakademie und der Versuch, den Präsidenten zur Rede zu stellen, blieben resultatlose Aktionen.

Dem Parlament, in dem Jacoby seinen Platz eingenommen hatte, gehörten 402 Abgeordnete an. Ein Viertel von ihnen waren Juristen, meist in den Verwaltungsorganen der Städte und des Staates sowie in der Justiz tätig. Überraschend hoch war die Zahl der Deputierten, die aus den werktätigen Klassen und Schichten kamen; es gab 68 Abgeordnete aus der Landbevölkerung, unter ihnen 30 Gutsbesitzer, die anderen kleine Bauern, Häusler und Tagelöhner, weiterhin 28 Handwerker und 5 Arbeiter, 40 Abgeordnete waren kapitalistische Unternehmer. Mit dieser Zusammensetzung unterschied sich die Berliner Vertretung deutlich von der Frankfurter Nationalversammlung.

Politisch gruppierten sich die Abgeordneten in vier Fraktionen. Mit 150 Mitgliedern war zunächst die konservative Rechte, die unter der Führung von Junkerliberalen wie Alfred von Auerswald und Burggraf Magnus von Brünneck stand, am stärksten. Erklärtermaßen antiabsolutistisch, befolgte sie jeden Wink der Krone und sah ihren Hauptfeind in der demokratischen Volksbewegung. Das rechte Zentrum, mit Hans Victor von Unruh, einem höheren Eisenbahnbeamten als Führer, zählte 40 Abgeordnete und betrieb eine Politik der mehr oder weniger vorbehaltlosen Unterstützung der bürgerlichen Regierungen. Die Linke war in zwei Fraktionen gespalten, in das linke Zentrum und die äußerste Linke. Auf linksliberalen Positionen stehend, trat das linke Zentrum für die Schaffung einer bürgerlich-parlamentarischen Monarchie ein; es zählte anfangs 120 Abgeordnete, und sein Führer war der bedeutende Theoretiker der Agrarökonomie Karl Rodbertus.

Ohne Zögern hatte sich Jacoby der äußersten Linken angeschlossen, jener Gruppe von zunächst 40 Abgeordneten, die ihrer Gesinnung nach überwiegend Republikaner waren und als Nahziel für eine demokratisch-konstitutionelle Ordnung kämpften. Die äußerste Linke wurde bald zur wichtigsten Fraktion des Berliner Parlaments. Es gelang ihr nicht nur, in weniger als einem halben Jahr mit 120 Abgeordneten zur stärksten Fraktion zu werden, sie war zudem am initiativreichsten, bot wieder und wieder Krone und Ministerium die Stirn, und mit ihrer Junkerfeindlichkeit, ihrem Eintreten für eine entschädigungslose Aufhebung der Feudallasten und für eine gründliche Demokratisierung des Landes gewann sie das Vertrauen der demokratischen Bewegung und erregte großes Aufsehen in der Öffentlichkeit.

Im Unterschied zu den anderen Fraktionen gehörten der äußersten Linken namhafte Führerpersönlichkeiten an. Als ihr eigentlicher Führer, nach dem die Fraktion zuweilen auch genannt wurde, galt Benedikt Waldeck, ein damals fünfundvierzigjähriger aus Westfalen stammender Geheimrat am höchsten preußischen Gericht, dem Berliner Obertribunal, eine äußerlich imposante Persönlichkeit. Seine rhetorische Ausstrahlung war gering, deshalb galt er nicht als populärer Volkspolitiker, dafür schätzten seine Freunde seinen eminenten juristischen Sachverstand, den er vor allem bei der Arbeit an der preußischen Verfassung unter Beweis stellte. Ebenfalls aus Westfalen stammte Jodokus Temme, ein Jurist von unbeugsamem Charakter, der sich der besonderen Abneigung Friedrich Wilhelms IV. erfreute. Der König hatte ihn im Vormärz nach dem äußersten östlichen Ende der preußischen Monarchie, nach Tilsit, versetzen lassen; durch die Revolution nach Berlin zurückgekommen, war er Staatsanwalt am Kriminalgericht geworden. Am weitesten links in der Fraktion stand Karl Ludwig d'Ester, der fünfunddreißigjährige Kölner Arzt, ein Freund von Marx und Engels und ein Mitglied des Bundes der Kommunisten. Von allen demokratischen Abgeordneten besaß er am stärksten Verbindung zur demokratischen Bewegung außerhalb des Parlaments; er unterhielt engste Beziehungen zu den demokratischen Klubs und Vereinen im Rheinland und in Berlin.

Neben Waldeck, Temme und d'Ester gehörte auch Johann Jacoby zu den führenden Politikern der äußersten Linken, obwohl er keiner ihrer Hauptsprecher war. In der Regel begab er sich nur dann zum Rednerpult, wenn es galt, eine prinzipielle Frage im Lichte demokratischer Anschauungen zu erörtern. Mit liebenswertem Freimut hat er mehrfach seinen Berliner Wählern gegenüber geäußert, die Natur habe ihn nicht mit einem sonderlich großen rhetorischen Talent ausgerüstet. Deshalb sah er seine Aufgabe darin, die Arbeit in der Fraktion zu koordinieren und die Abgeordneten auf eine gemeinsame politische Linie festzulegen.

Einen seiner großen Tage erlebte Jacoby am 7. Juli, als er mit einem Antrag eine zweitägige Debatte auslöste, die zu einem Höhepunkt in der Berliner Parlamentsgeschichte von 1848 wurde. Mit seiner Initiative reagierte die Fraktion auf eine von der Frankfurter Paulskirche wenige Tage zuvor getroffene Entscheidung und auf die Haltung der preußischen Regierung dazu. In Frankfurt hatte die liberale Mehrheit eine provisorische Zentralgewalt geschaffen mit einem Reichsverweser als Staatsoberhaupt, der dem Parlament gegenüber nicht verantwortlich war, aber das Recht besaß, die Reichsregierung zu berufen. Für klarsichtige Demokraten konnte dieser Schritt nichts anderes bedeuten als eine Vorentscheidung für einen konstitutionellen Bundesstaat mit einer starken monarchischen Spitze. Überdies war der österreichische Erzherzog Johann, ein Mann aus fürstlichem Hause, zum Reichsverweser gewählt worden.

Die antidemokratisch-monarchische Tendenz dieses Beschlusses entsprach den Intentionen der preußischen Regierung; sie stimmte ihm zu, erklärte jedoch, es liege keineswegs in ihrer Absicht, damit der Paulskirche Souveränitätsrechte und eine allgemeine Gesetzgebungsgewalt zuzugestehen. Von vornherein machte

Karl Ludwig d'Ester

sie ihren preußisch-partikularistischen Standpunkt gegenüber dem Nationalparlament geltend. Jacobys Antrag hingegen verlangte das genau Entgegengesetzte: die volle Anerkennung der Souveränitätsrechte der Frankfurter Nationalversammlung und die Ablehnung ihres Beschlusses über die provisorische Zentralgewalt. Er forderte die Versammlung auf, die Einsetzung der unverantwortlichen Reichsexekutive und die Wahl eines fürstlichen Reichsverwesers zu verurteilen, aber ebenso klarzustellen, daß die Paulskirche befugt sei, von allen deutschen Regierungen, auch der preußischen, die Respektierung ihres Gesetzgebungsrechts zu verlangen.

Die Verhandlungen verliefen stürmisch; von der rechten Seite wurde Jacoby immer wieder vorgeworfen, unter dem Vorwand, für die nationale Einigung einzutreten, gehe es ihm nur darum, die

Schaffung einer Republik zu ermöglichen. Da alle anderen Fraktionen eine Abstimmungsniederlage der erst wenige Tage amtierenden Regierung verhindern wollten, blieb die äußerste Linke isoliert. Mit 262 gegen 53 Stimmen bei 48 Enthaltungen wurde der Antrag abgelehnt.

Die Regierung Camphausen war Ende Juni zurückgetreten; Ministerpräsident des neuen Kabinetts wurde Rudolf von Auerswald, der ehemalige Oberbürgermeister von Königsberg, der im März 1848 die Nachfolge Boettichers im Amt des Oberpräsidenten von Ostpreußen angetreten hatte. David Hansemann, der rheinische Großunternehmer, blieb im neuen Ministerium Finanzminister; dank seiner großen Energie, seines ausgeprägten Sinns für kapitalistische Interessenvertretung und seines finanzpolitischen Scharfsinns war er der eigentlich führende Kopf der Regierung. Jacoby, der ihn seit den Tagen des Vereinigten Landtags 1847 persönlich kannte, trat in den ersten Wochen seines Berlinaufenthaltes in ein, wie er schrieb, «ziemlich intimes Verhältnis» zu Hansemann. Möglicherweise imponierte ihm, wie Hansemann auch als Minister seine schlichte Lebensführung beibehielt und daß er offenherzig und alles andere als eine steife Bürokratennatur war. Nach wenigen Wochen freilich erkannte Jacoby in seinem Gesprächspartner den ausgesprochenen Feind der Demokratie, einen Mann «ohne Sinn für Recht und Freiheit», der rücksichtslos selbstsüchtige Zwecke verfolgte und dem jedes Mittel recht war, das dazu diente, seine politische Macht zu festigen. So brach jeder Kontakt zwischen beiden ab.

An anderweitigen geselligen Beziehungen fehlte es ihm in Berlin nicht. Mit Abgeordneten des Parlaments kam er vorwiegend im Café Stehely und im Hotel Mylius zusammen, doch scheint er selbst mehr der Weinstube von Jaroschewitz den Vorzug gegeben zu haben, wo es weitaus ruhiger als anderswo zuging. Mehrmals stattete er einem alten Königsberger Bekannten Besuche ab, dem Juristen Ludwig Crelinger, der an der Spitze des Konstitutionellen Klubs in Berlin stand. Varnhagen von Ense, der ihn bei Crelinger zum erstenmal sah, notierte in sein Tagebuch: «Einfachheit, Klarheit, Mut sprechen aus seinen Zügen.»

Rudolf von Auerswald,
Lithographie von Schramm 1848

Enger knüpften sich damals die schon 1847 entstandenen Beziehungen zu zwei Menschen, die ihm zu langjährigen vertrauten Freunden wurden: zu Fanny Lewald und ihrem Lebensgefährten und späteren Mann Adolf Stahr. Fanny Lewald, Tochter einer reichen jüdischen Kaufmannsfamilie aus Königsberg, mit siebzehn Jahren zum Christentum übergetreten, hatte sich unter dem Einfluß der literarischen Schule des Jungen Deutschland der Schriftstellerei zugewandt und schrieb Romane, in denen sie sich vorwiegend mit Problemen der Emanzipation der Frauen und der Juden befaßte. Sie war eine sehr produktive, damals hoch geachtete Schriftstellerin, die politisch im demokratischen Lager stand. Der mit Jacoby gleichaltrige Adolf Stahr, ursprünglich Gymnasialprofessor in Oldenburg, betätigte sich journalistisch und publizistisch und schrieb, nachdem er 1854 ganz nach Berlin übergesiedelt war, neben Erzählungen und Novellen vor allem literaturhistorische Werke.

Verschaffte ihm sein Wirken in der preußischen Nationalversammlung viele Sympathien im Lande, so mußte Jacoby andererseits erfahren, daß manche Freunde in Königsberg seine Haltung weiterhin mißbilligten und fehldeuteten. Ihre Beschuldigungen liefen darauf hinaus, er wirke daran mit, das Land in einen Bürgerkrieg zu stürzen. Am stärksten drang Fanny Adelson in ihn, sie flehte ihn an, sein politisches Tun aufzugeben und in seine Vaterstadt zurückzukehren. «Ich erblicke in Ihnen einen zweiten Robespierre», schrieb sie am 3. Juli, «und ich entsetze mich vor dem Gedanken, daß ein solcher Mensch je mein Freund war... Wenn ich Ihnen wert bin, Jonny, wenn Sie je im Leben mir freundlich und liebend zugetan waren, so lassen Sie sich erweichen, kommen Sie zurück... Ich werfe mich im Übermaß meines Schmerzes an Ihr einst so gutes, wohlwollendes Herz, und mit Tränen bitte ich Sie, töten Sie mich nicht... So wie Sie jetzt denken, sind wir auf ewig getrennt, so wie Sie jetzt denken, scheint mir für Sie und für die, die Sie lieben, nichts wünschenswerter als – der Tod.»

Jacoby bedeutete die Freundin viel, denn als er ihr am 20. August antwortete, ließ er sie mit rückhaltloser Offenheit einen tiefen Blick in seine Gemütsverfassung tun, schilderte er ihr freimütig seine Befürchtungen und Besorgnisse. Selbstverständlich könne keine Rede davon sein, schrieb er, daß er das «einmal Begonnene» aufgebe, das verbiete die Pflicht. Aber seine Stimmung sei nicht heiter, er sei der Überzeugung, die Revolution sei bereits gescheitert und eine zweite Revolution noch lange nicht in Sicht. Scharfsinnig stellte er fest, was die historische Forschung später bekräftigt hat, daß die Pariser Junischlacht, die blutig niedergeschlagene Erhebung der Arbeiter gegen die Bourgeoisie vom 23. bis 25. Juni in der französischen Hauptstadt, die Wende der europäischen Revolution gebracht hatte. Für die Bourgeoisie waren die Pariser Junitage das Signal, noch mehr von der revolutionären Bewegung abzurücken und gemeinsam mit der adligen Konterrevolution jenen Kräften entgegenzutreten, die für eine Weiterführung der Revolution und für eine demokratische Republik eintraten. «Seit der Pariser Junischlacht überall Feigheit und Erschlaffung, die Krämer und Philister glücklich wieder obenauf. In Deutschland wie in

Frankreich die alte schamlose Wirtschaft des Eigennutzes und der Knechtschaft, nur die Herren hat man gewechselt, statt der absoluten Könige ein absolutes Bourgeoisieregiment eingetauscht.» Trotz Enttäuschung und Resignation, die in dem Brief anklingen, ließ Jacoby keinen Zweifel an seiner Überzeugung, daß man in einem Feldzug wohl eine Schlacht verlieren könne, er eine solche Niederlage aber nur als ein Glied in einer Kette von Ereignissen bewerte, die «der neuen Zeit vorarbeiten, die uns sicher zum Ziele führen wird». Seine Erkenntnis, daß ohne Unterstützung durch erhebliche Teile von Bürger- und Kleinbürgertum die Revolution scheitern müsse, war richtig; er war jedoch viel zu sehr demokratischer Revolutionär, als daß ihn diese Einsicht hätte daran hindern können, auf seinem Posten zu bleiben und auch ohne Aussicht auf einen baldigen Sieg weiterzukämpfen.

Anfang August sah sich das Berliner Parlament gezwungen, die Stellung der Armee im Staate und die politische Haltung des Offizierskorps zu erörtern. Nachdem am 31. Juli Militär unter der Bürgerwehr der schlesischen Stadt Schweidnitz ein Blutbad angerichtet hatte, bei dem es elf Tote gab, drängte die äußerste Linke die Regierung zu Maßnahmen, um derartige provokatorische Übergriffe des Militärs gegenüber der Zivilbevölkerung zu unterbinden. Am 9. August nahm die Nationalversammlung mit großer Mehrheit den Antrag des Abgeordneten Julius Stein an, der von der Regierung verlangte, einen Erlaß an die Offiziere zu richten mit der Aufforderung, entweder reaktionäre Bestrebungen zu unterlassen oder aus der Armee auszuscheiden.

Jacoby haßte, wie er am 17. August an Gustav Dinter schrieb, den «aristokratischen Dünkel der höheren Soldateska» gründlich, für ihn gab es keinen Zweifel, daß das reaktionäre Offizierskorps die «gefährlichste Stütze des alten, noch lange nicht besiegten Polizeistaates» war. Als die unter dem Druck der Kamarilla stehende Regierung den Beschluß des Parlaments ignorierte, entwickelte sich in der Öffentlichkeit eine starke antimilitaristische Strömung. Damals hat Jacoby intensiv mit Wilhelm Rüstow, dem Königsberger Leutnant, seinem politischen Gesinnungsgenossen aus der Vormärzzeit, korrespondiert. Rüstow teilte ihm mit, wie schrecklich gering die Zahl der freisinnigen Offiziere sei, wie viele von ihnen die Armee verlassen würden und welchen Schikanen und Repressalien er selbst seiner demokratischen Haltung wegen ausgesetzt sei. Von Jacoby aufgefordert, übersandte er der Nationalversammlung einen «Offenen Brief eines demokratischen Offiziers an die Männer des Volkes in der Singakademie zu Berlin», in dem er über die Zustände in der Armee berichtete und Vorschläge für unaufschiebbare Reformen machte. Rüstow hielt eine Wende zum Besseren nur für möglich, wenn ein neuer Kriegsminister berufen und den reaktionären höheren Offizieren durch drastische Exempel begreiflich gemacht würde, daß sie mit unverzüglicher Entlassung zu rechnen hätten, falls sie gegen die Grundsätze der neuen Ordnung verstießen.

In jenen Wochen gab die von der Regierung eingebrachte Vorlage eines Bürgerwehrgesetzes Jacoby Gelegenheit, seine Auffassung über die bewaffnete Macht im Staat darzulegen. Zweimal ergriff er in der Debatte das Wort, und mit großem Scharfsinn analysierte er die Mängel und Schwächen des Gesetzentwurfs. Von einer Bürgerwehr, die den Charakter einer Polizeitruppe erhalten sollte und der die freie Offizierswahl und das politische Versammlungsrecht vorenthalten blieben, hielt er nichts – ebenso erklärte er sich gegen die Anordnung der Selbstbewaffnung, die sie zu einem Organ der Besitzenden machen würde. Jacoby focht für eine gänzliche Umgestaltung der bewaffneten Kräfte, für die Auflösung des stehenden Heeres, an dessen Stelle eine auf dem Grundsatz der allgemeinen Volksbewaffnung beruhende und nach dem Schweizer Vorbild eingerichtete Milizorganisation treten sollte.

Die äußerste Linke konnte am 7. September in der Singakademie einen großen Erfolg erringen. Eine Mehrheit der Abgeordneten stimmte wiederum für den in verschärfter Fassung erneut eingebrachten Antrag Steins. Das war ein offenes Mißtrauensvotum an die Adresse der Regierung, die daraus die Konsequenzen zog und am folgenden Tag zurücktrat. Die Berliner Versammlung hatte die erste Kraftprobe zwischen Parlament und Krone für sich entschieden.

Wenige Tage später legte Jacoby erneut vor seinen Wählern Rechenschaft über seine Tätigkeit in der Nationalversammlung ab. Er bekräftigte seinen Willen, auch künftig gegen jedes Ministerium zu stimmen, das nicht gewillt sei, den Beschluß des Parlaments über einen Militärerlaß zu respektieren und durchzuführen. Am Ende seiner Rede forderte er die Wähler auf zu entscheiden, ob er weiterhin ihr Vertrauen genieße oder ob sie wünschten, daß er sein Mandat niederlege. Lang anhaltender Beifall war die Antwort.

Während sich die Regierungskrise nun schon über Wochen hinzog, hofften viele Demokraten, der König könne nicht umhin, ein freisinniges Kabinett zu berufen. Vielerorts sprach man von der bevorstehenden Ernennung eines Ministeriums Waldeck. Jacoby sollte darin, so hieß es, die Leitung des Kultusministeriums übernehmen. Waren dies Spekulationen, so enthielten die Gerüchte den rationellen Kern, daß die Linke Bemühungen unternahm, um mit ein oder zwei ihrer Abgeordneten im neuen Kabinett vertreten zu sein. Jacoby versuchte über Karl Rosenkranz, den damals im Berliner Kultusministerium tätigen Königsberger Philosophieprofessor, den fünfundsiebzigjährigen Theodor von Schön, ebenfalls Abgeordneter in der preußischen Versammlung, zu gewinnen, sich beim Monarchen für die Bildung eines Koalitionsministeriums einzusetzen.

Das Ministerium, das der König am 22. September ernannte, war weder ein freisinniges noch ein extrem konservatives. Der zum Ministerpräsidenten berufene General Ernst von Pfuel stand an der Spitze eines Beamtenkabinetts, das die Kamarilla nur als ein kurzfristiges Provisorium betrachtete. Pfuels Regierung stieß in der demokratischen Öffentlichkeit Berlins auf einhellige Ablehnung. Radikale Demokraten bereiteten einen bewaffneten Aufstand vor, immer gespannter wurde die politische Atmosphäre. Da griff Pfuel zu einem geschickten Schachzug: Am 25. September erschien er vor dem Parlament mit einer versöhnlich gehaltenen Regierungserklärung und verkündete gleichzeitig, daß der Militär-Erlaß vollzogen sei. In der Auseinandersetzung zwischen Volk und Konterrevolution war eine Atempause entstanden. Jacoby, der nicht geglaubt hatte, daß der König es wagen würde, einen General zum Ministerpräsidenten zu ernennen, schrieb am 26. September an Heinrich Simon: «Unsere Hoffnungen sind jetzt leider in weite Ferne gerückt, doch verzweifle ich nicht.»

Im Widerstand gegen den Staatsstreich

Johann Jacoby hielt sich im Oktober vierzehn Tage in seiner Heimatstadt auf. Er hatte vom Parlamentspräsidenten Urlaub erbeten, um seinem Freund Gustav Dinter bei der Versorgung der Kranken beizustehen. Wieder einmal grassierte in Ostpreußen die Cholera, die in den folgenden Monaten auch auf viele Städte Mittel- und Westeuropas übergreifen sollte. Die Ärzte waren überlastet, und namentlich Dinter kam wochenlang Tag und Nacht nicht zur Ruhe, so daß seine Freunde um seine Gesundheit fürchteten.

Als Jacoby im letzen Oktoberdrittel nach Berlin zurückkehrte, nahm die politische Lage immer dramatischere Züge an, spitzte sich die Auseinandersetzung mit der Adelsreaktion immer schärfer zu. In Wien hatten die Demokraten einen Anfangserfolg errungen, als sie mit der Erhebung vom 6. Oktober die Stadt in ihre Hände brachten. Aber sie vermochten es nicht, ein Zusammenwirken mit der ungarischen Revolutionsarmee zustande zu bringen und die Bauern aus den umliegenden Gebieten zu mobilisieren. Bald stand den tapferen Verteidigern der Stadt eine Armee der Habsburger gegenüber, hunderttausend Mann stark und vom Fürsten von Windischgrätz geführt, der im Juni schon den Volksaufstand in Prag niedergeschlagen hatte. Am 23. Oktober schloß sich der Belagerungsring um Wien, und seitdem lag die Stadt unter rücksichtslosem Artilleriefeuer.

In Berlin dagegen befand sich die demokratische Bewegung noch immer im Vormarsch. Es schien alles darauf hinzudeuten, als sei die preußische Nationalversammlung imstande, der Krone und dem Junkertum empfindliche Schläge zu versetzen. Als sie Anfang Oktober daranging, den zuvor von einer Kommission erarbeiteten Verfassungsentwurf im Plenum zu beraten, traf sie Entscheidungen, die die Öffentlichkeit vielfach als sensationell aufnahm. Am

Zeitgenössische Karikatur auf das Verhalten der Bourgeoisie nach den Frankfurter Septemberereignissen

12. Oktober wurde beschlossen, die Formel im Titel des Herrschers «von Gottes Gnaden» abzuschaffen, eine Bestimmung, durch die sich der Hohenzollernkönig in seiner Eitelkeit und krankhaften Selbstüberschätzung aufs tiefste getroffen fühlte. Wenig später erfolgte die Beseitigung des Adelsprivilegs, auf bäuerlichem Grund und Boden jagen zu dürfen. Entschädigungslos aufgehoben wurde eine Reihe feudaler Lasten, die auf der Landbevölkerung lagen. Schließlich wirkte es wie ein Paukenschlag, als das Parlament am 31. Oktober mit 200 zu 153 Stimmen beschloß, den Adel gänzlich in die Rumpelkammer der Geschichte zu verweisen, ihn gesetzlich abzuschaffen und damit alle Adelstitel außer Kurs zu setzen. Bei der Beratung dieses Beschlusses hatte sich auch Jacoby zu Wort gemeldet und ihn lebhaft unterstützt.

Die führenden Demokraten ahnten, daß Hof und Kamarilla auf die Dauer nicht bereit sein würden, die Offensive der Demokraten widerstandslos hinzunehmen. Was ließ sich aber tun, um die Gefahr eines konterrevolutionären Gegenschlages abzuwehren? Abgeordnete der äußersten Linken aus der Berliner und der Frankfurter Nationalversammlung sowie aus der Dresdener Zweiten Kammer nahmen Kontakt auf und beriefen eine Versammlung aller radikaldemokratischen Parlamentarier aus den Abgeordnetenversammlungen aller deutschen Länder, ein sogenanntes Gegenparlament, nach Berlin ein. Ziel dieser Initiative sollte es sein, mit der Konstituierung eines wirklich demokratischen Volksparlaments, das im Gegensatz zu der von den Liberalen beherrschten Paulskirche stand, der Volksbewegung eine zentrale Führung zu geben. Die Einladung zum Gegenparlament, vom 5. Oktober datiert, trägt die Unterschrift Jacobys und fünf weiterer Abgeordneter der Berliner äußersten Linken. Offenbar spielte Jacoby bei der Vorbereitung des Gegenparlaments eine größere Rolle, darauf deutet vor allem die Reise hin, die er am 12. Oktober nach Dresden unternahm und bei der es um Absprachen mit den sächsischen Radikalen um Samuel Erdmann Tzschirner gegangen sein dürfte.

Indessen blieben die an das Unternehmen geknüpften Erwartungen unerfüllt. Als die Versammlung am 27. Oktober eröffnet wurde, stellten Abgeordnete des Berliner Parlaments das Gros der Mitglieder, während die Zahl der auswärtigen Teilnehmer sich nur auf acht belief. Die Ausarbeitung eines programmatischen Konzepts in Angriff zu nehmen schien deshalb nicht opportun. Was es unmittelbar zu tun galt, war das Reagieren auf zwei Fragen, die die Bevölkerung Berlins aufs äußerste beunruhigten: die Lage Wiens und die Sorge um den weiteren Verlauf der Revolution in Preußen. Da beide Fragen zwei Seiten einer Medaille bildeten, schlugen einige Abgeordnete vor, unverzüglich eine revolutionäre Erhebung in Berlin auszulösen. Dieser Plan fand jedoch nur wenig Unterstützung, nicht zuletzt, weil Waldeck und Temme die meisten der Anwesenden von der Notwendigkeit überzeugten, an der ausschließlichen Orientierung auf den parlamentarischen Kampf festzuhalten. Sie glaubten, die Linke würde bald über die Mehrheit in der Berliner Versammlung verfügen und diese erhielte damit auch eine starke Stellung gegenüber der Krone.

Was Wien betraf, so brachte Jacoby zusammen mit Karl Ludwig d'Ester einen Entschließungsentwurf ein, in dem das deutsche Volk aufgerufen wurde, zur Rettung der Wiener Revolution Geldsammlungen durchzuführen und bewaffneten Zuzug, das heißt Freischaren, zu organisieren und in Marsch zu setzen. Der auf

Das neue Schauspielhaus,
Tagungsstätte der Berliner Nationalversammlung,
Stich um 1850

Mäßigung eingeschworenen Majorität des Gegenparlaments war auch dieser Schritt zu radikal. So endete die Tagung mit dem Auftrag an die Berliner Linke, durch ein Votum die preußische Regierung im Parlament aufzufordern, Wien unverzüglich Hilfe zu leisten, eine Aufforderung, für die man dann nicht einmal eine Mehrheit gewann.

Ähnlich erfolglos wie das Gegenparlament verlief der zur gleichen Zeit in Berlin tagende zweite Kongreß des Verbandes der demokratischen Vereine Deutschlands, der nationalen Organisation der erklärten Republikaner. Hier verhinderten tiefgreifende Meinungsgegensätze in der Bündnisfrage und hinsichtlich eines nach einer siegreichen Revolution zu verwirklichenden Sozialprogramms eine weitere Zentralisierung der demokratischen Bewegung. Das Scheitern des Gegenparlaments und des Demokratenkongresses ließ die kleinbürgerliche Demokratie ungerüstet und mangelhaft vorbereitet, als sie vor ihrer ersten großen Bewährungsprobe stand.

Protestdemonstration am 31. Oktober 1848,
aus der «Illustrierten Zeitung» 1848

Der Fall Wiens am 31. Oktober und die Gefahr, die für die Hohenzollern und ihr Regime von einem weiteren Ansteigen der Popularität der Berliner Versammlung ausging, bewogen den König und die Potsdamer Kamarilla nun zum Handeln. Der Zeitpunkt war gekommen, wo sie glaubten, die konterrevolutionäre Gegenaktion beginnen zu können. Am 2. November wurde, nach dem Rücktritt Pfuels, General Graf Brandenburg, ein Onkel des Königs und illegitimer Sohn des Königs Friedrich Wilhelm II., zum Ministerpräsidenten berufen und mit der Bildung einer neuen Regierung beauftragt. Sein Name stand für ein Programm, sein Kabinett würde zweifellos ein Ministerium der äußersten Rechten sein und den Auftrag haben, die Revolution zu liquidieren. Liberale und Demokraten verurteilten einmütig seine Berufung; sie waren sich aber nicht darüber einig, was getan werden müsse, um ein weiteres Voranschreiten der Konterrevolution aufzuhalten.

Am 2. November berieten im Schauspielhaus die Abgeordneten

in stundenlanger Sitzung. Die äußerste Linke forderte, in Permanenz zu tagen und eine Operativkommission einzusetzen, um rasch wirksame Maßnahmen für eine Organisierung des Widerstandes beschließen zu können. Die gemäßigte Linke, unzufrieden mit der radikalen Tendenz dieses Vorschlages, beantragte die Abfassung einer Protestadresse und die Wahl einer Deputation, die diese Adresse dem König persönlich überbringen sollte. Jacoby griff in die Debatten mehrfach ein, er unterstützte den Antrag der äußersten Linken. Aufsehen erregte es, als er die Minister der Kabinette, die seit März in Preußen im Amt gewesen waren, anklagte und ihnen vorwarf, nicht das geringste gegen die Machenschaften der Kamarilla unternommen zu haben.

Am Abend des 2. November fuhr die Parlamentsdelegation nach Potsdam, und es kam zu dem denkwürdigen, in unserer Einleitung geschilderten Auftritt in Sanssouci, bei dem Jacoby die mutigen Worte zum Monarchen sprach: «Das ist das Unglück der Könige, daß sie die Wahrheit nicht hören wollen.»

Der erste Akt im Szenarium des konterrevolutionären Staatsstreichs begann, als am 9. November Graf Brandenburg im Parlament erschien und erklärte, der König habe angeordnet, die Nationalversammlung bis zum 27. November zu vertagen und sie von Berlin nach der Stadt Brandenburg zu verlegen. Seine Begründung: die Versammlung sei in der Hauptstadt nicht vor Anschlägen anarchistischer Kräfte sicher. Ein Teil der Rechten fügte sich der königlichen Weisung und verließ die Beratungen, während die Mehrheit beschloß, sich dem Willkürakt zu widersetzen und so lange in Berlin zu tagen, bis sie gezwungen sei, der Waffengewalt zu weichen.

Bis in die Morgenstunden des 10. November zogen sich die Beratungen der Fraktionen und Kommissionen hin. Es ging vor allem darum, ob es ratsam sei, sich der Konterrevolution unter Anwendung von Gewalt entgegenzustellen. Einige Abgeordnete verhandelten mit den Befehlshabern der Bürgerwehr. Die Führung des Berliner Bezirkskomitees der Arbeiterverbrüderung erklärte ihre Bereitschaft, die mehr als zehntausend Mitglieder ihres Verbandes zu mobilisieren, um die Nationalversammlung bewaffnet zu schützen. Liberale und gemäßigte Linke waren sich indessen darin einig, von vornherein ausschließlich auf gesetzlichem Boden zu verbleiben und die Möglichkeit einer Gewaltanwendung weit von sich zu weisen. Am Vormittag des 10. November verkündete denn auch Parlamentspräsident Hans Victor von Unruh, die Nationalversammlung wolle passiven Widerstand leisten und hoffe, damit die Pläne ihres Gegners zu durchkreuzen.

Für den Verzicht auf eine Volkserhebung hatte sich auch die äußerste Linke ausgesprochen. Die Mehrheit eines von ihr berufenen fünfköpfigen Ausschusses entschied sich gegen den bewaffneten Widerstand, für den nur Karl Ludwig d'Ester und Jodokus Temme ihre Stimme erhoben hatten. Mit großer Wahrscheinlichkeit gehörte diesem Ausschuß Johann Jacoby an, aber unabhängig davon, ob dies der Fall war oder nicht, hat er ohne Zweifel zu jenen gezählt, die hinter der Empfehlung passiver Abwehrmaßnahmen standen. Aus der Aufzeichnung eines am 8. November geführten Gesprächs mit Fanny Lewald wissen wir, daß er die Meinung vertrat: «das Untertanengefühl» sei noch felsenfest in vielen Deutschen, und es bedürfe noch vieler harter Kämpfe mit dem Absolutismus, bis das Volk genügend Erfahrungen gesammelt habe, um die Macht der Fürsten zerschlagen zu können. Bei der Entscheidung für den passiven Widerstand ließen sich viele Abgeordnete von der Überlegung leiten, man müsse ein schwer kalkulierbares Risiko vermeiden und dürfe nichts unternehmen, was der Konterrevolution zum Vorwand dienen könne, um Säbel und Bajonett walten zu lassen. In der Tat wäre es der Reaktion gelegen gekommen, hätte sie ihre Handlungsweise mit der Notwendigkeit legitimieren können, einen Aufstand niederschlagen zu müssen.

Am frühen Nachmittag des 10. November marschierte die Armee in Berlin. Unter dem Oberbefehl General von Wrangels rückte ein 13 000 Mann starker Truppenverband ein. Er war Teil einer 80 000 Mann zählenden Militärmacht, die im weiteren Umfeld der Hauptstadt Quartiere bezogen hatte. Soldaten umstellten das von Bürgerwehr umgebene Schauspielhaus; nach seiner Besetzung zwangen sie die Abgeordneten, das Gebäude zu verlassen.

Die Deputation der preußischen Nationalversammlung in Potsdam, aus der «Illustrierten Zeitung» 1848

Es blieb am nächsten Tag verschlossen und von Militär bewacht. Nun hob ein für die Parlamentarier demütigendes Katz-und-Maus-Spiel an. Sobald sie in einem neuen Tagungslokal zusammenkamen, um ihre Beratungen fortzusetzen, tauchte dort Militär auf und vertrieb sie. So tagte man nacheinander im Schützenhaus, im Hotel de Russie, im Mielentzschen Lokal und im Köllnischen Rathaus. Inzwischen ergriff die Regierung weitere Maßnahmen: die Auflösung und Entwaffnung der Bürgerwehr, die Verhängung des Belagerungszustandes, die Einführung von Standgerichten, die Beseitigung des Vereins- und Versammlungsrechts, die Unterdrükkung der demokratischen Presse.

Waldeck, d'Ester und Jacoby brachten am 11. November einen Antrag ein, in dem sie forderten, die Nationalversammlung möge dem Ministerium Brandenburg das Recht auf Steuererhebung absprechen, solange das Parlament daran gehindert werde, frei in Berlin zu tagen. Kostbare Zeit verging allerdings, ehe die zahlenmäßig geschwächte, aber noch beschlußfähige Versammlung am 15. November endlich dem Antrag zustimmte und die Steuerverweigerung verkündete. Es geschah dies wenige Augenblicke, bevor sie gezwungen wurde, der Militärgewalt, repräsentiert von einem Trupp Soldaten und fünf Offizieren, endgültig zu weichen und sich aufzulösen.

Obwohl er zu den Initiatoren der Steuerverweigerung gehörte, gab sich Jacoby keinen Illusionen über den Erfolg einer solchen Maßnahme hin. Griff eine parlamentarische Körperschaft im Kampf gegen die Regierung zur Verweigerung der Steuern, so griff sie zur schärfsten Waffe, die ihr zur Verfügung stand, wenn sie nicht eine revolutionäre Erhebung proklamieren wollte. Aber Steuern zahlte in erster Linie die besitzende Bürgerschaft, und es zeigte sich, daß es gerade die Bourgeoisie war, die am wenigsten Bereitschaft bekundete, der Regierung Paroli zu bieten. Wohl gab es in der zweiten Novemberhälfte in vielen Städten und Gemeinden Preußens individuelle und kollektive Aktionen des Steuerstreiks, doch eine machtvolle Kampagne, durch die die Regierung hätte ernstlich gefährdet werden können, entstand nicht.

Ein Gespräch, das Jacoby am Abend des 11. November, einem Tag nach dem Einmarsch der Truppen Wrangels, mit Fanny Lewald, die es aufgezeichnet hat, führte, gibt uns darüber Auskunft, wie er den Staatsstreich aufnahm: «Nun, Jacoby, hatten Sie das erwartet? – Erwartet nicht gerade, aber ich hatte es für möglich gehalten ... – Und was wird jetzt geschehen? – Was ich von jeher geglaubt habe. In der Politik kann man immer voraussagen, was geschehen muß, nur das Wann ist unberechenbar. Für den Augenblick werden wir in die Provinzen nach Hause gehen. Es ist wahr, man wird die Mühe haben, einen Teil der Arbeit von vorne zu beginnen, indes sie ist doch nicht so schwer als früher, der Boden ist urbar gemacht, das ist schon viel. – Und Sie glauben an den Sieg der Demokratie? – Zuverlässiger als je. Ich sagte Ihnen ja neulich, daß der Absolutismus für sie arbeitet. – Aber werden wir diesen Sieg erleben? Jacoby lächelte: Wollen Sie schon ungeduldig werden? Das ist eine Schwäche, die man sich abgewöhnen muß, wenn man das Auge auf die Weltereignisse richtet. Er schwieg, dann fuhr er fort: Seien Sie unbesorgt, es endet mit einem Siege dessen, was uns Wahrheit ist. Jedes Volk macht seine lange Wüstenfahrt

An das Preußische Volk!

Das Ministerium Brandenburg, welches gegen die fast einstimmig ausgesprochene Erklärung der National-Versammlung die Leitung der Geschäfte des Landes übernommen, hat seine Thätigkeit damit begonnen, daß es einseitig die Vertagung der Sitzungen der National-Versammlung und die Verlegung derselben nach Brandenburg befohlen hat.

Die Versammlung der Preußischen Volksvertreter hat diesen Eingriff in ihre Rechte dadurch zurückgewiesen, daß sie mit großer Majorität den Beschluß gefaßt hat:

ihre Berathungen in Berlin fortzusetzen.

Sie hat zu gleicher Zeit erklärt, daß der Krone das Recht nicht zusteht, die Versammlung wider ihren Willen zu vertagen, zu verlegen oder aufzulösen, und daß sie diejenigen verantwortlichen Beamten, welche der Krone zur Erlassung jener Botschaft gerathen haben, nicht für fähig erachtet, der Regierung des Landes vorzustehen, vielmehr dafür hält, daß dieselben schwerer Pflichtverletzung gegen die Krone, gegen das Land und gegen die Versammlung sich schuldig gemacht haben.

Das Ministerium Brandenburg hat in Folge dieser Ereignisse die Versammlung für eine ungesetzliche erklärt und die Anwendung militairischer Gewalt angedroht, um die Fortdauer ihrer Berathungen zu verhindern.

Mitbürger! In dem schweren Augenblick, wo die gesetzliche Vertretung des Volks durch die Bajonette der Militairmacht bedroht wird, rufen wir Euch zu: Haltet fest an der errungenen Freiheit, wie wir mit allen unseren Kräften, mit unserem Leben dafür einstehen! Aber verlaßt auch keinen Augenblick den Boden des Gesetzes. — Die ruhige und entschiedene Haltung eines für die Freiheit reifen Volkes wird mit Gottes Hülfe der Freiheit den Sieg sichern.

Berlin, den 10. November 1848.

Die National-Versammlung.

Gedruckt bei W. Moeser und Kühn, Stallschreiberstraße 34.

Vertreibung der Linken aus dem Hotel Mylius,
aus der «Illustrierten Zeitung» 1848

aus dem Bereich der Sklaverei in die Segnungen des gelobten Landes. Und wenn wir alle den Tag der Ankunft nicht erleben, was tut's. Wir alle haben wie Moses das gelobte Land gesehen in geistigem Schauen, in festem Glauben: wir alle wissen, daß es existiert, wir wissen, daß man es erreichen wird, und wollen geduldig die Wüstenfahrt mitmachen, ohne an uns selbst zu denken.»

Die Fraktion der äußersten Linken war bestrebt, auch nach der Auflösung des Parlaments ihren Zusammenhalt zu bewahren. So führte sie weiterhin täglich im Hotel Mylius politische Diskussionsrunden, erließ von hier Aufrufe zur Unterstützung der Steuerverweigerungen und warb erfolgreich unter den Abgeordneten anderer Fraktionen, sich am Boykott des Parlaments in Brandenburg zu beteiligen. Am 27. November zersprengte Militär auch diese Sitzungen. Während mehrere Kompanien in unmittelbarer Umgebung des Hotels postiert waren, drang ein dreißig Mann starker

Trupp unter Führung eines Majors in das Sitzungszimmer ein, beschlagnahmte die auf den Tischen liegenden Papiere und zwang die Parlamentarier zum Verlassen des Hauses. Der Wortwechsel, zu dem es dabei zwischen Jacoby und dem Major kam, wurde unmittelbar danach in einer von mehreren Abgeordneten unterzeichneten Protokollniederschrift festgehalten.

Nach erfolgter Aufforderung, das Lokal zu räumen, trat Jacoby auf den Major zu und fragte ihn: «Was wollen Sie?

Major: Ich komme im Namen des Gesetzes.

Jacoby: Im Namen welchen Gesetzes?

Major: Im Namen des höchsten Gesetzes!

Jacoby: Von welchem Gesetze sprechen Sie?

Major: Ich spreche im Namen des konstitutionellen Gesetzes.

Jacoby: Ich kenne kein Gesetz, welches uns verbietet, uns am Tage in einem Gasthofe einzufinden.

Elsner (Abgeordneter): Selbst die Proklamation des Herrn Wrangel enthält nichts von einem derartigen Verbote. Wir sind kein Klub.

Major: Das geht mich nichts an, ich handle im Auftrage meiner Behörde.

Jacoby: Wie ist Ihr Name?

Major: Ich bin der Major Graf Blumenthal.

Jacoby: Wer hat Ihnen den Auftrag gegeben?

Major (nach einer Pause): Meine vorgesetzte Behörde.

Verschiedene Stimmen: Nennen Sie die Behörde!

Major (nach einer Pause): Meine Herren! Setzen Sie mich nicht in Verlegenheit.

Jacoby: Nun, so erkläre ich Ihnen, Sie handeln nicht im Namen des Gesetzes, sondern im Namen der Gewalt, und es ist traurig, daß die Soldaten zu solchen Gewalttaten mißbraucht werden.

Major: Meine Herren, ich handle meinem Auftrag gemäß.

Jacoby: Ich wiederhole Ihnen, daß Sie lediglich Kraft der Gewalt handeln. Sie sind verantwortlich für dieselbe und alle, welche Ihnen den Auftrag gegeben; Sie werden seinerzeit zur Rechenschaft gezogen werden.»

Am selben Tage, da dieser Auftritt sich ereignete, sollte in Brandenburg das Parlament wieder zusammentreten. Doch dazu kam es nicht; nicht mehr als einige Dutzend Abgeordnete der Rechten fanden sich ein, und damit blieb die Versammlung beschlußunfähig. Zur Überraschung des Landes unternahm die Regierung dann am 5. Dezember eine Aktion, mit der sie den Staatsstreich abschloß: die Oktroyierung einer Verfassung. Dieses geschickt eingefädelte Manöver erfüllte den beabsichtigten Zweck, nämlich die Bourgeoisie, die des revolutionären Treibens müde war und sich nach politischer Stabilität sehnte, mit der Konterrevolution auszusöhnen. Das Besitzbürgertum und breite kleinbürgerliche Schichten sahen um so eher über ihren diktatorisch-autokratischen Ursprung hinweg, als die Verfassung vorwiegend Bestimmungen bürgerlich-liberalen Charakters enthielt, wie die Presse- und Versammlungsfreiheit, das allgemeine Wahlrecht, die Abschaffung der Standesvorrechte, die Ankündigung der Einführung von Geschworenengerichten, die Ministerverantwortlichkeit. Als Vorlagen für die Ausarbeitung der Verfassung hatten der Verfassungsentwurf der Berliner Nationalversammlung und die von der Paulskirche erarbeiteten Grundrechte gedient. Allerdings gab es auch Festlegungen darin, wie das Zweikammersystem, das Notverordnungsrecht der Regierung und eine Revisionsklausel, die leicht als Waffen einer antiliberalen und antikonstitutionellen Politik genutzt werden konnten.

In der Berliner Zweiten Kammer 1849

Wenige Tage vor Weihnachten war Jacoby nach Königsberg zurückgekehrt. Als er kurz nach den Feiertagen mit Mitgliedern des Arbeitervereins und des Volkswehrklubs zusammentraf, gab er sich ungebrochen optimistisch. Ehrungen, die ihm zugedacht waren, liebte er nicht. Im Verlaufe der Begegnung sagte er, eine Niederlage, wie sie das Volk durch den Staatsstreich erlitten habe, dürfe kein Anlaß zu tiefer Enttäuschung, zu Passivität und Resignation sein; letztendlich würde die Entwicklung der Menschheit,

Karikatur aus der «Deutschen Reichsbremse» 1849

die fortschreitende Zivilisation zum Triumph der Selbstregierung und der Vernunft führen.

Anfang 1849 begannen in Preußen die Vorbereitungen für die Wahlen zu den beiden Kammern, die die oktroyierte Verfassung vom 5. Dezember vorschrieb. Es war abzusehen, daß die Erste Kammer, die nach einem hohen Steuerzensus zu wählen war, eine Domäne des Adels und der Großbourgeoisie sein würde. Um so mehr setzte die demokratische Opposition alles auf eine starke Repräsentanz in der Zweiten Kammer. Den radikaldemokratischen Kräften ging es darum, Abgeordnete ins Parlament zu bringen, die dem Staatsstreichregime unversöhnlich gegenüberstanden und die oktroyierte Verfassung ablehnten. Deshalb nominierte der Königsberger Arbeiterverein Jacoby gemeinsam mit Julius Rupp als Kandidat.

Der Arbeiterverein in der Pregelstadt hatte sich in den wenigen Monaten seines Bestehens auf imponierende Weise entwickelt. Unter der Führung einer Gruppe kleinbürgerlicher Republikaner, zu denen neben dem Jacoby-Freund Albert Dulk, einem Publizisten und Dramatiker, der in den siebziger Jahren zur Sozialdemokratie stieß, auch der damalige Student Robert Schweichel, der spätere bedeutende proletarische Erzähler und Mitkämpfer Wilhelm Liebknechts und August Bebels, gehörte, war er zur stärksten Lokalorganisation der Demokratie Königsbergs geworden. Der Verein bestand vor allem aus Handwerksgesellen, Studenten und jungen Handlungsgehilfen; seine Mitgliederzahl betrug im März 1849 über 1600. Wie die entschiedensten Vereinigungen des Proletariats in anderen Teilen Deutschlands stand er auf revolutionärem Boden und erstrebte die Errichtung einer sozialen Republik, das heißt eines antibourgeoisen, sich auf die arbeitenden Volkskräfte stützenden Staates, von dem ein Maximum an politischer Freiheit und günstige Bedingungen für die Hebung der materiellen Wohlfahrt der Werktätigen erwartet wurden.

Die beiden anderen Vereine, die neben dem Arbeiterverein das demokratische Lager der Stadt bildeten und unter deren Mitgliedern sich viele Jacoby-Anhänger befanden, der Demokratische Klub und der Demokratisch-Konstitutionelle Verein, hatten im Zusammenhang mit dem im Herbst stärker gewordenen Rechtstrend im Bürger- und Kleinbürgertum Ostpreußens und unter dem Eindruck des Staatsstreiches einen starken Mitgliederschwund erlitten. So löste sich im Januar 1849 der Demokratische Klub auf, eine Schöpfung Walesrodes, Falksons, Dinters und Rüstows, während der Demokratisch-Konstitutionelle Verein ums Überleben rang, sich den neuen politischen Tatbeständen anzupassen suchte und eine gemäßigte Position bezog.

Seit dem Sommer 1848 gab es auch in Königsberg einen Preußenverein, von dem ein entscheidender Einfluß auf das politische Geschehen in der Stadt und in der Provinz ausging. Im Preußenverein, in dem sich alles zusammenfand, was königstreu und regierungsfromm war und – entgegen nationalen Einigungswünschen – für die Erhaltung Preußens als selbständige Großmacht eintrat, gaben Offiziere, Beamte und Angehörige des Adels den Ton an. Vorsitzender des Vereins war der General Bernhard von Plehwe. Bis zum Sommer 1849 wuchs der Preußenverein von 3500 auf 6000 Mitglieder an. Diesen Erfolg verdankte er freilich nicht ausschließlich seiner politischen Rührigkeit. Durch Geld, Branntwein und Tabak sowie demagogische Versprechungen hatte man die 2000 im Königsberger Hafen und in den Handlungshäusern der Stadt beschäftigten, gänzlich ungebildeten und am Rande der Asozialität lebenden Sackträger sowie eine große Anzahl von Soldaten und Unteroffizieren für den Verein gewonnen. Auch fand der Verein mit seiner Propaganda unter den von demokratischen Gedanken noch völlig unberührten Bauern der Provinz großen Anklang.

Auf Grund dieses Kräfteverhältnisses besaß Jacoby erneut keine Aussicht auf ein Abgeordnetenmandat seiner Heimatstadt. Er dürfte freilich dieser Tatsache illusionslos gegenübergestanden haben, wußte er doch, wie tätig seine Freunde in Berlin waren, um den Führern der Linken wieder Sitz und Stimme in der Zweiten Kammer zu verschaffen. Am 5. Februar 1849 teilte ihm denn auch der nachmals weltberühmte Mediziner Rudolf Virchow, 1848/49 Vorsitzender des Demokratischen Bürgervereins des dritten Wahlbezirks, mit, sein Bezirk habe ihn zum Abgeordneten gewählt, und zwar mit 211 von insgesamt 284 Wahlmännerstimmen. In Virchows Brief hieß es, diese Wahl sei «nicht sowohl als eine einfache Demonstration oder als eine bloße Anerkennung Ihrer vergangenen Großtaten aufzufassen; alles das liegt darin, aber noch mehr hegen wir das Vertrauen in Sie, daß unsere politische Zukunft keinen besseren Händen anvertraut werden könnte». Für ihn entschied sich am gleichen Tage auch der vierte Wahlbezirk, dem er im Mai 1848 sein Mandat zu verdanken gehabt hatte. Dabei war das Ergebnis noch überwältigender: 290 von 291 abgegebenen Stimmen entfielen auf ihn. Jacoby hielt diesem Wahlbezirk die Treue und empfahl seinen Freund Heinrich Simon aus Breslau für die Nachwahl im dritten Wahlbezirk, der auch gewählt wurde, so daß dieser gleichzeitig Mitglied der Paulskirche und der Berliner Zweiten Kammer war. Nach dem Bekanntwerden der Wahl Jacobys kamen mehrere tausend Menschen, vorwiegend Mitglieder des Arbeitervereins und demokratisch gesinnte Studenten, vor seiner Wohnung zusammen und bezeugten ihm mit Lebehoch-Rufen ihre ungebrochene Sympathie und Verbundenheit.

Mit dem Ergebnis der Wahl konnte die Linke zufrieden sein, obgleich sie nicht die Majorität gewann. Während die auf der Seite der Regierung stehenden Konservativen und Liberalen über 184 Sitze verfügten, kam die Opposition auf 160, was ziemlich genau der Stärke entsprach, die die Linken in der preußischen Nationalversammlung besessen hatten. Und dieses Resultat war trotz des fortdauernden Belagerungszustandes über Berlin und über andere Städte Preußens, ungeachtet der vielen Schikanen erzielt worden, mit denen Polizei und Justiz die Presse, die Vereine und führende Demokraten verfolgten. Besonders eindrucksvoll fiel der Erfolg in Berlin aus: In allen neun Wahlbezirken siegten demokratische Kandidaten, ja, nicht allein für Jacoby, auch für Waldeck gab es eine Doppelwahl.

Wie konnten die demokratischen Parlamentarier das Vertrauen, das ihnen die Wähler entgegengebracht hatten, durch ihre Tätigkeit in der Zweiten Kammer rechtfertigen? Ihre offizielle Aufgabe bestand darin, die künftige Verfassung Preußens zu beraten und zu beschließen, jedoch mit dem Unterschied zu 1848, daß es nun nicht mehr um den Entwurf eines Parlamentsausschusses, sondern um die oktroyierte Verfassung vom 5. Dezember ging, die einer Revision unterzogen und über deren Annahme entschieden werden mußte. Bei klarsichtiger Erfassung der Lage durfte die Linke nicht verkennen, daß es kaum Möglichkeiten gab, das Verfassungswerk nachhaltig in ihrem Sinne zu beeinflussen. Dagegen sprach allein schon die Existenz der Ersten Kammer, die dasselbe politische Gewicht wie die Zweite Kammer besaß. Sodann boten die Machtverhältnisse im Lande wenig Anlaß zu Optimismus. Das konterrevolutionäre Regime saß fest im Sattel; es hatte die Armee gegen das Volk marschieren lassen, ohne nennenswerten Widerstand zu finden, und Friedrich Wilhelm IV. betrachtete den gelungenen Staatsstreich als Bestätigung seines Souveränitäts- und Autokratendünkels. Warum sollte er bereit sein, seinen Gegnern verfassungspolitische Konzessionen zu machen, die seine Macht nur einschränken mußten? Parlamentarische Illusionen waren nicht am Platze, und Rettung konnte nur auf dem Wege über eine zweite Revolution, durch eine neue Volkserhebung kommen, für deren Vorbereitung sich die Parlamentstribüne propagandistisch nutzen ließ.

Die am 26. Februar 1849 erstmals zusammengetretene Zweite Kammer beschäftigte sich zuerst mit der Beratung einer Adresse an den König, der Antwort auf dessen Thronrede. Jacoby griff am 19. März in die Erörterungen darüber ein. Er setzte sich mit dem Entwurf auseinander, den die Rechte vorgelegt hatte und in dem sie die oktroyierte Verfassung als Grundlage der Parlamentsarbeit akzeptierte. Für ihn kam eine Zustimmung zu dieser Verfassung nicht in Frage, sie sei dem Volk auf den Spitzen der Bajonette gebracht worden, und sie spreche jeder demokratischen Mitbestimmung hohn, vor allem, da sie das Recht zur Gesetzgebung und zur Besteuerung faktisch in die Hände der Minister lege. Würden allerdings die Volksrechte stärker zur Geltung kommen, so wolle er freilich nicht ausschließen, daß es dann möglich sei, die Arbeit an der Konstitution zu einem positiven Ende zu führen. Das war sicher eine überflüssige Geste des Entgegenkommens, wie wir sie in Jacobys politischer Laufbahn höchst selten finden. Dagegen ist denn auch Friedrich Engels in der «Neuen Rheinischen Zeitung» polemisch aufgetreten. Er schrieb, Jacoby wisse wahrscheinlich ebenso wie andere, daß die Verfassung vom 5. Dezember nur im Verlaufe der nächsten Revolution beseitigt werden könne, und deshalb sei jede Konzession an den «Rechtsboden-Firlefanz» unnötig.

In der Tat hegte Jacoby, wie mehrere Quellen bezeugen, keine Illusionen und wußte, daß eine Umbildung der Machtverhältnisse auf friedlichem Wege unmöglich war, daß ein Wandel nur im Ergebnis einer revolutionären Erhebung eintreten konnte. «Der Belagerungszustand, die Ereignisse des November, die wieder lebhaft vor meine Seele treten, die ganze Jämmerlichkeit des Egoistenpacks liegt auf mir wie ein Alp», schrieb er am 6. März 1849 an Simon Meyerowitz. Und er fuhr fort: «Ohne äußeren Anstoß, ohne heftige Erschütterung werden wir von diesem Regimente der bewaffneten Furcht nicht befreit ... Durch parlamentarische Tapferkeit ist eine Konterrevolution noch nie besiegt worden».

Diese Überzeugung vertrat er auch in der Öffentlichkeit. Als er am 14. April erneut vor den Wählern und Wahlmännern seines Wahlbezirks die politische Situation analysierte, deutete er unmißverständlich an, auf welchem Wege allein die Ziele der Demokraten zu erreichen waren. Wer die Mehrheit in der Kammer habe, sagte er, ob Linke oder Rechte, sei angesichts der gegenwärtigen Machtkonstellation gleichgültig. «Die Geschicke unseres Vaterlandes – das ist nach den Ereignissen des vorigen Jahres unzweifelhaft – werden auf ganz andere Weise als durch parlamentarische Kämpfe entschieden.» Man dürfe nicht säumen, innerhalb wie außerhalb der Kammer «die Grundsätze der Demokratie zu verbreiten ..., das Volk für die Kämpfe der Zukunft vorzubereiten und aus den Jünglingen Kämpfer zu erziehen – klüger einst und tatkräftiger als wir uns erwiesen». Es sei Grund genug vorhanden, fuhr er fort, mit Zuversicht in die Zukunft zu blicken, denn der Absolutismus sei eigentlich schwach, regiere nur mit Hilfe des permanenten Belagerungszustandes und versuche, «durch konstitutionelle Schminke zu täuschen». Diesem Gegner gegenüber sei der schließliche Sieg der Demokratie gewiß. Jacoby hatte noch nicht geendet, gerade sprach er davon, am erzenen Felsen der Volkssouveränität würden alle Minister der Kamarilla und alle Junker zerschellen, da drang Militär in den Saal und löste die Versammlung auf.

Am 26. April stand Jacoby zum letztenmal am Rednerpult der Zweiten Kammer. Er beteiligte sich an der am Vortage begonnenen Debatte über die Aufhebung des Belagerungszustandes über Berlin und geriet dabei in eine heftige Kontroverse mit Innenminister Otto von Manteuffel, der 1850 Preußens Ministerpräsident werden sollte, sowie mit dem rechtsliberalen Abgeordneten Georg Freiherr von Vincke. Während Jacoby Willkürmaßnahmen des Generals von Wrangel geißelte und im einzelnen bewies, wie die Kamarilla schon seit Frühsommer 1848 Staatsstreichpläne geschmiedet habe, warfen ihm seine Gegner unparlamentarisches Verhalten vor, weil er noch immer die oktroyierte Verfassung ablehne, die von der Abgeordnetenmehrheit durch Verabschiedung der Adresse an den König längst gebilligt worden sei. Dem Antrag der Linken stimmte die Mehrheit des Parlaments zu. In einer Resolution forderte die Zweite Kammer die Regierung auf, den über Berlin verhängten Belagerungszustand sofort zu beenden. Doch

Zeitgenössische Karikatur auf die Frankfurter Verfassungsdebatten

die Abstimmung erwies sich als Pyrrhussieg. Am Tage darauf, am 27. April, löste der König das unbequeme Parlament auf und schickte die Abgeordneten nach Hause. Den Anlaß hierfür bildete die Zustimmung der Zweiten Kammer zur deutschen Reichsverfassung, die Ende März von der Frankfurter Nationalversammlung verabschiedet worden war.

Krone wie Junker lehnten es ab, daß Preußen zum Glied eines deutschen Nationalstaates wurde, dessen Verfassung ein demokratisch gewähltes Parlament geschaffen hatte. Am 3. April war die Paulskirchendeputation, die Friedrich Wilhelm IV. die in der Reichsverfassung vorgesehene erbliche Kaiserwürde antrug, mit einer gewundenen, im Kerne aber verneinenden Antwort abgewiesen worden. Der König wollte seine Rangerhöhung und Preußens Vorherrschaft über Deutschland nicht aus den Händen eines Parlaments entgegennehmen, sondern der Gewogenheit und Huld seiner Mitfürsten verdanken. In den folgenden Monaten unternahm der Hohenzollernstaat viele Schritte, um seine Hegemonie über andere deutsche Staaten zu errichten und Preußen an die Spitze Deutschlands zu bringen. Aber weitaus wichtiger noch war ihm das Anliegen, überall dort, wo das Volk sich zur Rettung seiner revolutionären Errungenschaften erhob und für die Durchsetzung der Reichsverfassung eintrat, mit brutaler Gewalt einzuschreiten, seine Truppen marschieren zu lassen und die Rolle einer konterrevolutionären Ordnungsmacht zu spielen.

Während der Reichsverfassungskampagne

Während die meisten Abgeordneten nach der Auflösung der Zweiten Kammer in ihre Heimatorte zurückkehrten, entschloß sich Jacoby, seine Rückkehr aufzuschieben und nach Frankfurt, dem Sitz der Deutschen Nationalversammlung, zu fahren. Er wollte sich dort persönlich davon überzeugen, ob und in welchem Maße die revolutionäre Bewegung noch mit dem Paulskirchenparlament als politischem Machtfaktor würde rechnen können. Außerdem hoffte er, einzelne Abgeordnete zu einer entschiedeneren Haltung zu bewegen. Die Reise trat Jacoby an einem der ersten Maitage an. Am Abend vor der Abfahrt besichtigte er in Begleitung Fanny Lewalds das Atelier von Christian Daniel Rauch, dem damals berühmtesten Bildhauer Berlins, und besuchte auch eine Theateraufführung. Beim Abschied bat die Schriftstellerin ihn mit freundschaftlichen Worten, er solle doch sehr auf sich aufpassen, damit er nicht Opfer politischer Verfolgungen würde, worauf Jacoby antwortete: «Ich habe ja nichts getan, warum sollte mir etwas geschehen? – und ich habe auch Glück.»

Zu der Zeit, da Jacoby sich nach Frankfurt begab, stand die Paulskirche schon seit Wochen wieder im Mittelpunkt des öffentlichen Interesses. Würde es ihr gelingen, ihre in monatelangen Beratungen entstandene Schöpfung, die Reichsverfassung, aus ihrer papiernen Existenz zum Leben zu erwecken und sie zum geltenden Grundgesetz aller Deutschen zu machen? In wiederholten Erklärungen und Beschlüssen hatte nach der Ablehnung durch Friedrich Wilhelm IV. die Mehrheit der Abgeordneten beteuert,

Fanny Lewald um 1850

unbeirrbar an der Reichsverfassung und an dem in ihr enthaltenen demokratischen Wahlrecht festzuhalten. Neunundzwanzig deutsche Regierungen, darunter die Württembergs, sprachen sich für die Annahme der Verfassung aus. Durch Verhandlungen und mit moralischem Druck hoffte man, die an ihrer Weigerung festhaltenden Fürsten der größeren Staaten Deutschlands doch noch zum Nachgeben zu veranlassen. Je mehr die Reaktion sich der vom Kleinbürgertum geführten und von breitesten Bevölkerungskreisen getragenen Verfassungsbewegung widersetzte, um so geschlossener stellte sich das Volk hinter die Reichsverfassung.

Anfang Mai trat der Konflikt in die Phase gewaltsamer Ausein-

Karikatur aus der «Buddelmeyer-Zeitung» 1849

andersetzungen. Als sich am 3. Mai in Dresden Turner, Arbeiter und Handwerker erhoben, begann ein sechs Tage währender Barrikadenkampf, der nur durch die Intervention preußischer Truppen zugunsten der Konterrevolution entschieden wurde. In der Pfalz übernahmen zur gleichen Zeit Demokraten die Regierungsgewalt, sagten sich von Bayern los und setzten eine Provisorische Regierung ein. In den Städten des Rheinlandes und Westfalens, besonders im bergisch-märkischen Industriebezirk, errichteten Arbeiter und Landwehrmänner Barrikaden und verteidigten sie gegen die anrückenden preußischen Truppen. Zum Höhepunkt der Reichsverfassungskampagne wurden die Ereignisse in Baden, wo am 12. Mai ein Aufstand der Armee gegen die großherzogliche Regierung losbrach, die Soldaten zum Volk übergingen und die bald darauf gebildete Provisorische Regierung sich auf ein Volksheer stützen konnte, dessen Kern die Armee des Landes war.

Was die territorial zersplitterten und unkoordinierten Aufstände am nötigsten gebraucht hätten, wäre eine zentrale Führung gewesen, die nach Lage der Dinge nur die Frankfurter Nationalversammlung sein konnte, für deren Werk sich das Volk im blutigen Kampfe mit der Reaktion schlug. Dies hätte freilich vorausgesetzt, daß das Paulskirchenparlament sich hinter die Aufstände gestellt und entschieden für sie Partei genommen hätte. Doch daran war nicht zu denken. Angesichts des Beginns bewaffneter Kämpfe vollends hilflos geworden, bekannte sich die Mehrheit der Abgeordneten, die Anhänger der unter Führung Heinrich von Gagerns stehenden Erbkaiserpartei, zwar weiterhin zur Reichsverfassung, lehnte es aber ab, die Anwendung von Gewalt zu billigen, die zu ihrer Durchsetzung notwendig war. So wartete man tatenlos die Ereignisse ab. Schon verließen Mitglieder der konservativen und liberalen Fraktionen scharenweise die Versammlung. Die Auflösung des deutschen Parlaments hatte begonnen.

In den Tagen, da dieser Prozeß einsetzte, kam Jacoby in Frankfurt an. Seine ersten Eindrücke ermutigten ihn wenig, und er beschloß, sich nur kurze Zeit aufzuhalten und dann über Berlin in seine Heimat zurückzukehren. Deutlich erkannte er die prekäre Lage der Versammlung, ihre selbstverschuldete Mittelstellung zwischen Revolution und Konterrevolution, und wie wenig Aussicht noch bestand, daß sie aus dieser Position ausbrechen und sich zu einer Initiative aufraffen würde. Das Paulskirchenparlament, schrieb er am 12. Mai einem Freund, «kann sich nicht zu einem kräftigen Beschluß erheben, fürchtet die Freiheitsbewegung mehr als den Absolutismus». Und er fügte hinzu: «Eine revolutionäre Versammlung, die sich defensiv verhält, ist verloren.»

Unter diesen Umständen blieben seine Gespräche, die er mit demokratischen und liberalen Abgeordneten führte, ohne Erfolg. Zusammen mit Jodokus Temme, seinem ehemaligen Berliner Parlamentskollegen, drängte er die kleinbürgerliche Linke, sich an die Spitze der Reichsverfassungsbewegung zu stellen. Er schlug vor, Frankfurt zu verlassen und sich nach Württemberg zu begeben. Infolge der zahlenmäßigen Dezimierung der Versammlung war die Linke in der Paulskirche zur einflußreichsten Kraft geworden. Sie hätte durchaus noch aktiv werden können, verhielt sich aber abwartend und begnügte sich mit parlamentarischen Debatten. Großen Wert legte Jacoby vor allem auf eine Unterredung mit Heinrich von Gagern, dem ehemaligen Parlamentspräsidenten, der bis zum 10. Mai an der Spitze des Reichsministeriums gestanden hatte. Jacoby hoffte, ihn noch zu einer Änderung seiner Haltung bewegen und zum Handeln anstacheln zu können, wenn er ihm jene preußische Politik enthüllte, die die Kamarilla lenkte und von deren geheimen Zielen er intime Kenntnis besaß. Den Führer der Liberalen fand er jedoch in einer desolaten psychischen Verfassung, und jede Mühe erwies sich als vergeblich. «Er ist aber zu unentschlossen und infolge der letzten Ereignisse zu sehr mit sich selbst zerfallen», berichtete er am 19. Mai Meyerowitz, «als daß irgend etwas von ihm zu erwarten wäre. Er sprach es geradezu gegen mich aus, daß er den guten Willen habe, sich an die Spitze der Bewegung zu stellen, daß er aber glaube, es fehlt ihm die Fähigkeit dazu. Wie ist dieser Mann in dem einen Jahr alt und matt geworden. Er ist ein braver Mann, aber kein Charakter, wie die jetzige Zeit ihn fordert. Gagern ist die personifizierte Paulskirche, das personifizierte Deutschland.»

Jacoby entschloß sich schließlich, seine Abreise erneut zu verschieben und in Frankfurt zu bleiben. Die ersten Erfolge der badischen Revolution machten ihm vorübergehend gewisse Hoffnungen, und er wollte nun auch das Mandat als Abgeordneten-Stellvertreter wahrnehmen, das ihm seine Berliner Wähler im Mai 1848 erteilt hatten. Der konservative Abgeordnete Friedrich von Raumer, dessen Stellvertreter er war, hatte, wie Dutzende andere Parlamentarier, der Paulskirche den Rücken gekehrt, als die Abgeordneten aus Preußen am 14. Mai von der Berliner Regierung aufgefordert worden waren, ihr Mandat niederzulegen. Um die Nationalversammlung zu sprengen und ihre Selbstauflösung herbeizuführen, verließen am 20. Mai auch Gagern und 60 seiner Gesinnungsfreunde die Versammlung. Jacoby antwortete mit seinem Beitritt zum deutschen Nationalparlament auf die schmähliche Flucht der Liberalen, die ihn empörte. Er wußte, die Versammlung und die Revolution waren im Grunde verloren, deshalb tat er diesen Schritt ohne Selbsttäuschung und ohne jede Erwartung. In den wenigen Sitzungen, an denen er teilnahm, hat er sich denn auch gänzlich passiv verhalten. Sein Eintritt, der am 24. Mai erfolgte, brachte allerdings der Linken an diesem Tage durch Zufall Nutzen. Der Versuch der Demokraten, die Beschlußfähigkeit der Versammlung von 150 auf 100 Stimmen herabzusetzen, war mehrfach daran gescheitert, daß zur Abstimmung nicht die erforderliche Zahl von Abgeordneten zugegen war. Nun half Jacobys Mandatsübernahme aus dieser Verlegenheit, mit ihr konnte gerade die fehlende Stimme aufgeboten werden.

Jacoby erfuhr in diesen Tagen, daß er in Preußen auf der Fahndungsliste der Polizei stand. Eine Mitteilung darüber verbreitete auch die «Kölnische Zeitung». Die Richtigkeit der Meldung war um so wahrscheinlicher, als bekannt wurde, man habe den Führer der äußersten Linken der Berliner Versammlung, Benedikt Waldeck, verhaftet und wegen versuchten Hochverrats angeklagt. Jacobys Freunde, die Lewald, Adolf Stahr, Kosch und Meyerowitz, sorgten sich und warnten ihn, vorerst nicht nach Preußen zurückzukehren. Es ist außerordentlich bezeichnend, wie er auf diese Informationen und die ihm drohende Gefahr reagierte. Er wandte sich am 25. Mai mit einem Schreiben an den Berliner Oberstaatsanwalt und ließ ihn wissen, falls die Nachrichten über eine gegen ihn eingeleitete polizeiliche Fahndung richtig wären, «daß ich mich zur Zeit in Frankfurt am Main aufhalte und, sobald ich meiner Pflicht als Abgeordneter zur deutschen Nationalversammlung genügt habe, nach Preußen zurückkehren werde». Es war dies kein Scherz gegenüber einem hohen Justizbeamten; mit dem, was er schrieb, meinte es Jacoby ernst. Felsenfest vertraute er darauf, kein preußisches Gericht würde imstande sein, ihm eine Handlung nachzuweisen, die nicht mit Recht und Gesetz im Einklang stand.

Am 30. Mai beschloß das deutsche Parlament seine Verlegung von Frankfurt nach Stuttgart. Da auf Geheiß des Reichsverwesers, der eng mit der Konterrevolution zusammenarbeitete, Truppen um Frankfurt konzentriert wurden, bestand eine akute Bedrohung für die Versammlung. In Stuttgart hofften die Abgeordneten auf den Beistand eines Landes, dessen Regierung sich ohne Vorbehalt für die Reichsverfassung erklärt hatte. Für die Paulskirchen-Linke und ihre Mentalität war es freilich typisch, daß sie es vorzog, ins friedliche Württemberg zu gehen statt ins badisch-pfälzische Aufstandsgebiet, wohin sich nur einige Abgeordnete der äußersten Linken, wie Friedrich Wilhelm Schlöffel, Friedrich Martiny und Wilhelm Adolf von Trützschler, wandten, um am bewaffneten

Adolf Stahr, gezeichnet von E. Baumann-Jerichau 1846

Kampfe teilzunehmen oder sich der Revolution auf andere Weise zur Verfügung zu stellen.

Auf Jacoby, froh, Frankfurt, «dieses arge Krämer- und Heulernest», verlassen zu können, wirkte die Reise nach Stuttgart belebend. Er fuhr zusammen mit sechs Abgeordneten, unter ihnen Heinrich Simon, der böhmische Dichter Moritz Hartmann, Jodokus Temme und Wilhelm Löwe, der zuletzt als Präsident der Nationalversammlung fungiert hatte. Ein Postwagen brachte sie über Aschaffenburg nach Heilbronn, wo man auf die Eisenbahn umstieg. Unterwegs begrüßte man sie überall mit großer Herzlichkeit. In Heilbronn wurde für einen Tag Station gemacht, wozu die landschaftlich reizvolle Umgebung der Stadt verlockte. Als Führer bei einem Ausflug stellte sich ihnen hier Wilhelm Zimmermann, der Geschichtsschreiber des Bauernkriegs und Paulskirchenabgeordnete der äußersten Linken, zur Verfügung, der ihnen aus Stuttgart entgegengereist war. An diesem Tag fand Jacoby auch Gelegenheit, in Weinsberg den Dichter und Arzt Justinus Kerner aufzusuchen, das Haupt des Schwäbischen Dichterkreises und Freund Uhlands, Lenaus und Mörikes.

Württemberg und seine Menschen begeisterten Jacoby. «Ich kann Dir gar nicht sagen», schrieb er Meyerowitz, «wie sehr es mir in dem herrlichen Schwabenlande gefällt, wieviel Anziehendes für mich der kerngesunde Menschenschlag hat, der dieses schöne Land bewohnt.» Und kurze Zeit glaubte er sogar, daß angesichts der unter einem Teil der Bevölkerung Württembergs herrschenden Stimmung die Nationalversammlung hier den Punkt gefunden haben könnte, «von dem aus sie den über Deutschland hereinbrechenden Absolutismus bekämpfen kann». Während der Reise bemerkten seine Freunde an ihm eine «unerschütterliche und erstaunlich heitere Ruhe», wie Moritz Hartmann in seinen Erinnerungen schrieb. Und er war auch zu Gesprächen aufgelegt über Philosophen und Dichter, wobei er immer wieder auf Kant zurückkam.

Am 6. Juni trat die Versammlung in Stuttgart zu ihrer ersten Sitzung zusammen, nachdem sich über hundert Abgeordnete eingefunden hatten. In die Geschichte ist sie unter dem Namen Rumpfparlament eingegangen. Von Anfang an haftete ihrer Tätigkeit ein Zug des Tragikomischen an. Bis an die Grenze der Lächerlichkeit groß war der Widerspruch zwischen der Radikalität ihrer Beschlüsse und ihrer gänzlichen Ohnmacht, sie in die politische Realität umzusetzen. Großartige Proklamationen wurden erlassen, Aufrufe an das deutsche Volk und an die Soldaten aller deutschen Armeen. Auf dem Papier stellte man eine revolutionäre Streitmacht auf. Einer der ersten Beschlüsse betraf die Auflösung der provisorischen Zentralgewalt und die Absetzung des Reichsverwesers. An ihre Stelle berief man eine aus fünf Abgeordneten bestehende Reichsregentschaft, der so namhafte Persönlichkeiten wie Heinrich Simon und Karl Vogt, der bedeutende Naturforscher, angehörten. Jacoby war ebenfalls gewählt worden, er hatte jedoch auf die Annahme des Mandats verzichtet, wie er sich überhaupt in Stuttgart, ähnlich wie vordem schon in Frankfurt, gänzlich zurückhielt. An einen Erfolg des Unternehmens vermochte er nicht mehr zu glauben, und dies um so weniger, da die auf die württembergische Regierung gesetzten Hoffnungen schnell verflogen.

Als die Reichsregentschaft das Stuttgarter Ministerium um die Bereitstellung eines 5000 Mann starken Armeekorps zur Abwehr einer preußischen Invasion ersuchte, kam es zum Bruch. Am 14. Juni forderte Friedrich Römer, der Ministerpräsident, ein linker Liberaler, das Rumpfparlament auf, das Land unverzüglich zu verlassen. Das Betreten des Ständehauses, ihre Beratungsstätte, war den Abgeordneten fortan verboten. Wollten sie weiter tagen, mußten sie in der Stadt immer neue Lokale aufsuchen. Als sie sich am 18. Juni zum Fritzschen Saal begeben wollten, wurden sie auf der Straße von Kavallerie überfallen und brutal auseinandergetrieben.

Den Vorgang hat Jacoby am nächsten Tag Meyerowitz geschildert: «Gestern, am denkwürdigen 18. Juni (Schlacht bei Waterloo – R. W.), ist die erste deutsche Nationalversammlung durch Waffengewalt gesprengt worden. Der frühere Republikaner Römer hat sich zu dieser schmählichen Tat mißbrauchen lassen. Sein eigener Schwiegervater, der 70jährige Abgeordnete Schott, und sein treuester Freund, der greise Dichter Uhland, schritten neben dem Präsidenten Löwe an der Spitze des Zuges einher und wurden nur durch einen glücklichen Zufall vor der Brutalität der Soldaten bewahrt. Die Nationalversammlung hat ein ehrenvolles Ende genommen, selbst die Gegenpartei läßt ihr diese Gerechtigkeit widerfahren und scheint über den Ausgang der Sache bestürzt. So ist denn die erste Periode der deutschen Revolution beendet und hat dem Volke keinen anderen Vorteil als den der Selbsterkenntnis ge-

Karikatur aus der «Illustrierten Zeitung» 1849

bracht, zugleich aber auch die Lehre erteilt, daß jede Revolution verloren ist, welche die alten wohlorganisierten Gewalten neben sich fortbestehen läßt.»

Wenige Tage nach Sprengung des Rumpfparlaments überschritten preußische Truppen den Rhein und drangen in Südwestdeutschland ein. Vor ihrer Übermacht mußte die badisch-pfälzische Revolutionsarmee trotz tapferer Gegenwehr weichen; ihr fielen zudem noch württembergische Verbände in die Flanke. Einem Teil des Volksheeres gelang es, sich auf das Gebiet der neutralen Schweiz zu retten, während ein anderer in der Festung Rastatt eingeschlossen wurde, wo er nach dreiwöchiger Belagerung kapitulierte.

Die Niederschlagung der revolutionären Bewegung und der Triumph der Reaktion haben Jacoby tief erschüttert. Körperlich fühlte er sich indes wohl, und so wollte er vor seiner Rückkehr nach Königsberg noch vierzehn Tage im Schwabenland bleiben, auch einen Ausflug zum Bodensee unternehmen. Da kam die Nachricht, der preußische Innenminister Manteuffel verlange vom Stuttgarter Kabinett die Verhaftung und Auslieferung aller Abgeordneten des Rumpfparlaments, die preußische Staatsangehörige waren, und er habe dabei besonders auf Jacoby hingewiesen. Römer, der sich nicht ostentativ zum Büttel des Polizeiterrors der Hohenzollern machen lassen wollte, empfahl den Parlamentariern, sich in der Schweiz in Sicherheit zu bringen. Anfang Juli hat Jacoby in Begleitung von Heinrich Simon und Moritz Hartmann die Grenze zur Alpenrepublik überschritten.

Exil, Ruckkehr und Prozeß

Anfang September hielt sich Jacoby auf einer Rundreise durch die Schweiz für knapp zwei Wochen in Bern auf. Hier traf er Ludwig Bamberger und Franz Zitz, ihm seit den Tagen des Vorparlaments bekannte und befreundete Republikaner, Führer der Mainzer und rheinhessischen Demokratie, die wegen ihrer Teilnahme an der Aufstandsbewegung in der Pfalz emigrieren mußten. Sie erzählten Jacoby von dem vorzüglichen Mittagessen, das ihnen ihre Wirtin täglich für wenig Geld zubereite, und luden ihn zu einer Mahlzeit ein. «Mein Jacoby erschien», berichtet Bamberger, «beteiligte sich fröhlich an unserem frugalen Mahle, blieb noch ein Stündchen zum Plaudern da, und dann, im Begriff sich zu erheben, zog er sein langes, dünngefülltes, grünes gehäkeltes Geldbeutelchen heraus und zählte die paar Rappen des ihm früher genannten Kostpreises auf den Tisch. Alles Protestieren half nichts. Er habe sich selbst und stillschweigend nur unter dieser Bedingung eingeladen. Er nahm Hut und Stock, und uns blieb nichts übrig, als die Schadloshaltung einzustreichen.»

Während der Monate, die er in der Schweiz verbrachte, hat Jacoby vorwiegend in dem kleinen Ort Vernex bei Vevey am Genfer See gelebt. Zusammen mit Heinrich Simon und Moritz Hartmann wohnte er in einem unmittelbar am See gelegenen Gasthof. Die

Moritz Hartmann

Freunde badeten im Sommer viel, unternahmen Bergtouren und verfolgten aufmerksam die Nachrichten über die politischen Ereignisse in Europa. Für Heinrich Simon stand bald fest, daß es ihm vorerst beschieden war, Emigrant zu bleiben, nachdem ihn ein Breslauer Gericht zu lebenslänglicher Zuchthausstrafe verurteilt hatte. Anders als den meisten anderen Flüchtlingen gelang es ihm, in der Schweiz Fuß zu fassen und dank eines großen ererbten Vermögens ein erfolgreicher Unternehmer zu werden. Sehr nahe stand Jacoby in Vernex dem um sechzehn Jahre jüngeren Moritz Hartmann, einem originellen und witzigen Kopf, Verfasser einer der besten Dichtungen des Revolutionsjahres, der satirischen «Reimchronik des Pfaffen Mauritius». Das Werk war eine Abrechnung mit der Ohnmacht und dem Versagen der liberalen Mehrheit der Frankfurter Paulskirche. Hartmann blieb nur kurze Zeit in der Schweiz, dann ließ er sich in Paris nieder, von wo aus er ein unstetes Wanderleben als Zeitungskorrespondent führen mußte, ehe er 1863 eine Anstellung als Redakteur in Stuttgart fand. Sehr angetan äußerte sich der böhmische Dichter und Publizist über das intellektuelle Niveau der Gespräche, die das Trio miteinander hatte und die halfen, die unter den Flüchtlingen weitverbreitete Enttäuschung und Erbitterung über die Begebenheiten der vergangenen Wochen und Monate zu überwinden.

Auf Schritt und Tritt begegnete Jacoby in der Schweiz alten Bekannten und Freunden, meist zur großen Schar der Exilanten gehörig. In Genf suchte er mehrmals Georg Herwegh auf, und bei ihm lernte er auch den russischen Revolutionär und Schriftsteller Alexander Herzen kennen, der nach dem Sieg der Konterrevolution in Frankreich, von Paris kommend, Zuflucht in der Alpenrepublik gesucht hatte. In Bern lud ihn Karl Vogt, der ehemalige Reichsregent, in sein gastliches Haus. Mit Ludwig Simon aus Trier, dem demokratischen Abgeordneten der Frankfurter Versammlung, einem glänzenden Redner, unternahm er eine Tour durch das Berner Oberland. In dem Ort Thierachern nahe Thun, wo ihn Adam von Itzstein herzlich begrüßte, nahm er Mitte September an einer Zusammenkunft von ehemaligen Abgeordneten des Stuttgarter Rumpfparlaments teil, wo über die finanzielle Entlastung der Reichsregentschaft beraten und ein Komitee zur Erfassung aller deutschen Flüchtlinge eingesetzt wurde. Gern wäre Jacoby für zwei Wochen nach Frankreich gereist, da aber die französische Gesandtschaft in Bern Schwierigkeiten machte, zerschlug sich das Vorhaben.

Jacoby stellte sich sehr bald die Frage, ob er in der Schweiz bleiben oder nach Preußen zurückkehren sollte. Anders als die meisten der fast 10 000 deutschen Flüchtlinge, die es 1849 in der Alpenrepublik gab, fühlte er sich nicht als Emigrant. Schon lange vor seinem Grenzübertritt, am 22. Mai 1849, hatte er aus Frankfurt an Adolf Stahr geschrieben: «Lieber Gefangener als Flüchtling.» Ungeachtet dieses Vorsatzes durchlebte er eine Phase wochenlangen Schwankens, ehe er zu einem festen Entschluß kam. Den Ausschlag gab schließlich die Nachricht von der Anklage, die gegen ihn in Königsberg wegen Hochverrats erhoben worden sei. Nun schlug Jacoby alle Ratschläge und Mahnungen seiner Freunde, auch seiner Schwestern in den Wind, die ihn baten, in der Schweiz zu bleiben, und für die es feststand, daß er in der Heimat mit einem Schuldurteil und langjähriger Kerkerhaft zu rechnen habe.

Am 10. August teilte er dem Berliner Oberstaatsanwalt J. Sethe mit, er wolle im nächsten Monat heimkehren und sich dem Gericht stellen. Seinen Schwestern schrieb er acht Tage später ausführlich über die Gründe, die ihn zu diesem Entschluß bewogen hatten. Ihm widerstrebe es, sich im Ausland in Sicherheit zu wissen, während seine Gesinnungsfreunde in der Heimat Not und Unterdrückung erdulden müßten. «Solange meine Mitbürger in den Fesseln des Absolutismus schmachten, solange viele meiner früheren Genossen – gerade durch mein Wort und Beispiel zum politischen Wirken angeregt – dafür im Kerker büßen, würde ich auch im freieren Auslande keinen frohen Augenblick haben; mit meinen Gedanken würde ich doch immer in der Heimat sein: das Ausland wäre mir nur ein größeres Gefängnis, in welchem ich – unzufrieden mit mir selbst – körperlich und geistig verkommen müßte.»

Jacoby befürchtete, durch längere Abwesenheit entstehe der Eindruck, er habe Furcht oder fühle sich gar schuldig. «Mögen überweise Egoisten mich einen ‹Schwärmer› heißen oder ‹Märtyrersucht› mir als Motiv unterlegen – je mächtiger die Willkürherrschaft, je allgemeiner die Furcht vor derselben, um so mehr fühle ich die Verpflichtung in mir, mit dem Beispiele des Mutes voranzugehen und der Gewalt mein gutes Recht entgegenzustellen.» Er war fest davon überzeugt, daß er auf den Rechtssinn derer bauen könne, die über ihn richten würden, und er hoffte, es würde ihm wie in seinen vorangegangenen Prozessen gelingen, die Anklage zu entkräften. «Der Aufenthalt in der Schweiz, die reine Bergluft, die Bäder im Genfer See haben mich körperlich und geistig gestärkt; ich fühle mich kräftig und jeder Prüfung gewachsen, die mir bevorsteht. Was auch kommen mag, es soll mich nicht beugen noch mir die Zuversicht des Sieges rauben.»

Anfang Oktober erhielt Jacoby Kenntnis von der Aufforderung, sich in Königsberg zur Voruntersuchung wegen der gegen ihn erhobenen Anklage einzufinden. Er nahm daraufhin Abschied von der Schweiz und trat die Heimreise an, die ihn über Berlin führte. Seinem Vetter Eduard Waldeck gegenüber sprach er dort abermals die Überzeugung aus, auch die reaktionärsten Geschworenen würden außerstande sein, ihn zu verurteilen. Am 20. Oktober meldete er sich beim Königsberger Stadtgericht und wurde in Haft genommen. Für den vierundvierzigjährigen Arzt war es das erstemal, daß er mit den Mauern einer Gefängniszelle Bekanntschaft machte. Den Plan einiger Freunde, ihn zu befreien und ihm zur Flucht zu verhelfen, lehnte er mit Entschiedenheit ab. Die dreitägige Vernehmung Ende Oktober konzentrierte sich auf seine Teilnahme am Stuttgarter Rumpfparlament. Ohne Umschweife gestand Jacoby, für die dort gefaßten Beschlüsse gestimmt zu haben. Das Gericht befand daraufhin, der Tatbestand des Hochverrats sei erfüllt, und erklärte, der Beschuldigte befinde sich offiziell im Zustand der Anklage, Hochverrat verübt zu haben.

Einigen Richtern der Justizadministration in der Pregelstadt behagte es nicht, sich abermals mit einem Angeklagten befassen zu müssen, den sie zur Genüge kannten und gegen den sie schon zweimal den kürzeren gezogen hatten. Im Oktober war Fanny Lewald in Berlin auf einer Gesellschaft mit dem Präsidenten des Königsberger Oberappellationsgerichts, Christian Friedrich Gotthilf von Zander, ins Gespräch gekommen, der ihr freimütig gestand: «Es ist uns sehr fatal, daß Jacoby zurückgekommen ist, er hätte lieber fortbleiben sollen. Das wird jetzt ewiges Gerede geben, endloses Geschreibe, tausend Schwierigkeiten. Sie begreifen, daß es uns sehr unangenehm ist.»

Am 28. November erhielt Jacoby die von dem Oberstaatsanwalt, Rudolf von Batocki, verfaßte Anklageschrift. Darin wurde ihm vorgeworfen, durch seine Mitwirkung an den Beschlüssen des Rumpfparlaments gegen den Deutschen Bund und gegen Preußen Hochverrat verübt zu haben. Schon vor Beginn des Prozesses sah die reaktionäre Presse seiner Vaterstadt in Jacoby einen politischen Verbrecher. Wortführer des Preußenvereins forderten in aller Offenheit seine Verurteilung. Von demokratischer Seite besaß nur der Arbeiterverein den Mut, seine Stimme für den Angeklagten zu erheben. In der Stadt herrschte eine Atmosphäre gespannter Erwartung, die ihren Höhepunkt am 8. Dezember, am Prozeßtag, erreichte.

Schauplatz der Verhandlung war ein Saal im Königsschloß in

der Altstadt. Um zu ihm Zutritt zu erhalten, hatten sich die ersten Zuhörer schon um fünf Uhr morgens auf dem Schloßplatz eingefunden. Als sich um acht Uhr dreißig, eine halbe Stunde vor Beginn des Prozesses, die Türen des Gerichtssaales öffneten, füllte er sich im Nu bis auf den letzten Platz. Nach der Eröffnung durch den Präsidenten mußte sich das Gremium der Geschworenen konstituieren. Eine Liste von drei Dutzend Geschworenen war von höheren Regierungsbeamten Wochen vorher aufgestellt worden, wobei ihnen ein Polizeirat zur Hand gegangen war, der über beste Personenkenntnisse verfügte. So fanden sich auf der Liste nicht wenige Namen rabiater Mitglieder des Preußenvereins und reaktionärer ostpreußischer Adliger. Da die Zahl der dreiunddreißig anwesenden Geschworenen auf zwölf reduziert werden mußte, besaß der Angeklagte das Recht, elf, der Staatsanwalt zehn von ihnen abzulehnen. Auf die Vereidigung des Schwurgerichts folgten die Verlesung der Anklageschrift und das Plädoyer des Anklägers, von Batocki. Danach hatte der Beschuldigte das Wort.

Jacoby hielt eine äußerst eindrucksvolle Rede. Er setzte dem Staatsanwalt mit politischen und juristischen Argumenten so zu, daß die Anklage schließlich als eine Konstruktion, als ein Machwerk erschien, das nur dem Zwecke dienen sollte, einen mißliebigen Demokraten hinter Schloß und Riegel zu bringen. Maßgeblich beflügelte den Angeklagten das Bewußtsein, mit der Sympathie einer großen Zahl derer rechnen zu können, die auf den Zuschauertribünen Platz genommen hatten.

Jacoby verwies zunächst auf die Vergangenheit und sagte, er sei schon zweimal angeklagt worden, aber in beiden Fällen habe man ihn freisprechen müssen. Er habe damals seine Stimme für das Recht des Volkes auf eine Verfassung erhoben, und schon wenig später sei diese Forderung erfüllt worden. Diesmal habe er als Abgeordneter das Recht des Volkes auf ein einiges und freies Vaterland vertreten, und trotz der Trostlosigkeit der Gegenwart sei er sicher, daß die Zeit kommen werde, wo diese Forderung ihre Erfüllung finden würde. Auf die Beschlüsse des Stuttgarter Rumpfparlaments eingehend, bestritt er, daß den Geschworenen oder irgendeinem Gerichtshof der Welt das Recht zukomme, darüber zu entscheiden, ob diese hochverräterisch gewesen seien oder nicht; allein die Geschichte habe darüber zu richten. Über die Beweggründe seiner Mitwirkung wolle er nicht sprechen, er habe sich dafür nur vor seinem Gewissen und seinen Wählern zu rechtfertigen.

Jacoby kam dann zum Kerngedanken seiner Verteidigung, der Berufung auf die Abgeordnetenimmunität, und stellte fest, es sei in allen Ländern mit einer Repräsentativverfassung üblich, den Abgeordneten Schutz vor gerichtlicher Verfolgung zu gewähren. Auch für Preußen gelte das von der deutschen Nationalversammlung am 30. September 1848 beschlossene Gesetz, wonach kein Abgeordneter für seine Abstimmung oder für eine Äußerung im Parlament juristisch belangt werden könne. Er zerpflückte sodann die Behauptung der Anklage, die Stuttgarter Versammlung sei nur eine Privatgesellschaft und nicht eine Fortführung der Nationalversammlung gewesen. Batocki hatte zu beweisen versucht, daß die Paulskirche mit der Abberufung der preußischen Abgeordneten durch die Berliner Regierung am 14. Mai ihr Ende gefunden hätte. Dagegen verwies Jacoby auf den Reichsverweser, der nach dem 14. Mai die Nationalversammlung noch anerkannt und mit ihr verhandelt habe. Er machte auf die Erklärung der Abgeordneten der Frankfurter Versammlung vom 16. Mai aufmerksam, in der festgestellt worden war, daß sie Abgeordnete des deutschen Volkes und nicht der preußischen Regierung seien und daß deshalb dem Berliner Kabinett kein Recht auf ihre Abberufung zustehe. Schließlich setzte er sich mit der Verlegung des Parlaments nach Stuttgart auseinander, wobei er auf einen vom Parlamentspräsidium Ende April 1849 gefaßten Beschluß hinwies, in dem die Nationalversammlung für sich das Recht in Anspruch nahm, zu jeder Zeit und an jedem Ort zusammenzutreten.

Jacobys Worte waren mutig, aber nicht aggressiv im Ton. Er äußerte durchaus Verständnis dafür, daß in einer politisch bewegten Zeit wie der gegenwärtigen Beamte sich genötigt sehen könnten, der höheren Politik die Logik zum Opfer zu bringen. Nicht um seine Person gehe es ihm, sondern um die Ehre, die Selbständigkeit und das Existenzrecht einer Volksvertretung, der er angehört

Johann Jacoby vor dem Königsberger Geschworenengericht, aus der «Illustrierten Zeitung» 1850

habe. Noch einmal zitierte er den Satz aus dem Gesetz vom 30. September 1848: «Kein Abgeordneter darf wegen seiner Abstimmung zur Verantwortung gezogen werden», um dann mit den Worten zu schließen: «Ich habe nur getan, was ich für Pflicht hielt: treu ausgeharrt auf dem Posten, den das Vertrauen meiner Wähler mir zuwies. Sie, meine Herren Geschworenen, sind berufen – frei von Parteileidenschaft – das sittliche Volksurteil zu vertreten; Sie haben den Eid geleistet, gewissenhaft und unparteiisch Recht zu sprechen! Ich erwarte Ihr Urteil.»

Kaum hatte Jacoby seine Rede beendet, da kam es im Saal zu einem bezeichnenden Zwischenfall. Zusammen mit dem Vorsitzenden des Preußenvereins, General von Plehwe, befand sich auch dessen Gesinnungsfreund, Oberstleutnant von Hintzmann, unter den Zuschauern. Als Hintzmann versuchte, sich den Geschworenen zu nähern, um mit einigen von ihnen zu sprechen, erhob sich Ludwig Walesrode und trat ihm entgegen, da es den Zuhörern verboten war, vor der Urteilsverkündung Kontakt mit den Geschworenen aufzunehmen. Es kam darüber zu einem heftigen Auftritt zwischen Walesrode und General von Plehwe, der erst sein Ende fand, nachdem der Gerichtspräsident einen Polizeikommissar beauftragt hatte, die Kontrahenten aus der Nähe der Geschworenentribüne fortzuweisen und zur Ruhe zu mahnen.

Nach Jacoby erhielt sein Verteidiger, der Rechtsanwalt Ludwig Eduard Marenski, das Wort. Seine Ansprache war das Muster eines geschickten, in der Sache wie im Ton versöhnlich gestimmten Plädoyers. Er umging durchaus nicht die politischen Fragen; so meinte er, sowohl die Linke in Frankfurt als auch die preußische Krone hätten die politische Einigung Deutschlands gewollt, und es sei kein Verbrechen, sondern vielleicht ein politischer Irrtum gewesen, wenn die Demokraten dieses Ziel «mit stürmischer Hast» angegangen wären. Den Geschworenen hielt er eindringlich vor Augen, was ihr Votum, wenn es auf schuldig laute, für den Angeklagten zu bedeuten habe, nämlich die Todesstrafe, die nach den Bestimmungen des Allgemeinen Preußischen Landrechts bei Hochverrat durch «Schleifen zur Richtstätte auf einer Kuhhaut und Rädern von unten auf» zu vollstrecken sei. Marenski erklärte schließlich, es sei offenkundig, daß Jacobys freiwillige Rückkehr aus der Schweiz der klare Beweis dafür sei, daß er sich völlig unschuldig fühle.

Auf einmal schien es, als bekäme die Verhandlung einen dramatischen Zug. Oberstaatsanwalt von Batocki war nicht verborgen geblieben, wie stark sich viele Geschworene von den Ausführungen des Angeklagten und seines Verteidigers hatten beeindrucken lassen. Und da er einen Freispruch unbedingt verhindern wollte, stellte er zur Überraschung aller den Antrag an das Gericht, den Prozeß nicht wegen Hochverrats, sondern wegen öffentlicher Aufreizung zum Hochverrat fortzuführen. Das war aber ein ganz anderer juristischer Sachverhalt. Für dieses Delikt hätte der Verurteilte nur eine Zuchthausstrafe von zwei bis zehn Jahren zu erwarten gehabt. Sofort erhob Marenski dagegen Einspruch; die Untersuchung sei nicht wegen Aufreizung zum Hochverrat, sondern unter der Voraussetzung des Hochverrats geführt worden.

Nach kurzer Beratung entschied sich das Gericht für die Meinung des Verteidigers.

Die Verhandlungen wurden nachmittags gegen fünf Uhr beendet. Während die Geschworenen sich zur Beratung zurückzogen, brachte man Jacoby in einen kleinen Raum, wo er, eine Zigarre rauchend, auf die Verkündung des Urteils wartete. Über seine Gemütsverfassung in dieser Stunde hat sein Freund Kosch geschrieben: «Die ganze große Versammlung aus Richtern, Geschworenen und Zuhörern, sie befanden sich alle in Besorgnis, in Furcht, Haß, Spannung. Einer allein thronte in erhabener Würde, es war Jacoby.»

Nach einer Stunde kehrten die Geschworenen zurück, und ihr Vorsitzender, Hans Georg Kuno von Usedom, erklärte, man habe in allen vom Gericht geltend gemachten Punkten den Angeklagten für nicht schuldig befunden. Darauf verkündete der Gerichtspräsident den Freispruch. Seine Worte lösten einen Beifallssturm unter den Anwesenden aus; man eilte auf Jacoby zu, ihm die Hand zu schütteln. Unter den Geschworenen hatte es keine einhellige Meinung gegeben; immerhin war ein Drittel von ihnen für eine Verurteilung eingetreten, und es sollen vor allem die Rittergutsbesitzer Usedom und Adolf von Bergen gewesen sein, die schließlich eine eindeutige Mehrheit für Jacobys Freispruch zustande gebracht hatten.

Auf dem Schloßplatz wartete inzwischen eine große Menschenmenge. Sie brach in Jubelschreie aus, als vom Schloßportal herab verkündet wurde: Jacoby ist frei. Die nun folgende Szene hat der Korrespondent der «Kölnischen Zeitung» beschrieben: «Der Jubelruf teilte sich vom Schloßhofe dem Volkshaufen mit, welcher vor dem Schloßtore bis nach der Französischen Straße und dem Schloßberg hinunter versammelt war. Es war ein großartiger und erhebender Moment, als die versammelten Massen in das Lied ‹Was ist des Deutschen Vaterland?› einstimmten. Es waren Tausende, welche ihrem Jubel in diesem Gesange Luft machten, der wieder beim Schlusse jedes Verses von einem nicht enden wollenden Hoch auf Jacoby, die Freiheit und die Demokratie unterbrochen wurde. Vom Schloßberge zog die Volksmasse mit die-

Benedikt Waldeck,
aus der «Illustrierten Zeitung»
1848

sem Liede die Schmiedestraße hinab, durch die Altstädtische in die Kneiphöfische Langgasse. Hier machte sie vor dem Hause Jacobys halt, der sich indes dem Freudensturm entzogen hatte und noch nicht erschienen war. Zahlreiche Hochs auf ihn, ‹den Mann des Volkes›, auf die Geschworenen, auf Waldeck, auf Deutschland, auf die Demokratie wechselten miteinander. Die gegenüberstehenden Häuser der Straße waren sofort erleuchtet worden.»

Seiner Gewohnheit gemäß hatte Jacoby versucht, sich der öffentlichen Huldigung zu entziehen, indem er das Schloß durch das hintere Portal verließ. Ehe er jedoch seinen Wagen erreichen konnte, wurde er erkannt und mit Hochrufen bedacht, die ihn auf der ganzen Strecke des Weges bis zu seiner Wohnung begleiteten. In den nächsten Tagen erhielt er zahlreiche Adressen und Glückwünsche. Um seinen Freispruch zu feiern, kam die Königsberger Ressource zu einer besonderen Veranstaltung zusammen. Auch in der Presse fand der Prozeß starke Beachtung. Die Berliner demokratische «Urwähler-Zeitung» und die «Nationalzeitung», damals das bedeutendste Blatt in Preußen, druckten die Anklageschrift und Jacobys Verteidigungsrede in vollem Wortlaut ab. Ein Maler hat die Szene seiner Freisprechung sogar in einer Zeichnung festgehalten.

Für die Berliner Regierung bedeutete Jacobys Freispruch indes ein Alarmsignal. Zum Verdruß aller Reaktionäre war bereits Wochen vorher der ebenfalls wegen Hochverrats angeklagte Benedikt Waldeck von einem Geschworenengericht in einem Prozeß freigesprochen worden, in dem die Anklagevertretung mit gekauften Zeugen gearbeitet hatte. Da es dem Brandenburg-Mantouffel-Kabinett nunmehr als ausgemacht galt, daß die Demokratie sich nur ausschalten ließ, wenn das durch die Revolution eingeführte Institut des Schwurgerichts demontiert wurde, ordnete es an, künftig die politischen und Preßprozesse der Kompetenz der Geschworenen zu entziehen. Diese Maßnahme war einer der vielen Schritte auf dem Wege zur Festigung ihrer konterrevolutionären Herrschaft, den die Hohenzollernmonarchie seit dem Staatsstreich im November 1848 eingeschlagen hatte.

Vor der Entscheidung von Königgrätz

In den Jahren der Reaktion

«Von Königsberg ist dermalen nichts zu berichten», schrieb Jacoby am 13. Februar 1850 an die Schwester seines Freundes Meyerowitz nach Berlin. «Ruhe und Langeweile herrscht hier wie überall. Ich meinesteils führe ein durchaus häusliches Leben – ebenso einsam, wenn auch nicht halb so angenehm als am Genfer See. Wenn ich meine Patienten besuche (trotz der langen Abwesenheit sind fast alle treu geblieben), sammle ich in den Mußestunden die Erfahrungen der beiden letzten Jahre und bereite mich vor auf – ‹den Tag, wo der heilige Ilios hinsinkt›.» Was er damit meinte, war der Sieg einer neuen Volkserhebung über die Reaktion, und wie viele Demokraten glaubte er, ein solches Ereignis stünde schon in naher Zukunft bevor. Optimistische Töne überwiegen in seinen Briefen aus der Zeit von 1850 bis 1858, wiederholt beschwor er seine Hoffnung auf einen baldigen politischen Wandel. Der Optimist kannte indes auch Stimmungen des Unmuts und der Verdrießlichkeit; so schrieb er im März 1857 in einem Brief an Fanny Lewald: «Mein hiesiges Leben – verstände ich selbst so gut zu schildern wie Sie – es gäbe ein unerquickliches Bild. Daß ich gesund und kräftig, daß ich selbstgenügsam mich zu bescheiden weiß, ist das einzig Gute. Alles sonst gehört zu den Dingen, von denen besser zu schweigen als zu reden ist.»

Am 6. Juni 1850 hatte bei Jacoby eine Haussuchung stattgefunden. Drei Stunden lang fahndete die Polizei nach Aufzeichnungen, Briefen und Materialien, um Beweise für den Verdacht zu finden, er habe Kontakte zu dem Anfang April unter dem Zwang der Behörden aufgelösten Königsberger Arbeiterverein und dessen führenden Mitgliedern unterhalten. Ähnliche Untersuchungen fanden auch bei anderen Demokraten statt, ohne daß es gelang, irgendwo ein Resultat zutage zu fördern. Diese Aktion war symptomatisch für das in der Reaktionszeit überall in Deutschland von den Verwaltungsbehörden und der Polizei praktizierte System der Überwachung und Bespitzelung, der Schikanen und der Einschüchterung.

Als prominenter Demokrat mit nationaler Reputation erfreute sich Jacoby im besonderen Maße polizeilicher Aufmerksamkeit. Sein Briefverkehr wurde ständig überwacht, ein Umstand, der ihn veranlaßte, seinen brieflichen Gedankenaustausch auf einen bescheidenen Umfang zu reduzieren. Im Auftrage des Polizeipräsidenten bespitzelten Informanten Jacobys Bekanntenkreis, um seine aktuelle politische Einstellung zu erkunden. Was sie dabei erfuhren, war jedoch nicht mehr als die Tatsache, daß seine Zuversicht ungebrochen sei und daß er sich politisch ruhig verhalte.

In den fünfziger Jahren beschäftigte sich Jacoby neben seiner Arbeit als Arzt eingehend mit Studien auf dem Gebiet der Philosophie, der Literaturgeschichte und der Geschichte. Nach wie vor pflegte er gesellige Verbindung zu seinen engsten Freunden, zu dem Rentier und Stadtrat Meyerowitz und dem Arzt Raphael Jakob Kosch, die 1848/49 beide im liberalen Lager gestanden hatten, zu Gustav Dinter, Ferdinand Falkson und Ludwig Walesrode.

Von diesen seinen Freunden zog Walesrode den Haß der Konterrevolution am meisten auf sich. Da er stets unerschrocken als erklärter Republikaner aufgetreten war, fiel er einer Rufmordkampagne zum Opfer. Nun fand er als Publizist keine Verdienstmöglichkeiten mehr und sah bald seine soziale Existenz gefährdet. «Walesrode ist alt geworden, daß es mich erschüttert», schrieb Gregorovius am 30. November 1851 in einem Brief, in dem es weiter hieß: «Er will auch zum folgenden Jahre fort, aber wo wird man ihn dulden, außer in England?» Schließlich siedelte er 1854 nach Hamburg über, wo er unter den freieren politischen Verhältnissen bald wieder im Journalismus Fuß fassen konnte. Wie Jacoby ist er der demokratischen Bewegung zeitlebens treu geblieben und hat ihr unermüdlich mit seiner Feder gedient.

Ferdinand Gregorovius

Ähnliche Schikanen mußten viele Freunde und Bekannte Jacobys erleiden. In Elbing verlor Eduard Flottwell, der Oberpräsidentensohn, nach einem Disziplinarverfahren sein Amt als Stadtrat. Aus «Gründen des allgemeinen Staatswohls» entzog man Julius Rupp seine Dozentur an der Königsberger Universität. Die Freie Gemeinde wurde aufgelöst und mehrere ihrer Mitglieder ausgewiesen. Das Los der Ausweisung traf auch Robert Schweichel, der wegen eines Preßvergehens zuvor verhaftet worden war. Weil er sich weigerte, ein politisches Reuebekenntnis abzugeben, verlor auch Karl Witt, der Mitstreiter aus den Tagen der Königsberger Hartungschen Zeitung, sein Oberlehreramt an einem Gymnasium.

Mit der Knebelung, Aushöhlung und faktischen Beseitigung des Vereins- und Versammlungsrechts und der Pressefreiheit schuf sich die Adelsreaktion die Handhabe, ihren Gegnern jedes öffentliche Wirkungsfeld zu nehmen und alle oppositionellen Bestrebungen zu unterdrücken. Ende Juni 1850 mußte in Königsberg die letzte demokratische Zeitung ihr Erscheinen einstellen. Die städtische Ressource, die ihren blassen Liberalismus schon seit einiger Zeit nicht mehr zu bekunden gewagt hatte, beschloß 1851 ihre Selbstauflösung. Für ein knappes Jahrzehnt erhielten damit die junkerlich-konservativen Kräfte völlig freie Hand: der Preußenverein, die von ihm finanzierten Zeitungen und die oberen Verwaltungsbehörden. 1850 unterzog man die Bürokratie selbst einem politischen Säuberungsprozeß, bei dem Oberpräsident Rudolf von Auerswald, der ehemalige Königsberger Oberbürgermeister mit liberaler Färbung, sein Amt an einen pietistischen Ultrareaktionär verlor.

Unvermeidlich geriet Jacoby unter den Verhältnissen der Manteuffel-Ära in die politische Isolierung, denn jede Möglichkeit politischen Wirkens war ihm entzogen worden. Für ihn sind die Jahre von 1850 bis 1858, wie für viele 1848er Revolutionäre, eine politisch tote Zeit gewesen. Daß das demokratische Kleinbürgertum in Preußen völlig von der politischen Bühne verschwand, daß es in eine so prekäre Lage geriet, geschah freilich nicht ganz ohne Mitschuld der Demokraten. Anfang Juni 1849 hatten ihre Vertreter beschlossen, die Wahlen zum Landtag künftig zu boykottieren, und ihre Anhänger zur Wahlenthaltung aufgerufen. Auf diese Weise beantworteten sie den Verfassungsbruch der Regierung, die am 30. Mai 1849 das demokratische Wahlrecht beseitigt und statt dessen das Dreiklassenwahlrecht eingeführt hatte, mit dem die besitzenden Klassen politisch privilegiert wurden und das die Chancen der demokratischen Kräfte entscheidend beschnitt.

Diese Wahlverweigerung der kleinbürgerlichen Demokratie stellte einen Akt der moralischen Empörung über eine politische Unrechtstat dar. Diese Art von Politik entsprach ganz der Denk- und Empfindungsweise Jacobys, und er hat, wie die demokratische Öffentlichkeit insgesamt, dem Köthener Beschluß seine volle Zustimmung gegeben. Auf die Dauer allerdings erwies sich der Boykott als Bumerang. Er schloß die Demokratie nicht nur vom Parlamentsgeschehen aus, so daß bei den Abgeordnetenhauswahlen von 1852 und 1855 Junkertum und Großbourgeoisie ganz unter sich blieben. Er leistete auch dem Prozeß der Entpolitisierung unter den Anhängern der demokratischen Partei Vorschub, der bald in Gang kam und durch andere Faktoren noch verstärkt wurde.

Jacobys Optimismus basierte auf der Erwartung, es könnten sich revolutionäre Rückwirkungen aus der ultrakonservativen Politik des adlig-bürokratischen Regimes ergeben. Je mehr Errungenschaften von 1848 über Bord geworfen wurden, je unverhüllter Junkerinteressen allein den Regierungskurs bestimmten, feudal-reaktionäre Institutionen wiedererstanden und die Hohenzollern eine Politik des Halbabsolutismus praktizierten, um so früher, glaubte er, würde das Volk zur Empörung getrieben.

Preußen war 1850 endgültig Verfassungsstaat geworden. Friedrich Wilhelm IV. hatte, wenn auch mit äußerstem Widerstreben, den Eid auf die vorher im reaktionären Sinne revidierte Verfassung vom 5. Dezember 1848 geleistet. Trotz der Konstitutionalisierung der Monarchie fühlten sich der König und das Manteuffel-Kabinett jedoch in keiner Weise bemüßigt, in Übereinstimmung mit dem Staatsgrundgesetz zu regieren. Offene und versteckte Verfassungs- und Rechtsverletzungen waren an der Tagesordnung. In Preußen hatte sich ein scheinkonstitutionelles Regierungssystem etabliert, auf das die Hofkamarilla um die Gebrüder Gerlach einen beträchtlichen Einfluß gewann. Sie trug dazu bei, die Unionspolitik von 1849/50 zu Fall zu bringen, den von der liberalen Bourgeoisie unterstützten Versuch, alle deutschen Staaten außer Österreich unter preußischer Hegemonie zu einigen. 1851 erfolgte die Beseitigung des eben erst eingeführten Selbstverwaltungsprinzips für die Kreise und Provinzen und die Wiederberufung der vormärzlichen Stände. Dieser Schritt stieß selbst bei einem Teil der Adelsklasse auf Ablehnung.

Zum Höhepunkt der Reaktionäre wurde 1854 die Umwandlung der Ersten Kammer des Landtags in ein Herrenhaus. Während nach der Verfassung die Erste Kammer aus Wahlen hervorzugehen hatte, nahm der König nunmehr für sich allein das Recht in Anspruch, die Mitglieder des Herrenhauses aus den Kreisen des preußischen Hoch- und Junkeradels zu berufen. Da das Herrenhaus an der Gesetzgebung des Staates gleichberechtigt mit dem Abgeordnetenhaus und der Krone beteiligt war und jede Vorlage erst durch seine Billigung Gesetzeskraft erlangen konnte, entstand damit ein gefährliches Machtinstrument der Adelsklasse, eine politische Domäne der Reaktion. Johann Jacoby ist später nicht müde geworden, immer wieder seine Stimme für die Beseitigung und Überwindung dieser Barriere des Fortschritts zu erheben.

Zur gleichen Zeit, da überall in Deutschland die Regierungen darangingen, die Adelsmacht auf extrem reaktionären Grundlagen zu stabilisieren, entwickelten sich im wirtschaftlichen Bereich Prozesse, die die Ökonomie und die Sozialstruktur des Landes entscheidend veränderten und seine völlige Verbürgerlichung vorbereiteten. Die seit Anfang der dreißiger Jahre sich entfaltende industrielle Revolution war um 1850 in eine neue Etappe getreten. Es kam zu einem bis dahin beispiellosen Wirtschaftsaufschwung. In raschem Tempo schritt die kapitalistische Industrialisierung voran, der Einsatz von Dampfmaschinen vollzog sich in neuen Dimensionen, eine eigene Maschinenbauindustrie entstand. In der Eisen- und Stahlproduktion sowie in der Kohleförderung gab es auf Grund technischer Neuerungen Produktionssteigerungen, die den bisherigen Umfang um das Mehrfache übertrafen. Eine enorme Bedeutung gewann der Eisenbahnbau, der in Preußen in der Zeit von 1850 bis 1859 bereits zur Verdoppelung des Streckennetzes führte.

Zur gängigen Form der Kapitalbeschaffung der Unternehmer entwickelten sich die Aktiengesellschaften, und die ersten Großbanken, die auf Aktienbasis entstanden, vermochten sofort nachhaltig das Wirtschaftsgeschehen zu beeinflussen. Da letzte Ablösungsgesetze die noch verpflichteten Bauern von ihren Feudallasten befreiten, freilich auf dem «preußischen Wege», der ihnen schwere finanzielle Bürden auferlegte, fand schon in den fünfziger Jahren die bürgerliche Umwälzung in der Landwirtschaft ihren Abschluß.

Trotz seiner geographischen Entfernung von den ökonomischen Entwicklungszentren Preußens wurde auch Königsberg vom Sog des kapitalistischen Aufschwungs erfaßt. Jacoby erlebte, wie durch die neuen Produktivkräfte das wirtschaftliche Potential seiner Heimatstadt wuchs, wie neue Banken, Handelsfirmen, Fabriken, Werften und Reedereien entstanden, wie die Beziehungen der Stadt zu ihrer näheren und weiteren Umwelt immer enger

Der Königsberger Ostbahnhof 1853

wurden. 1853 war der Bau der auf dem Vereinigten Landtag 1847 noch so heiß umstrittenen Ostbahn, die Eisenbahnverbindung zwischen Berlin und Königsberg, fertiggestellt worden. Bedurfte es zwanzig Jahre früher noch fünf Tage und fünf Nächte Postkutschenfahrt, um die Strecke zu bewältigen, so reichten dazu nunmehr knapp fünfzehn Stunden. Wenig später wurde Königsberg auch durch den Telegraphen mit der Landeshauptstadt verbunden. Im Hafen der Stadt tauchten immer mehr Dampfschiffe auf, die die Segelschiffe allmählich in die zweite Reihe verwiesen. Der Zwischenhandel nach Rußland wuchs an Umfang und Bedeutung. Am Ende der sechziger Jahre konnte Königsberg für sich in Anspruch nehmen, den größten deutschen Getreidehafen zu besitzen. Zu diesem Zeitpunkt war die Stadt eine Kommune mit mehr als hunderttausend Einwohnern geworden, wobei sie allein in den letzten Jahrzehnten um zwanzigtausend gewachsen war.

Nach langer Zeit begab sich Jacoby 1856 zum erstenmal wieder auf Reisen. Ein schmerzhaftes Unterleibsleiden zwang ihn, ein Kurbad aufzusuchen. Als er Mitte Juni in Berlin eintraf, wo er sich acht Tage aufhielt, dürfte er sicher nicht geahnt haben, daß ein Polizeileutnant beauftragt war, jeden seiner Schritte, wie schon 1847, zu überwachen. Der Leutnant hatte über seine Erkenntnisse dem Polizeipräsidenten Bericht zu erstatten, und dieser wiederum war dem Innenminister gegenüber zum alsbaldigen Rapport verpflichtet. Aber auch diesmal erbrachte die polizeiliche Observation mehr als dürftige Ergebnisse. Den Berichten zufolge besuchte Jacoby Kunstwerkstätten, Buchhandlungen, ein Museum, machte er auf der Spree eine Dampferfahrt und traf sich mit mehreren Fremden und Bekannten, von denen Benedikt Waldeck, der Mitstreiter von der äußersten Linken im Berliner Parlament, die für die Polizei interessanteste Persönlichkeit gewesen sein wird.

Nach einem Aufenthalt in Eisenach, wo er die soeben restaurierte Wartburg besuchte, und nach Stippvisiten in Frankfurt am Main und Wiesbaden traf er am 24. Juni 1856 in Schlangenbad im Taunus ein. Zu seiner Überraschung war der Kurarzt ein alter Bekannter, ein Teilnehmer an der Tagung in Hallgarten vom Jahre 1847. Tagelanges schlechtes Wetter konnte den Erholungsuchenden nicht beeindrucken. «Ich habe mir vorgenommen», schrieb er seinen Schwestern, «weder durch ungünstiges Wetter noch durch sonstige Unannehmlichkeiten mich in meinem Reisegenusse stören zu lassen. Mein Wahlspruch ist, sich durch alles anregen, durch nichts aufregen zu lassen. Und ich hoffe, die Ausübung dieser Kunst, in welcher der alte Goethe es bekanntlich zur Meisterschaft gebracht, wird auch mir nicht zu schwer werden.» Die Kur brachte die erhoffte Besserung; er fühlte sich danach so wohl wie seit langem nicht.

Anfang August 1856 reiste er von Schlangenbad nach Zürich. Hier weilte er als Gast im vornehmen Hause seines Freundes Heinrich Simon, und hier fand er auch seine Berliner Freunde, das Ehepaar Lewald-Stahr, vor. Für Jacoby sind die fünf Wochen seines Aufenthaltes in der Schweiz recht abwechslungsreich verlaufen. Vom Umgang mit den Freunden hat er später geschrieben, er habe dadurch wieder zu sich selbst gefunden und «nach langem Stillsein wieder reden» gelernt. In Zürich vertiefte sich seine Freundschaft zu Fanny Lewald. Die gemeinsame Königsberger

Herkunft, die Übereinstimmung in den politischen Zielen und seine große Wertschätzung der literarischen Arbeiten der Schriftstellerin haben dabei eine Rolle gespielt. Ihrerseits war Fanny Lewald voller Bewunderung für Jacobys intellektuelle und charakterliche Qualitäten.

In Zürich suchte Jacoby deutsche Emigranten, Gesinnungsfreunde aus der Vormärzzeit und von 1848/49, auf, so unter anderen Jodokus Temme, der nach einem Prozeß und seiner Amtsenthebung in Preußen eine Professur für Strafrecht an der Züricher Universität erhalten hatte. Probleme der klassischen deutschen Philosophie erörterte er mit dem gleichfalls von der Reaktion gemaßregelten Physiologen Jakob Moleschott, den er seit seinem Heidelberg-Aufenthalt 1847 kannte und der nunmehr Professor am Polytechnikum der Stadt war. In Zürich hatte sich auch Wilhelm Rüstow nach seiner Flucht niedergelassen und damit begonnen, die ersten seiner weitgreifenden militärhistorischen Untersuchungen zu publizieren. Nach Beobachtungen, die der preußischen Polizei übermittelt wurden, soll Rüstow Jacoby auf mehreren Ausflügen in die Züricher Umgebung begleitet haben und sein wichtigster Gefährte in der Schweiz gewesen sein.

Die Tage in Zürich verflossen nicht ungetrübt; Jacoby widerfuhr der Schmerz, einen langjährigen Freund zu verlieren. Wegen einer Liebesaffäre befand sich seit Jahren Alexander Herzen in einem schweren Konflikt mit Georg Herwegh. Wie viele deutsche Emigranten stellte sich Heinrich Simon auf die Seite Herzens und wurde deshalb von Herwegh schwer attackiert. Ganz gegen seinen Willen sah sich Jacoby, der sich kein Urteil in der Herwegh-Herzen-Angelegenheit erlaubte, durch die Schärfe der Herweghschen Anklage gegen Simon vor die Wahl gestellt, für einen der beiden Freunde Partei zu nehmen. Er entschied sich für Simon und ließ sich danach auch nicht durch ein Schreiben Herweghs umstimmen.

Anfang September trat Jacoby die Heimreise an. Sie führte ihn noch einmal nach Berlin. Diesmal hielt er sich zwei Wochen in der preußischen Hauptstadt auf, wiederum registrierte die Polizei sorgfältig seine Kontakte zu Literaten und Politikern. So traf er

Um 1855 auf der Straße Unter den Linden

sich mit Varnhagen von Ense, mit dem als Bürgermeister von Brandenburg gemaßregelten Demokraten Franz Ziegler und mit seinem engeren Landsmann Rudolf von Auerswald. Aus diesem neuerlichen Berlin-Aufenthalt zog die Polizei eine Konsequenz: Vom Innenminister erhielt der Königsberger Polizeipräsident die Weisung, Jacoby künftig noch stärker als bisher überwachen zu lassen. Vielleicht mag der Grund dafür irgendeine Äußerung des Demokraten gewesen sein, deren Ohrenzeuge ein Polizeiagent geworden war.

Wissenschaftlich-literarisches Schaffen

Von Jugend an hat sich Jacoby unermüdlich mit wissenschaftlichen Fragen beschäftigt, zu keiner Zeit jedoch so intensiv und beharrlich wie in den fünfziger Jahren. Es war die Philosophie, für die sich sein tiefwurzelndes wissenschaftliches Interesse am stärksten und produktivsten betätigte. Jacoby besaß ungemein gründliche philosophische Kenntnisse, er kannte die Werke aller großen Philosophen, und er war, obwohl man ihn natürlich nicht als einen bedeutenden Denker bezeichnen kann, weit mehr als ein auf dem Felde der Philosophie dilettierender Schriftsteller. Immer wieder zog es ihn zum philosophischen Denken hin, über Jahrzehnte hinweg fühlte er sich veranlaßt, seine Studien fortzusetzen, und dies nicht zuletzt aus der Überzeugung heraus, daß mit Hilfe der Philosophie ein Gesinnungswandel der Menschen, die Metamorphose ihrer moralischen und politischen Mentalität bewirkt und die Unaufhaltsamkeit des Sieges der Demokratie, der Humanität und der Gerechtigkeit erwiesen werden kann.

Jacoby hatte begonnen, ein umfangreiches philosophisches Werk zu schreiben. Dabei knüpfte er an seine in den vierziger Jahren betriebenen Studien über Nervenphysik an. Sein Ziel war ehrgeizig, und er selbst wußte, daß man es auch als eine Anmaßung bezeichnen konnte. Es ging ihm darum, auf der Grundlage einer physiologischen Analyse der Tätigkeit der Sinnesorgane und des Gehirns das Wesen des menschlichen Denkprozesses aufzudekken. Er wollte das Gesetz finden, nach dem sich menschliches Denken und Handeln vollziehen. Seinem mechanisch-materialistischen Weltverständnis zufolge glaubte er an ein solches Gesetz, dessen Formulierung den Schlüssel biete für das Verständnis aller bisherigen Geschichte. Seine Erwartung war aber noch höher. Er meinte nämlich, habe man einmal ergründet, wie sich Denken abspielt, so lasse sich diese Erkenntnis in der politischen Erziehungs- und Agitationsarbeit zum Nutzen der Demokratie verwenden, werde es mit ihrer Hilfe leichter möglich, die Bevölkerungsmehrheit für das Lager der Fortschrittskräfte zu gewinnen.

Über den Fortgang seiner Arbeit informierte er nur gelegentlich seine engsten Freunde. Im Oktober 1859 schrieb er an Heinrich Simon, der theoretische Teil des Werkes sei beinahe vollendet und auch der praktische Teil schon weit fortgeschritten. Jacoby vertiefte jedoch sein Literaturstudium immer mehr, seine Briefe berichten von immer neuen Werken der historischen und philosophischen Literatur des In- und Auslandes, die er studierte. Es scheint, daß er Anfang der sechziger Jahre, als ihn das politische Leben wieder voll absorbierte, die weitere Ausarbeitung des in seinem Ziel von vornherein illusionären Werkes eingestellt hat. Sein philosophisches Hauptwerk ist ein Torso geblieben, der mit seinem Nachlaß verlorengegangen ist. Da Jacoby fünf Abschnitte daraus als Studien in der von Guido Weiß herausgegebenen «Wage» in der Zeit von 1874 bis 1876 veröffentlicht hat, sind wir indes über die Ausgangspunkte und einige Grundzüge der Arbeit unterrichtet.

Trotz Anleihen, die er bei Feuerbach und Kant gemacht hat, ist unverkennbar, daß sich Jacoby in allen entscheidenden Fragen auf die Philosophie Baruch Spinozas bezieht. Er identifizierte sich ganz mit dessen materialistischem Monismus, mit dem Begriff von der einen, ewigen, unendlichen und alles bewirkenden Substanz, mit der Auffassung von der untrennbaren Einheit von Natur und Geist, von Denken und Sein, von Körper und Seele. Mit seiner pantheistischen Philosophie hatte Spinoza dem Idealismus und der theologischen Weltauffassung schwere Schläge versetzt. Seine Negation der göttlichen Weltschöpfung und seine Bibelkritik sind wichtige Bausteine auf dem Weg zum atheistischen Denken. Seine Werke haben die Hauptvertreter der klassischen deutschen Literatur und Philosophie und die großen französischen Philosophen des 18. Jahrhunderts stark beeinflußt. Spinozas eigentliche Absicht bestand darin, mit seiner Philosophie die Entwicklung und Verbreitung einer auf Freiheit und Handeln gegründeten neuen menschlichen Moral zu fördern. Der holländische Denker war einer der philosophischen Hauptvertreter der europäischen Aufklärungsbewegung. Jacoby hat den Sinn seiner eigenen Beschäftigung mit der Philosophie unter dem gleichen Blickwinkel gesehen wie sein Lehrmeister: als Wegweisung zu einer von hohen ethisch-humanistischen Prinzipien getragenen Lebensgestaltung des einzelnen wie der Gesellschaft.

Spinozas «Ethik» ist das Buch gewesen, das der Königsberger Arzt immer aufs neue gelesen hat. Als er 1865 und 1866 einige Monate Gefängnishaft in seiner Heimatstadt absitzen mußte, nutzte er die Zeit, um sich wiederum mit der Philosophie des bedeutenden Niederländers zu beschäftigen. Daraus entstand eine kleine Schrift mit dem Titel «Der freie Mensch. Rück- und Vorschau eines Staatsgefangenen». Diese Arbeit beinhaltet eine Sammlung von Werkauszügen, in der Jacoby alle hervorragenden

Philosophen und Dichter mit ihren Auffassungen über Sittlichkeit zu Wort kommen ließ. Natürlich war Spinoza in dem Büchlein am stärksten vertreten, und die Arbeit selbst sollte vorrangig dem Nachweis dienen, daß alle großen Geister der Menschheit in ihrer ethischen Haltung sich in Übereinstimmung mit Spinoza befunden haben.

Der bedeutendste Aufsatz, der aus Jacobys unvollendetem Hauptwerk hervorging, war die 1853 entstandene Untersuchung «Zum Kulturkampf». Gedanken Spinozas und Ludwig Feuerbachs aufgreifend, äußerte er sich darin grundsätzlich zur Religion und Kirche und zum Verhältnis von Staat und Kirche. Er geht von der Ansicht aus, Religion sei ihrem Wesen nach Scheinwissen des noch auf niederer Kulturstufe stehenden Menschen; sie würde in dem Maße überwunden und überflüssig, wie Wissenschaft und Bildung voranschreiten, wie die Menschen jeder Fremdbestimmung entwachsen und Herr ihrer selbst werden. Staat und Kirche betrachtet er als Institutionen, als «Zwangsmittel» in den Händen jener, die mit der Entwicklung des modernen Geisteslebens und der Kultur nicht Schritt gehalten haben und bemüht sind, alle Menschen auf ihr Niveau zurückzuschrauben. Das Absterben der religiösen Bedürfnisse der Menschen prophezeite er ebenso wie die künftige Entbehrlichkeit aller Religionen und Kirchen. Darüber hinaus vertrat er die Meinung, auch der Staat würde in fernerer Zukunft über keine Existenzberechtigung mehr verfügen; er würde überflüssig werden, wenn die Menschen die erforderliche Qualität an moralischer Haltung und intellektueller Einsicht erreicht haben.

Selbstverständlich gehörte Jacoby der Königsberger Kant-Gesellschaft an, die den Philosophen an seinem Geburtstag alljährlich mit einer Veranstaltung ehrte. Am 22. April 1859 hielt er den Festvortrag und sprach zum Thema «Kant und Lessing». Die beiden Großen des deutschen Geisteslebens feierte er als Bahnbrecher der Aufklärung, der er sich selbst aufs engste verbunden fühlte, und als Menschen, die ihr Leben nach der beispielhaften Devise des «Selbstdenkens» und «Selbsthandelns» geführt haben. Als den Charakterzug, der beiden gemeinsam war und der menschlich am stärksten imponiere, hob er die «bis zur Ungerechtigkeit gegen sich selbst gesteigerte Bescheidenheit» und das durch «kein Hindernis abzubringende Selbstvertrauen» hervor. Entschieden bekannte er sich zu der von ihnen verfochtenen Humanitätsidee und rief dazu auf, dieses Ideal, das im 18. Jahrhundert nur in der Literatur Gestalt gewonnen habe, nunmehr im politischen Leben zu verwirklichen. Er erklärte es als notwendig, Kant und Lessing zu Mitstreitern für «Geistes- und Tatfreiheit» in den Kämpfen der Gegenwart zu machen.

Kants Idealismus und seine Erkenntnistheorie konnte Jacoby von seinen geistigen Voraussetzungen her nicht akzeptieren, dennoch bezeichnete er sich und seinen Freundeskreis ausdrücklich als «Schüler und Erben Kants». Was ihn vor allem mit dem Verfasser der «Kritik der reinen Vernunft» verband, war neben den allgemeinen Grundsätzen der Aufklärungsphilosophie die Hochschätzung des moralischen Postulats in der Politik, war die in der bürgerlichen Klassengesellschaft nicht zu realisierende Forderung nach einem politischen Handeln, das sich nur an ethischen Maßstäben zu orientieren habe und nicht im Widerspruch stehen dürfe zu den Grundsätzen des Rechts und der Moral. In dieser abstrakten, in ihrem Wesen unhistorischen Auffassung von Ethik und Recht spiegelte sich die Tatsache wider, daß Jacoby Metaphysiker blieb und keinen Zugang zur Hegelschen Dialektik und erst recht nicht zur materialistisch-dialektischen Methode der Begründer des wissenschaftlichen Kommunismus fand.

Zu keiner anderen Gestalt der deutschen Literaturgeschichte besaß Jacoby eine so starke persönliche Zuneigung wie zu Gotthold Ephraim Lessing. 1860 hatte sein Freund Adolf Stahr eine Biographie des Dichters und Literaturtheoretikers publiziert, die Jacoby schätzte, an der er jedoch bemängelte, daß darin die philosophischen Grundlagen des Lessingschen Denkens übergangen worden seien. Aufgefordert, dieses Thema in einem ergänzenden Abschnitt der zweiten Auflage des Buches zu behandeln, machte er sich umgehend ans Werk und schrieb den Aufsatz «Lessing als Philosoph», der 1863 auch gesondert erschienen ist. Literaturwissenschaftler haben bestätigt, daß diese Arbeit auf einer gründlichen Kenntnis des Lessingschen Gesamtwerkes aufbaut, und die Quellen seines Denkens souverän analysiert. Jacoby untersuchte, welche Ideenverbindungen zwischen seinem Helden einerseits und Leibniz, Spinoza und Kant andererseits bestanden haben, und kam zu dem Ergebnis, Lessings engster Geistesverwandter sei Spinoza gewesen, dessen Toleranzidee er zur höchsten Wirkung verholfen habe. Er legte auch auf die Feststellung großen Wert, daß Lessings Spinoza-Rezeption, vor allem die Wiederbelebung des Erkenntnisoptimismus des Niederländers, ein in der Geschichte der deutschen Philosophie wichtiges Ereignis war, weil dadurch eine Gegenposition gegen den Kantschen Agnostizismus entstand.

In Deutschlands Wissenschaftsbetrieb trat in den fünfziger Jahren immer stärker die Tendenz hervor, einem platten Pragmatismus und Utilitarismus zu huldigen und das theroretische Denken als Mittel der Welterkenntnis geringzuschätzen. Als 1857 der Hallenser Literaturhistoriker Rudolf Haym in seinem Buch «Hegel und seine Zeit» den Berliner Philosophen angriff und dabei zugleich den Stab über die Philosophie als Wissenschaft brach, fühlte sich Jacoby zu einer Erwiderung herausgefordert. In seinem Aufsatz «Hegel und die Nachgeborenen» machte er gegen Haym Front und nahm den Verfasser der «Phänomenologie des Geistes» energisch in Schutz. Zwar lehnte Jacoby viele Grundzüge der Hegelschen Philosophie ab, so den Idealismus, die Dialektik, die spekulative Methode, die reaktionären Aspekte seiner politischen Position, aber das hinderte ihn keineswegs, ausdrücklich zu konstatieren, Hegels Geschichtsauffassung sei als Ganzes von progressiven Ideen erfüllt und man müsse in ihm einen «Erwecker unserer Zeit» sehen. Jacoby wollte alles Rationale, Fortschrittliche und Humanistische, was die Geschichte der geistigen Kultur hervorgebracht hat, lebendig erhalten und genutzt wissen, selbst wenn es auf idealistischen Grundlagen beruhte. In diesem Sinne stellte er sich auch vor Johann Gottlieb Fichte und dessen Philosophie und verteidigte sie gegenüber Jakob Moleschott.

Im Jahre 1859 wurde in allen größeren deutschen Städten-Friedrich Schillers 100. Geburtstag gleichsam wie ein Nationalfeiertag begangen. In der Würdigung und Ehrung des Dichters und seines Werkes manifestierte sich der Wunsch der Deutschen nach Überwindung des einzelstaatlichen Partikularismus, nach nationalstaatlicher Einigung und bürgerlicher Freiheit. Jacoby, dem die Geschäftigkeit, das Übermaß von Huldigungen und Festzügen, zu denen es aus diesem Anlaß vielerorts kam, nicht behagte, nahm gleichwohl aktiv teil an dem Bemühen, das politische Vermächtnis des Freiheitsdichters den werktätigen Schichten Königsbergs nahezubringen.

Wie in Berlin und einigen preußischen Provinzmetropolen waren auch in der Pregelstadt dem Adel, dem Militär und den Verwaltungsbehörden die Schiller-Feiern mißliebig; sie argwöhnten in ihnen antipreußisch-demokratische Demonstrationen. Deshalb boykottierten sie diese Veranstaltungen und unternahmen alles, um sie zu behindern. So verbot der Polizeipräsident einen Fackelzug der Studenten; einer Feier unter freiem Himmel verweigerte er die Genehmigung mit dem Argument, bei «einer massenhaften Bewegung und Ansammlung des Publikums auf öffentlichen Straßen» seien «Ostentationen» nicht auszuschließen, die eine Beeinträchtigung der Ruhe in der Stadt befürchten ließen. In Königsberg kam eine gemeinsame Feier nicht zustande. Die Schulen, die Universität, die Freie Gemeinde, die wissenschaftlichen Gesellschaften ehrten Schiller jeweils auf eigene Weise.

Jacoby trat am 7. November als Festredner im soeben gegründeten Handwerkerverein auf. Dieser Organisation, damals 300, drei Jahre später schon 1400 Mitglieder umfassend, gehörten überwiegend Handwerksmeister und -gesellen an; sie war ein politisch gefärbter liberal-demokratischer Bildungsverein, in dessen Vorstand Jacoby bis an sein Lebensende wirkte und in dem auch Falkson und Dinter eine Rolle spielten. Für Jacoby sollte der Handwerkerverein eine wichtige Wirkungsstätte werden, die ihm immer wieder Gelegenheit bot, ihn bewegende Fragen öffentlich zu diskutieren. Seine Rede über Schiller würdigte den Dichter aus demokratischer Sicht. Er ehrte in ihm den überragenden Poeten, dessen Schaffen geprägt wurde von der Sehnsucht nach der Freiheit, der ein Kämpfer für Menschenwürde und Fortschritt, ein

Streiter für eine bessere Welt, ein Prophet des deutschen Volkes war und dessen Vermächtnis einzulösen die große Aufgabe der Gegenwart sei. Dazu genügten aber, so sagte er, Worte nicht, es müsse, den Gedanken Schillers folgend, zu Taten geschritten werden.

Politischer Neubeginn

Als im November 1858 Jacoby zum erstenmal wieder an die Öffentlichkeit trat, waren neun Jahre erzwungener politischer Untätigkeit und Isolierung vorüber. Da in Preußen Abgeordnetenhauswahlen bevorstanden, hatten sich in Königsberg drei Wahlkomitees gebildet: ein konservatives, ein liberales und das Komitee für unabhängige Wahlen, das aus 22 Mitgliedern bestand und dem mehrere Demokraten angehörten, darunter Johann Jacoby und Julius Rupp. Beide dürften die führenden Köpfe des Komitees gewesen sein, denn sie wurden beauftragt, ein Wahlprogramm zu formulieren. Jacoby erläuterte dieses Programm in zwei Reden, am 10. und 11. November, vor Königsberger Urwählern. Vier Tage später leitete er eine Wahlmännerversammlung, in der er ebenfalls eine kleine Ansprache hielt.

In Preußen war die Ära Manteuffel, eine Zeit finsterer Adelsreaktion, zu Ende gegangen, und nach dem im Oktober 1858 erfolgten Thronwechsel trat das politische Leben aus seiner Erstarrung heraus. Die Parteien erhielten ihre Bewegungsfreiheit zurück, die Opposition konnte sich neu entfalten, und die Behörden waren angewiesen worden, die Rechte der Bürger, soweit sie die Verfassung garantierte, zu respektieren. Als Prinzregent hatte die preußische Staatsführung der 1848/49 im Volke verhaßte Kartätschenprinz Wilhelm übernommen. Er löste seinen an Geisteskrankheit leidenden Bruder Friedrich Wilhelm IV. ab; nach dessen Tod 1861 wurde er als Wilhelm I. preußischer König.

Von Beruf Militär, war der pedantische, engstirnige und geistig schwerfällige Wilhelm ganz auf die militaristische Tradition Preußens eingeschworen. Wie ehedem sein Bruder lebte er in der Vorstellung vom Gottesgnadentum der gekrönten Häupter. Einige

Jahre Aufenthalt in der ökonomisch entwickelten Rheinprovinz hatten ihn indes belehrt, daß es für sein Land unumgänglich sei, die extreme Reaktionspolitik aufzugeben. Er wählte einen Kurs, mit dem er hoffte, die Macht der Krone zu festigen und zugleich Voraussetzungen für eine aktive Außenpolitik schaffen zu können. Diese Ziele verlangten die Aussöhnung mit der Bourgeoisie und den Willen, ihre Interessen stärker in Rechnung zu stellen. Von vornherein war der Prinzregent darauf bedacht, das Entgegenkommen minimal zu halten; es sollte der adlig-junkerliche Charakter des Staates in keiner Weise in Gefahr gebracht werden. Trotz der eingetretenen Veränderungen beruhe Preußen, so hatte er in einer Ansprache an seine neuen Minister hervorgehoben, wie eh und je auf konservativen Grundlagen, und von einem Bruche mit der Vergangenheit könne keine Rede sein.

Der Prinzregent berief eine Regierung, die sich überwiegend aus solchen Repräsentanten des liberalen Adels zusammensetzte, die eine Mittelstellung zwischen Konservatismus und Liberalismus einnahmen. Als einflußreichster Kopf im Kabinett wirkte Jacobys alter Bekannter und Landsmann Rudolf von Auerswald, der 1848 für kurze Zeit Ministerpräsident gewesen war und seit Jahren in einem Vertrauensverhältnis zum nunmehrigen Prinzregenten stand. Die preußische Öffentlichkeit reagierte auf den Ministerwechsel mit begeisterter Zustimmung. In der liberalen Presse wurde das Ereignis als der Beginn einer neuen Ära gefeiert. Die Amtsdauer dieser Regierung ist deshalb in die Geschichte auch als «Neue Ära» eingegangen. Der Optimismus, der die Bourgeoisie erfüllte, beruhte auf dem Glauben, Wilhelm habe die ersten Schritte unternommen, um das Wesen der Monarchie zu verändern, Preußen aus einem halbfeudal-halbabsolutistischen Staatswesen in einen liberalen Rechtsstaat umzuwandeln. Diesen Prozeß, so wurde geschlußfolgert, dürfe man nicht durch unangemessene Wünsche und voreilige Forderungen stören; da man Vertrauen zur Staatsführung habe, könne es nur darum gehen, die Regierung vorbehaltlos zu unterstützen und ihre künftigen Initiativen abzuwarten. Georg Freiherr von Vincke, wie 1847 auf dem Vereinigten Landtag noch immer Führer der liberalen Opposition im preußischen Parlament, gab damals die Losung aus: Nur nicht drängen.

In jenen Wochen trat auch die demokratische Partei wieder hervor. Sie ließ ihre Politik des Wahlboykotts fallen und forderte ihre Anhänger zur aktiven Teilnahme an den Landtagswahlen auf. Um dem Prinzregenten die Erinnerung an das Trauma 1848/49 zu ersparen und ihn nicht zu verschrecken, verzichteten aber alle ihre Führer darauf, sich um ein Abgeordnetenmandat zu bewerben.

Jacoby, der nach einigem Zögern diese Linie seiner Parteifreunde akzeptiert hatte und sie schließlich für sich als verbindlich betrachtete, verfolgte ein über die Wahlbewegung hinausgehendes Ziel. Ihm kam es darauf an, den Aufwind, den die «Neue Ära» bot, für die Reorganisation der Partei der Demokraten zu nutzen und zur Wiederherstellung ihrer programmatischen und politischen Selbständigkeit beizutragen. Das war eine Aufgabe, der sich damals kein anderer Repräsentant der kleinbürgerlichen Demokratie in Preußen stellte. Deshalb maß er den beiden Reden, die er im November in Königsberg hielt, eine große Bedeutung bei. Nach einigen Mühen gelang es ihm, sie in Berlin unter dem Titel «Die Grundsätze der preußischen Demokratie» als Broschüre drucken zu lassen.

In der Geschichtsschreibung ist Jacobys Haltung im November 1858 verschiedentlich mit Kritik bedacht worden. Ihm wurde der Vorwurf gemacht, er habe bisher vertretene Grundsätze preisgegeben und sei demselben Vertrauensdusel wie die liberale Bourgeoisie erlegen. Prüft man die Quellen genauer, erweisen sich diese Beschuldigungen als ungerechtfertigt. Er hat im Gegenteil in einer außerordentlich komplizierten Situation sich mit großem taktischem Geschick verhalten und es verstanden, ohne Abstriche von seiner Überzeugung ein Programm zu entwickeln, das in harmlos erscheinenden Formulierungen und in einer maßvollen Diktion seinen Demokratismus deutlich zum Ausdruck brachte.

Das von Jacoby in den zwei Reden erläuterte Programm umfaßte folgende Kernpunkte: die Ehrerbietung beziehungsweise Respektierung des Königs und der Landesverfassung, die Selbstverwaltung der Gemeinden und die Gleichberechtigung aller Bürger. Was die Monarchie anging, sagte er, in der demokratischen Partei gäbe es niemand, «der für Preußen, wie es ist», eine andere als die monarchische Staatsform wolle. Denjenigen, die diesen Satz genauer ergründeten, gab er mit dieser Wendung «Preußen, wie es ist» zu erkennen, daß er langfristig durchaus einen Wandel ins Auge faßte. Wie alle führenden Demokraten stellte er sich nunmehr auf den Boden der Verfassung von 1850, die demokratischerseits vorher verworfen und abgelehnt worden war. Diese durchaus gebotene und unvermeidliche Wendung ergab sich aus der Rückkehr zur aktiven Teilnahme am politischen Leben. Wichtig sind jedoch Jacobys Einschränkungen. Nur einige Grundsätze der Verfassung, die er im einzelnen aufzählte, seien wertvoll und dem Volke dienlich, es bliebe deshalb die Aufgabe, das Staatsgrundgesetz auf legislativem Wege zu ergänzen und fortzubilden. Im einzelnen verwies er auf die Wiedereinführung des allgemeinen und gleichen Wahlrechts, auf die Abschaffung aller Privilegien in der Steuergesetzgebung, die Revision der Presse- und Vereinsgesetze sowie auf die Herstellung der Lehr- und Religionsfreiheit. Mit dem Blick auf die im Lande herrschende Stimmung erklärte er, diese Punkte solle man nicht als Forderungen verstehen, auf deren Erfüllung man poche, sondern als Wünsche, die der neuen Regierung zur Kenntnis gebracht würden. Er übernahm damit die Taktik der Liberalen, ihr Prinzip des Nichtdrängens und der größtmöglichen Zurückhaltung gegenüber dem Kabinett der «Neuen Ära».

Dieses maßvolle Programm, die vielfachen Rücksichtnahmen und die defensive Haltung hielt Jacoby für erforderlich, um der Partei ein Wirken auf dem Boden der Legalität zu ermöglichen und den Prozeß der Sammlung der demokratischen Kräfte zu gewährleisten. Seine persönliche Einstellung dagegen war, wie wir dem Briefwechsel entnehmen können, weitaus entschiedener und frei von jeglichen Illusionen, die sich an den Prinzregenten knüpften. Am 16. November, fünf Tage nach seiner zweiten Rede, schrieb er an Friedrich Zabel, den Chefredakteur der einflußreichen linksliberalen Berliner «National-Zeitung»: «Es kann nicht oft genug gesagt werden, daß einem Volke die Freiheit nimmermehr als Gnadengeschenk von oben, sondern nur durch selbsttätige Arbeit zuteil wird.» In einem anderen Brief aus diesen Tagen heißt es, zur Freiheit könne es «keinen königlichen Weg» geben. Nicht müde wurde er, vor zu großem Optimismus zu warnen; wiederholt gab er zu bedenken, daß man von Auerswald niemals ein energisches Vorgehen gegen den Junkereinfluß am Hofe erwarten dürfe. Er selbst glaubte, für die demokratischen Kräfte eröffneten sich erst dann wieder Handlungsmöglichkeiten, wenn die von allen Seiten erwarteten Taten des neuen Ministeriums, womit er fest rechnete, ausblieben und die liberal-konstitutionelle Partei sich dadurch gründlich kompromittieren würde.

Die Parlamentswahlen am 23. November 1858 brachten den Konservativen ein in dieser Dimension unerwartetes Fiasko. Die Zahl ihrer Abgeordnetensitze sank von bisher 224 auf 47, damit wurden sie als parlamentarische Kraft einflußlos. Den gemäßigten Liberalen dagegen gelang es, zusammen mit liberal orientierten kleineren Gruppierungen die absolute Mehrheit zu erringen. Sie hatten von der Auffassung eines großen Teils der Wähler profitiert, die annahmen, der Prinzregent stünde nunmehr im Lager des besonnenen Fortschritts und neige einer Allianz von Krone und Bourgeoisie zu. Wie schon 1848/49 entsandte Königsberg auch diesmal wieder mit Eduard Simson einen liberalen Abgeordneten nach Berlin.

Im Zusammenhang mit dem oberitalienischen Krieg, dem militärischen Eingreifen Napoleons III. in den Kampf der italienischen Einigungsbewegung gegen die Habsburgermonarchie und angesichts der Bedrohung der deutschen Westgrenze durch das bonapartistische Frankreich trat 1859 in Deutschland die nationale Frage wieder auf die Tagesordnung. Mitte September hoben in Frankfurt am Main Patrioten, die sowohl der liberalen als auch der demokratischen Partei angehörten, den Deutschen Nationalverein aus der Taufe. Seiner Gründung waren mehrere Zusammenkünfte vorausgegangen, auf denen sich führende Politiker um die Konzipierung eines Programms der bürgerlichen Nationalbewegung bemühten. In einer Erklärung, die am 14. August eine Tagung in Eisenach annahm, waren alle Liberalen und Demokraten aufgefordert worden, ihre Gegensätze beiseite zu lassen und sich zusammenzuschließen, um an der Schaffung eines kleindeutschen Bundesstaates unter Führung Preußens mitzuhelfen. Jacoby, dem Hans Victor von Unruh, der ehemalige Präsident der Berliner Nationalversammlung, die Eisenacher Erklärung zugesandt hatte, zögerte nicht, sie zu unterschreiben. Er ging – wie damals alle progressiven Kräfte in Preußen – von der Überzeugung aus, daß kein anderer Staat als die Hohenzollernmonarchie in Deutschland nationalpolitisch handlungsfähig sei.

Ende September 1859 organisierte Jacoby zusammen mit seinem Freund Kosch die erste Versammlung der Mitglieder und Sympathisanten des Nationalvereins in Königsberg. Zur Debatte standen das Eisenacher Programm und die deutsche Frage. Mit Nachdruck sprach er sich für Preußens Hegemonie im künftigen Nationalstaat aus, einer Führerschaft, die allerdings «unter der Kontrolle eines deutschen Volksparlaments» stehen müsse. Sosehr er dafür eintrat, den preußischen Staat an die Spitze Deutschlands zu stellen, so überzeugend machte er deutlich, wie kritikwürdig die Deutschlandpolitik der Regierung Auerswald-Schwerin sei und daß sie, wolle sie das ihr bisher entgegengebrachte Vertrauen rechtfertigen, aus ihrer passiven Haltung heraustreten müsse. Er sah, um diesen Zustand zu ändern, nur eine Möglichkeit: das Volk müsse seine Stimme erheben und das Ministerium zum Handeln bestimmen. Jacobys Ausführungen zeigen, daß er sich bereits nicht mehr scheute, mit der ihm eigenen kritischen Bewertung des Regimes der «Neuen Ära» an die Öffentlichkeit zu gehen.

Jacoby ist in den folgenden Jahren wiederholt in Königsberger Veranstaltungen des Nationalvereins hervorgetreten. Nach seinem mißlungenen Versuch, die kleinbürgerliche Demokratie als selbständige Bewegung wiederherzustellen, hat er lebhaft das Bemühen des Nationalvereins unterstützt, eine auf der Forderung nach nationalstaatlicher Einigung beruhende enge Kooperation von Liberalen und Demokraten herbeizuführen. Seine Vorbehalte gegenüber dem politischen Opportunismus der liberalen Bourgeoisie gab er dabei nicht auf. Im Zusammenwirken aller Fortschrittskräfte sah er aber die einzige Möglichkeit, die im Volke vorhandenen politischen Potenzen überhaupt erst einmal zu mobilisieren. Im Zusammenhang mit der durch die Reaktionszeit bewirkten politischen Demoralisation und in Anbetracht der sanguinischen Hoffnungen auf den Prinzregenten gab sich im Lande vielerorts nur eine geringe politische Aktivität kund. In Königsberg zählte im November 1860 der Nationalverein erst zwölf Mitglieder, und auch später gelang es nicht, diese Zahl wesentlich zu erhöhen. Dabei spielte freilich der schon für 1848 konstatierte Umstand eine Rolle, daß es unter den Liberalen der Pregelstadt eine nicht unbedeutende preußisch-partikularistische Strömung gab.

Im Februar 1860 brachte Kriegsminister Albrecht von Roon im Abgeordnetenhaus den Plan einer umfassenden Heeresreform ein. Dieses Vorhaben zielte auf eine Stärkung und Modernisierung der Armee, neben einer beträchtlichen zahlenmäßigen Vergrößerung beabsichtigte man, die bisher in der Praxis übliche zweijährige Dienstzeit auf drei Jahre zu verlängern sowie die Landwehr aus dem Feldheer auszugliedern. Für die Heeresreorganisation engagierte sich der Prinzregent persönlich aufs stärkste; er sah in ihr den Angelpunkt seiner Politik, wobei es ihm darum ging, Preußen in einer möglichen neuen europäischen Krisensituation besser als bisher gerüstet zu sehen. Außerdem – und das hielt er für ebensowichtig – wollte er, gestützt auf ein starkes Heer, den Junkerstaat auch gegen innenpolitische Krisen wappnen und der Gefahr vorbeugen, die er von einem Drang der politischen Opposition nach politischer Macht befürchtete.

Aufmerksam hat Jacoby den über die Heeresreformvorlage entbrennenden Konflikt zwischen Abgeordnetenhaus und Regierung verfolgt. Von vornherein operierte die liberale Parlamentsmehrheit unglücklich. Sie lehnte den Reorganisationsplan ab, weil vor allem die dreijährige Dienstzeit unannehmbar war und die Politik des Ministeriums bisher weder für eine Liberalisierung Preußens noch im Hinblick auf die nationalstaatliche Einigung greifbare Ergebnisse gebracht hatte. Sie kam andererseits jedoch der Forderung der Regierung nach, ihr 9 Millionen Taler für Verteidigungszwecke zu bewilligen. Roon und die führenden Militärs trugen keine Bedenken, dieses Geld zu verwenden, um unverzüglich –

ohne die Genehmigung des Landtags – die Armeereorganisation durchzuführen.

Mit dem Entstehen des Heereskonflikts erhielt die politische Entwicklung in Preußen immer stärker krisenhafte Züge. Viele Vertreter der liberalen Opposition traten aus ihrer Defensive heraus und begannen, in der Presse, in Vereinen und auf Versammlungen Kritik am «Neuen Ära»-Kabinett und an solchen junkerlichen Machtbastionen wie dem Militärkabinett und dem Herrenhaus zu üben. Gleichermaßen wuchs die Unzufriedenheit mit dem Verhalten der Fraktion Vincke, den gemäßigten Liberalen im Abgeordnetenhaus. Dieser Stimmung gab der Ende 1860 von Jacoby verfaßte «Mahnruf an die preußischen Vertreter» markanten Ausdruck. In seiner Wortmeldung, die in wichtigen Zeitungen, wie der Berliner «Volks-Zeitung» und der «Vossischen Zeitung», abgedruckt wurde, führte der Königsberger Demokrat einen unverhüllten Angriff gegen die Regierung, die er für die entstandene Situation verantwortlich machte. Für wichtiger hielt er es jedoch, damit auf die liberalen Abgeordneten einzuwirken und sie anzuspornen, ihrer Aufgabe als antijunkerliche Opposition gerecht zu werden.

«Herstellung des Rechtsstaates in Preußen und – durch Preußen in Deutschland – ist die Forderung unserer Zeit» – so beginnt Jacoby in seinem bekannten lakonischen Stil den «Mahnruf». Gemessen an dieser Forderung, schrieb er, ist Preußen in den vergangenen zwei Jahren keinen Schritt vorangekommen. Der demokratischen Partei fällt keine Schuld zu, sie hat sich seit Beginn der Prinzregentschaft zurückgehalten und die «Ehre des politischen Handelns» den Liberalen, ihren Gegnern von 1848, überlassen. Um so mehr aber haben deren Repräsentanten im Abgeordnetenhaus die Pflicht, die Lage des Landes zu prüfen und, soweit es in ihrer Macht steht, alles zu tun, um «öffentliche Zustände herbeizuführen, für deren Verteidigung – wenn's erforderlich – der Bürger mit freudigem Opfermute in den Kampf geht». Jacoby erklärt schließlich, Preußen habe nur die Wahl, «entweder sich selbst aufzugeben oder Deutschlands Bruderstämme in staatlicher Freiheit zu einigen».

Ursprünglich war der «Mahnruf» als Petition an das Abgeordnetenhaus verfaßt worden; nach Unterzeichnung durch Führer der kleinbürgerlichen Demokratie und linksliberale Politiker sollte er den sich abzeichnenden Differenzierungsprozeß unter den liberalen Abgeordneten beschleunigen. Offensichtlich haben Waldeck, von Unruh und Rodbertus Jacobys Text zu radikal gefunden, denn sie verweigerten ihre Zustimmung, so daß er sich zu einem politischen Alleingang entschloß.

Anfang Juni 1861 ging aus der Spaltung der Fraktion Vincke die Deutsche Fortschrittspartei hervor. Jacoby zögerte nicht, ihr sofort beizutreten, hatte er doch seit Monaten mit dem Kreis «Junglitauen», einer Gruppe ostpreußischer Landtagsabgeordneter um Leopold Freiherr von Hoverbeck und Max von Forckenbeck, in Verbindung gestanden, die führend an der Parteigründung beteiligt waren. Gleich dem Nationalverein, dessen nationales Programm sie übernahm, war die Fortschrittspartei eine Koalition von Demokraten und Liberalen. An ihrer Spitze standen linksliberale Politiker, zu denen neben Hoverbeck und Forckenbeck vor allem Hermann Schulze-Delitzsch, der Initiator des bürgerlichen Genossenschaftswesens, von Unruh, Rudolf Virchow und der Historiker Theodor Mommsen zählten. Der Partei gelang es, die Unterstützung breiter Kreise der mittleren Bourgeoisie und des Kleinbürgertums, in den größeren Städten auch der Arbeiter zu gewinnen und zum Sammelbecken der entschiedenen Opposition zu werden. Ihr Programm, das viele der Forderungen enthielt, die von Jacoby schon in den «Grundsätzen der preußischen Demokratie» und in seinem «Mahnruf» erhoben worden waren, lief darauf hinaus, die Hohenzollernmonarchie zu verbürgerlichen, den Einfluß der Junkerklasse zu dezimieren und der Bourgeoisie einen gewichtigen Machtanteil im Staate zu verschaffen. Die Fortschrittspartei erstrebte jedoch keine revolutionären Ziele; sie wollte weder eine demokratische Republik, noch hat sie jemals in Erwägung gezogen, sich revolutionärer Kampfmittel zu bedienen. Ihr Verzicht auf die demokratische Wahlrechtsforderung, die Linkskräfte verlangt hatten, war zudem ausgesprochen undemokratisch. Der Fortschrittspartei kommt dennoch das Verdienst zu, der antijun-

Rudolf Virchow

kerlichen Bewegung in Preußen einen starken Auftrieb gegeben und das politische Leben des Landes über Jahre hinweg maßgeblich beeinflußt zu haben.

Jacoby wußte, daß er seiner revolutionären Vergangenheit wegen bei der Bourgeoisie noch immer als «politische Vogelscheuche» galt, wie er Anfang Dezember 1861 an Adolf Stahr schrieb. Als turnusmäßige Landtagswahlen bevorstanden, hinderte ihn diese Überzeugung aber nicht, dem Zentralwahlkomitee der Fortschrittspartei seine Bereitschaft zur Annahme eines Abgeordnetenmandats zu signalisieren. Offensichtlich hoffte er, der Zeitpunkt sei gekommen, wieder eine aktivere Rolle in der Politik zu spielen. Da er eine Kandidatur in seiner Heimatstadt für zwecklos hielt, sah er sich abermals auf Berlin angewiesen. Seine Nominierung wurde im vierten Wahlbezirk betrieben, der als radikal galt und von dem er schon 1848 und 1849 gewählt worden war. Unter Hinweis auf seine politische Haltung, die allgemein bekannt sei, lehnte er ein persönliches Erscheinen vor seinen Wählern ab. Da erhoben sich Stimmen, die seinen Radikalismus denunzierten, und brieflich bat ihn der einflußreiche Chefredakteur der Berliner «Volks-Zeitung»,

Aaron Bernstein, öffentlich auf eine Kandidatur zu verzichten, die dazu führen könne, eine nur der Reaktion dienende Spaltung der Fortschrittspartei hervorzurufen. Als man ihn dennoch nominierte, entschloß sich Jacoby, nunmehr auf die Übernahme eines Mandats zu verzichten.

Was war der Grund für diese Weigerung? Sicher hatte ihn der Vorwurf, ein Störfaktor zu sein, verprellt; wichtiger noch dürfte indessen seine während des Wahlkampfes gewonnene Erkenntnis gewesen sein, daß auch die maßgeblichen Führer der Fortschrittspartei einen Kompromiß mit der Regierung suchten und nicht bereit waren, aus der defensiven Position herauszutreten. «Böte sich nur die entfernteste Aussicht», so ließ er am 12. Dezember 1861 Fanny Lewald wissen, «wahrhaft Gutes zu wirken, keinen Augenblick wollte ich anstehen, nach Berlin zu kommen, und um eine Abgeordnetenstelle zu bitten.»

Bei den Dezemberwahlen 1861 errang die Fortschrittspartei einen eindrucksvollen Sieg. Sie erhielt 109 Sitze, die ausreichten, um zusammen mit jenen Fraktionen, von denen sie im Heereskonflikt unterstützt wurde, die absolute Mehrheit im Parlament zu gewinnen. Die Fraktion der konservativen Partei schmolz auf 14 Abgeordnete zusammen. Als eine Domäne der Fortschrittspartei hatte sich vor allem Ost- und Westpreußen erwiesen, wo mehr als zwei Drittel aller Mandate auf sie entfallen waren, und in Königsberg unterlag Eduard Simson zum erstenmal einem Mann der Linken, Julius Rupp. Die Fortschrittspartei, die an ihren Erfolg die Hoffnung knüpfte, den König und die Regierung zum Einlenken in der Frage der Heeresreorganisation zwingen zu können, sah sich bald getäuscht. Nach wie vor blieb Wilhelm I. unnachgiebig, und hohe Offiziere seiner Umgebung schmiedeten Staatsstreichpläne, die seine Billigung fanden, auch wenn er nicht zum sofortigen Losschlagen bereit war.

Aus dieser Lage zog Jacoby den Schluß, daß es illusionär sei, einen Sieg über die Junkerklasse vom Kampfe in der parlamentarischen Arena zu erwarten. Einige Zeit glaubte er, man könne mit einer kollektiven Niederlegung der Abgeordnetenmandate, einem Parlamentsboykott, wie ihn wenig später auch Ferdinand Lassalle

Kriegsminister von Roon bei König Wilhelm I., gezeichnet von Grimm

empfahl, Wirkung erzielen. Doch schließlich äußert er in seinen Briefen immer häufiger den Gedanken, es sei ein Irrtum, die Adelsmacht auf friedlichem Wege überwinden zu können. Am 8. Februar 1862 schrieb er an Ludwig Simon: «Durch friedliche Reform wird die große Frage: ob Militärstaat, ob Rechtsstaat? nicht gelöst werden.» Und drei Tage später teilte er Fanny Lewald mit, er glaube, die konservativen Scharfmacher würden das Volk früher oder später auf die Barrikade treiben. «Großartige Reformen müssen vom Volke selbst gemacht werden; die Volksvertreter sind nur die Priester, die den Segen darüber sprechen.»

Mitte März 1862 fand die «Neue Ära» ihr Ende. Wilhelm I. löste das Abgeordnetenhaus auf, das am Widerstand gegen die Heeresreorganisation festgehalten hatte. Er entließ auch die liberalen Minister seiner Regierung und ersetzte sie durch konservative. Als starker Mann der neuen Regierungsmannschaft galt Kriegsminister von Roon. Im bald danach beginnenden Wahlkampf setzte die Regierung alle Mittel der Beeinflussung, der Einschüchterung und des Druckes ein, um vorwiegend jene, die vom Staat abhängig waren, wie Beamte, Richter und Lehrer, zu einer Stimmabgabe für die konservative Partei zu drängen.

Die Wahlbewegung brachte auch Jacoby wieder ins Gespräch. Er wollte sich in Breslau einer Kandidatur stellen, nachdem jedoch ähnliche Vorbehalte wie früher in Berlin gegen ihn vorgebracht wurden, verzichtete er sogleich. Bei den Wahlen am 6. Mai 1862 vermochte die Fortschrittspartei einen noch größeren Triumph zu erringen als bei den Dezemberwahlen 1861: Ihr waren 133 Sitze zugefallen, den gemäßigten Liberalen 97, die Konservativen dagegen konnten nur ein kleines Häuflein von 11 Abgeordneten aufbieten. Der Wahlterror der Regierung hatte sich gegen sie selbst gekehrt.

Bei den Nachwahlen, den infolge Doppelwahl einiger Kandidaten notwendig gewordenen Wiederholungswahlen in verschiedenen Wahlbezirken, setzten sich mehrere seiner Berliner Freunde dafür ein, Jacoby ein Abgeordnetenmandat zu verschaffen. Er fühlte sich jedoch durch die Breslauer Stimmung gewarnt und winkte erneut von vornherein ab. Der Riesenerfolg seiner Partei sollte nicht durch eine Niederlage geschmälert werden, die er vielleicht selbst zu verantworten hätte. Als er dennoch nominiert wurde, schickte er telegraphisch eine Absage nach Berlin. Trotzdem wählten ihn am 17. Mai die Wahlmänner des zweiten Berliner Wahlbezirks mit knapper Mehrheit zum Abgeordneten. Aber auch jetzt blieb er bei seiner Ablehnung, ungeachtet der Tatsache, daß Fanny Lewald, Ludwig Walesrode, Wilhelm Löwe aus Calbe, Rudolf Virchow und andere ihn mit ihren Briefen und Telegrammen förmlich bombardierten. Der Wahlbezirksverein entsandte sogar eine vierköpfige Delegation nach Königsberg, die zwei Tage lang versuchte, ihn umzustimmen. Jacoby beharrte indes auf seinem Standpunkt; er wolle, so sagte er, die Eintracht in der Parlamentsfraktion der Partei und deren Bündnispolitik nicht behin-

Karikatur aus «Le Figaro» 1862

dern, sei aber bereit, sich für die nächste Landtagssession als Kandidat zur Verfügung zu stellen.

Im Sommer 1862 führte die Eskalation des Heereskonflikts zu einer tiefgreifenden Staatskrise. Der Versuch, einen Ausgleich zwischen Regierung und Parlament auf der Basis der zweijährigen Dienstpflicht herbeizuführen, war am Starrsinn des Königs gescheitert. Daraufhin ergriff die Opposition die Initiative und verstärkte den Druck auf das Ministerium. In der Haushaltsberatung strich sie alle Kosten für die Heeresreorganisation und machte damit die Verabschiedung eines Etats für 1863 unmöglich. Die Regierung mußte sich jetzt um einen Kompromiß bemühen; da sie das nicht tat und die Staatsgeschäfte dennoch fortführte, regierte sie von nun an verfassungswidrig. Aus dem Heereskonflikt war ein Verfassungskonflikt entstanden. Der Mann, der unter diesen Bedingungen bereitwillig an die Spitze der Regierungsgeschäfte trat, war Otto von Bismarck, auf Roons Betreiben am 23. September

1862 zum Ministerpräsidenten berufen. Der damals siebenundvierzigjährige Diplomat, der 1848/49 ein konservativer Ultra gewesen war, dem seine Freunde eine Neigung zu rücksichtsloser Gewaltanwendung nachsagten, besaß im Unterschied zu den meisten seiner junkerlichen Klassengenossen so viel Weitsicht, um aus geschichtlichen Erfahrungen zu lernen und realistische politische Konzepte zu entwickeln. Er versicherte dem Monarchen, der sich schon mit Abdankungsplänen getragen hatte, er wolle für die ungeschmälerte Erhaltung und für die Festigung der königlichen Gewalt eintreten und die Machtansprüche der liberalen Abgeordnetenmajorität energisch zurückweisen. Mit einer selbsterfundenen Theorie, der «Lückentheorie», rechtfertigte er den ministeriellen Verfassungsbruch; er ging daran, auch ohne vom Parlament genehmigtes Budget zu regieren und die Steuergelder zu verausgaben.

Zu der Zeit, da in Berlin wichtige Entscheidungen fielen, hielt sich Jacoby in der Schweiz auf. Im Sommer 1860 war sein Freund Heinrich Simon beim Baden im Wallensee tödlich verunglückt. Sein Tod erschütterte Jacoby tief, und er glaubte, es dem Andenken des Toten, dessen politische Bedeutung er weit überschätzte, schuldig zu sein, ihn durch die Errichtung eines Denkmals zu ehren. Für diesen Plan ist er zwei Jahre lang unermüdlich tätig gewesen. In Berlin und in anderen Städten entstanden auf seine Initiative Komitees zur Sammlung von Beiträgen. Da er dem Projekt einen politischen Anstrich gab, es als eine Form der «lauten Anerkennung der großartigen Volkserhebung von 1848», als «einen offenen Protest gegen die zehnjährige, jenem begeisterten Freiheitsstreben hohnsprechende Reaktion» bezeichnete, kam das nötige Geld zusammen. Er mußte dabei allerdings auch hinnehmen, daß viele Gesinnungsfreunde seinen Eifer mißbilligten. Aus Paris hatte ihm Ludwig Simon am 30. Juni 1861 unverblümt geschrieben, er und seine Freunde seien gegen die Aufstellung eines Monuments, denn Simon «sei weder ein eigentlich populärer noch auch ein großer Mann gewesen».

Am 5. Oktober 1862 fand in der Nähe der Unglücksstätte bei Murg im Kanton St. Gallen die Einweihung des Denkmals statt.

Heinrich Simon

Die Feier eröffnete Jacoby mit einer kurzen Ansprache, in der er die demokratischen Verhältnisse der Schweiz als beispielhaft auch für Deutschland bezeichnete. Die eigentliche Gedenkrede auf Heinrich Simon hielt Moritz Hartmann. Unter den Teilnehmern an der Ehrung befanden sich viele deutsche Flüchtlinge, namhafte Demokraten wie Jodokus Temme, Ludwig Bamberger, Stephan Born, Karl Nauwerck und Ludwig Simon. Auch der große Schweizer Dichter Gottfried Keller gehörte zu den Gästen. Karl Mayer, der wenig später nach seiner Rückkehr in die Heimat der Führer der demokratischen Württembergischen Volkspartei wurde, hat uns den Eindruck überliefert, den damals Jacoby auf ihn machte: «Jacobys Gesicht zeigt schon die Spuren des Alters, aber die Denkerstirn trägt noch immer den Stempel der Hoheit und Freiheit, und in dem klaren blauen Auge glänzt eine so innige Milde und Menschenliebe; als er mich in die Arme schloß, da war mir doch, als sehe ich in des weisen Nathan gute Augen, und ich war froh, wie wenn mich Lessing selbst ans Herz gedrückt hätte.»

Einige Zeit später ist Jacoby für Heinrich Simons Nachruhm

noch einmal tätig geworden. Nachlaßpapiere, Briefe, Tagebuchnotizen und Reden Simons, die ihm die Familie zur Verfügung stellte, bearbeitete und redigierte er und gab sie 1865 unter dem Titel «Heinrich Simon · Ein Gedenkbuch für das deutsche Volk» in zwei Teilen heraus. Das Buch, an dem er mit Freude gearbeitet hatte, brachte ihm eine Verurteilung zu vierzehn Tagen Gefängnis durch ein Berliner Gericht ein, da die Richter in Simons Texten einige verleumderische Behauptungen über die Bürokratie und die Praxis der Rechtsprechung in Preußen gefunden haben wollten.

Mitte Oktober 1862 weilte Jacoby, auf der Rückreise von der Schweiz, einige Tage in Berlin. Der zweite Wahlbezirk hatte ihn als Ehrengast zu einem der damals üblichen Festessen eingeladen, das am 22. Oktober für einige Abgeordnete gegeben wurde. Die Teilnahme von 850 Personen verlieh der Veranstaltung einen imposanten Rahmen. Ermuntert von den Ansprachen, die Benedikt Waldeck und der demokratische Publizist Guido Weiß hielten, ergriff auch Jacoby das Wort und sprach hier Gedanken in aller Öffentlichkeit aus, die er bisher nur in Briefen geäußert hatte. Ihr Tenor war: Man dürfe seine Hoffnungen nicht ausschließlich auf das Abgeordnetenhaus setzen. Schon Richard Cobden, der Initiator der englischen Freihandelsbewegung, habe gesagt, alle großen Reformen würden außerhalb des Parlaments gemacht. Überzeugend zeige die Geschichte des konstitutionellen Lebens in Deutschland und Preußen, «daß weder der königliche noch der parlamentarische Weg allein zur Begründung staatlicher Freiheit» führen könnte. Was helfe, sei «Selbsttätigkeit, das Zusammenwirken aller Bürger», und er sei froh, feststellen zu können, daß diese Erkenntnis im hiesigen Wahlbezirk schon Platz gegriffen habe.

Im Frühjahr 1863 verschärfte sich der Verfassungskonflikt zusehends. Während die Opposition vom König forderte, den Ministerpräsidenten und das Kabinett abzuberufen und eine Änderung des Regimes herbeizuführen, war Bismarck dazu übergegangen, liberale Staatsbeamte, die gegen den Verfassungsbruch Protest erhoben, verfolgen und drangsalieren zu lassen. Da er wußte, daß die Bourgeoisie in ihrem Konflikt mit dem Junkertum niemals zur

Zeitgenössische Karikatur
aus der «Frankfurter Laterne»

Waffe der Revolution greifen würde, gab es für ihn keine Bedenken, alle Mittel zur Einschüchterung der Fortschrittspartei und ihrer Anhänger einzusetzen. Ihren Höhepunkt erreichte seine Politik der Repressionen mit den Presseverordnungen vom 1. Juni 1863, die der Regierung die Handhabe verschafften, alle oppositionellen Blätter zu unterdrücken.

Jacoby ist 1863 mehrmals im Verein für Verfassungsfreunde aufgetreten, der sich in Königsberg aus Mitgliedern der Fortschrittspartei gebildet hatte. Im März hielt er dort einen Vortrag über das Thema: «Sind Mitglieder des Herrenhauses Volksvertreter?», den er drucken ließ. Darin kam er zu dem Ergebnis, das Herrenhaus könne weder rechtlich noch faktisch den Rang einer Volksvertretung beanspruchen, da es nicht aus Wahlen hervorgegangen ist, und in Finanz- und Etatfragen dürfe es schon gar nicht mitsprechen. Wie viele revolutionäre Demokraten von 1848/49, die wieder am politischen Leben teilnahmen, ging Jacoby davon aus, die Regierung Bismarck habe kaum Überlebenschancen und werde bald von einer neuen Volkserhebung hinweggefegt. Mittel und Formen der Agitation hielt er deshalb für nützlich, die im Vormärz angewendet worden waren und sich seiner Meinung nach bewährt hatten. So veröffentlichte er unter dem Titel «Das königliche Wort Wilhelms I. Ein Gedenkblatt für das deutsche Volk» eine unkommentierte Sammlung von Dokumenten, um nachzuweisen, daß der König sein als Prinzregent gegebenes Versprechen, die Verfassung zu achten, nicht erfüllt habe. Dieser Broschüre ließ er eine Neuauflage seiner berühmten «Vier Fragen beantwortet von einem Ostpreußen» aus dem Jahre 1841 folgen. Eine weitere Arbeit «Das Ministerium Polignac vor dem Pairsgerichtshofe», die anonym erschien, beschäftigte sich mit dem Prozeß gegen die von der Revolution gestürzte Regierung des letzten Bourbonenkönigs Karl X. Darin zog Jacoby eine Parallele zwischen Bismarcks Politik der Presseknebelung und Polignacs zum Ausbruch der Julirevolution führendem Versuch, durch Unterdrückung der Zeitungen die öffentliche Meinung mundtot zu machen.

Die von Bismarcks Gewaltpolitik hervorgerufene Erbitterung im Volke ließ die Fortschrittspartei ungenutzt. Ihre Führer blieben weitgehend untätig, wandten sich nicht an die Massen und verzichteten darauf, die politische Arbeit außerhalb des Parlaments zu organisieren. Seine Freunde im Parlament beschwor Jacoby unaufhörlich, festzubleiben und dem Ministerium nicht das mindeste Zugeständnis zu machen. Er selbst hoffte, Bismarcks Vorgehen werde das Volk revolutionieren und für eine Einwirkung im republikanischen Sinne zugänglich machen. Er trat dafür ein, die Bürger auf eine Steuerverweigerung als wichtigstem Mittel zur Eskalation des Verfassungskonflikts vorzubereiten. Für ihn lag in der Zuspitzung der Konfrontation mit der Regierung der Schlüssel für eine revolutionäre Lösung des Konflikts. «Überall Hader und unerquicklicher Kampf, Kampf mit Freund und Feind!», so schrieb er am 16. Juli 1863 an Otto Wigand nach Leipzig. «Der Gegner übermütig, alles wagend, Gesetz und Recht schamlos mit Füßen tretend – und im eigenen Lager Feigheit, Unschlüssigkeit, starrsinnige Rechthaberei. Es gehört ein gut Teil praktischer Idealismus dazu, um nicht alle Lust politischen Wirkens zu verlieren.»

Volksvertreter im Verfassungskonflikt

Im Sommer 1863 war Jacobys Gesundheit wieder recht angegriffen. Auf einen erneuten Kuraufenthalt verzichtete er jedoch in dem Bewußtsein, ein «Bürgersoldat» habe in der angespannten politischen Situation auf seinem Posten zu bleiben und müsse mit der Agitation gegen das «verdammte Junkerpack» unentwegt fortfahren. Deshalb gab es für ihn diesmal auch kein Zögern, als man ihn abermals aufforderte, bei den Neuwahlen zum Abgeordnetenhaus zu kandidieren. Zwei Berliner Wahlbezirke trugen ihm eine Kandidatur an, er wählte die des zweiten Wahlbezirks, in dem er mit großer Mehrheit, mit 445 von 491 Wahlmännerstimmen, gewählt wurde. Bei den Oktoberwahlen 1863 konnte die Fortschrittspartei ihre Stellung als stärkste Partei im Parlament behaupten, was angesichts des Terrors, den die Regierung gegen die Opposition entfacht hatte, ein beachtlicher Erfolg war. Andererseits gelang es den Konservativen, ihren absoluten Tiefstand zu überwinden und ihre Mandatszahl von 11 auf 35 zu erhöhen.

Mit Jodokus Temme hatte sich ein weiterer Führer der kleinbürgerlichen Demokratie von 1848 zum erstenmal wieder einer Wahl gestellt, nachdem Waldeck, Schulze-Delitzsch und andere schon 1861 wiederum in den Landtag eingezogen waren. Temme war nur deshalb aus der Schweizer Emigration zurückgekehrt, weil er einen Abgeordnetensitz anstrebte und politische Arbeit leisten wollte. Ihm ging es wie Jacoby primär darum, durch entschiedenes Auftreten im Sinne einer radikal-demokratischen Politik im Abgeordnetenhaus außerparlamentarische Wirkungen zu erzielen, die Bevölkerung zu radikalisieren und durch einen vom Volk ausgehenden Druck auf die Parlamentsmehrheit die Entscheidung im Verfassungskampf zu beschleunigen. Um diese Taktik einschlagen zu können, bemühte er sich um die Formierung einer äußersten Linken, einer demokratischen Fraktion. Seine Verhandlungen verliefen indes erfolglos. Außer Jacoby und Franz Bresgen war kein weiterer Politiker der Fortschrittspartei bereit, die Fahne der 1848er Demokratie zu entrollen und radikale Bestrebungen zu unterstützen. Vor allem die Weigerung Waldecks, der bei den Verhandlungen eine Schlüsselrolle spielte, hielt andere Parlamentarier davon ab, sich an der Fraktionsbildung zu beteiligen. Unter diesen Umständen gab Temme nur eine Gastrolle in Berlin; enttäuscht über die «volle Nichtigkeit unseres Parlamentarismus», legte er im Februar 1864 sein Mandat nieder und kehrte in die Schweiz zurück.

Anders als in der preußischen Nationalversammlung von 1848 agierte Jacoby im Berliner Abgeordnetenhaus, in der im November 1863 beginnenden Legislaturperiode, nicht tonangebend. Er gehörte nicht zu den Führern der Opposition, und er trat mit nur wenigen Reden in Erscheinung. Sein demokratischer Radikalismus mußte ihn bei der allgemeinen Schwäche der demokratischen Kräfte in der Fortschrittspartei zwangsläufig in eine gewisse Isolierung drängen, ihm eine Außenseiterposition zuweisen. Um so mehr war es ihm Bedürfnis, jede Gelegenheit zu ergreifen, sein politisches Credo außerhalb des Parlamentsgebäudes zu bekunden. Eine Gelegenheit dafür ergab sich schon vier Tage nach der Eröffnung des Abgeordnetenhauses.

Da er persönlich nicht am Wahlkampf teilgenommen hatte, fühlte sich Jacoby in der Schuld seiner Wähler und hielt sich für verpflichtet, ihnen zu erklären, wie er den Verfassungskonflikt und die an ihm beteiligten Kräfte beurteilte und welchen Ausweg aus dem Dilemma er sah. Die Rede, die er am 13. November 1863 vor 600 Zuhörern im Berliner «Kolosseum» hielt, gilt als die beste, die er je gehalten hat, und sie blieb für ihn nicht ohne gravierende Folgen.

Jacoby, der frei sprach, lenkte zuerst den Blick zurück auf die Zeit der vierziger Jahre, auf die Anfänge seines politischen Wirkens, und konstatierte, daß das Volk seither im hohen Maße politisch bewußter geworden sei, während man andererseits im Hinblick auf das Regierungssystem keine Entwicklung und keine Fortschritte feststellen könne. Noch immer seien Pressefreiheit und echte Volksvertretung nicht politische Realitäten, sondern Forderungen der Opposition. Er wandte sich dann der Frage zu, warum der Volkswille nicht zur Geltung komme, obwohl Preußen Verfassungsstaat sei. Das Übel, sagte er, liege nicht in der zweifellos unzulänglichen Verfassung, sondern in dem Umstand, daß es neben dem Abgeordnetenhaus noch zwei bestimmende Mächte im Staat gäbe: den König und das Herrenhaus. Über das Herrenhaus verlor er nicht viel Worte, es sei das Instrument der Adelspartei, die ihrerseits nur durch ihre Stellung zur Krone Bedeutung habe. Um so ungeschminkter umriß er die Position, die Absichten und Ziele des Monarchen. Es könne keinen Zweifel geben, daß der König persönlich regiere, seine Minister seien nur die «willfährigen Vollstrecker allerhöchster Befehle». Gern gestehe er Wilhelm I. zu, er habe das Wohl des Landes im Auge, doch für ihn bestehe dieses Wohl in der Vermehrung des stehenden Heeres und in der Erhaltung Preußens als «straffer Militärstaat». Jacoby verwies dann auf das Militärprogramm der demokratischen Kräfte, auf die Notwendigkeit einer Umgestaltung des Heeres im Geiste von Scharnhorst und Gneisenau, wobei er namentlich die Landwehr als ein unverzichtbares Element eines «von echtem Bürgersinn beseelten Volksheeres» hervorhob.

Jacoby kam zu dem Schluß, es sei in Anbetracht der bestehenden Gegensätze zwischen den drei Staatsgewalten – dem Abgeordnetenhaus, dem König und dem Herrenhaus – völlig unmöglich, eine Versöhnung der Parteien herbeizuführen. Es gäbe nur eine Lösung: «Soll Preußen als Rechtsstaat erstehen, muß notwendig der Militär- und Junkerstaat Preußen untergehen.» Aber wie läßt sich der Widerstand der Krone und des Herrenhauses überwinden? Es habe sich gezeigt, daß Debatten, Proteste und Resolutionen des Abgeordnetenhauses offensichtlich unzureichende Mittel sind. Dem Regime, das die Verfassung mißachte, könne nur zu Leibe gerückt werden, wenn das Volk bereit sei, «selbst einzustehen für sein gutes Recht». Jacoby empfahl deshalb politische Selbsthilfe. Er machte aber ausdrücklich darauf aufmerksam, daß dies nur unter Beachtung von Gesetz und Verfassung geschehen könne. Bei der Propagierung des Prinzips des Selbsthandelns, dachte er sehr wahrscheinlich an die individuelle Steuerverweigerung. Zweifellos verstand er sie nur als einen ersten Schritt auf dem Wege zu einem neuen 18. März 1848.

Da Jacoby, wie immer, im Tone maßvoll gesprochen und an wichtigen Punkten sich mit Andeutungen begnügt hatte, fand der die Versammlung überwachende Polizeihauptmann von Wolfsburg keinen Grund zum Eingreifen. Doch nur wenige Tage vergingen, da sollte die Kolosseum-Rede auf hohe Weisung hin zum Gegenstand einer gerichtlichen Untersuchung werden und ein langes Nachspiel haben.

Von Mitte November 1863 an kam durch die akute Krise, in die die Schleswig-Holstein-Frage geraten war, ein neues wichtiges Element in die deutsche und preußische Politik. Mit dem Tod des dänischen Königs und der auf Betreiben nationalistischer Kreise erfolgten Annexion Schleswigs durch Dänemark nahm die schon vor 1848 entstandene Bewegung zur nationalen Befreiung der deutschen Nordprovinzen einen neuen sprunghaften Aufschwung. Gleichzeitig wurde das Problem der Erbfolge in Schleswig-Holstein aufgeworfen; sowohl der neue dänische Monarch als auch der deutsche Prinz Friedrich von Augustenburg beanspruchten die Würde eines Landesherrn der Elbherzogtümer. Unter diesen Umständen hielt es die liberale Bourgeoisie, die sich an die Spitze der patriotischen Volksbewegung setzte, für die nationale Sache am erfolgversprechendsten, wenn sie für die dynastischen Ansprüche des Augustenburgers und für die Schaffung eines neuen Territorialstaates im Rahmen des Deutschen Bundes eintrat. Diese Politik, die die Chance besaß, auch von den deutschen Fürsten unterstützt zu werden, bildete die Grundlage für das propagandistische Wirken des Deutschen Nationalvereins. Sein Ausschuß, das Führungsgremium, dem seit einigen Monaten auch Jacoby angehörte, tagte vom 22. bis 24. November in Berlin und verabschiedete einen Aufruf an das deutsche Volk. Darin wurden die Fürsten ermahnt, sich für die legitimen Rechte eines ihrer Standesgenossen einzusetzen, und die Bevölkerung aufgefordert, in vielfältiger Weise für eine Unterstützung der Schleswig-Holsteiner tätig zu werden. Nach Beendigung der Ausschußsitzung verlas Jacoby den Aufruf in einer Versammlung der Berliner Mitglieder des Nationalvereins.

Eine Woche später stand die Schleswig-Holstein-Frage im Abgeordnetenhaus zur Debatte. Der fünfköpfigen Kommission, die einen von zwei Parlamentariern formulierten Antrag zu prüfen hatte, gehörte Jacoby an. In dem Antrag, der der politischen Linie des Nationalvereins entsprach und die Zustimmung der großen Mehrheit fand, wurde auch die preußische Regierung aufgefordert, für die Sache der Elbherzogtümer aktiv zu werden und einen wirksamen Beitrag zu leisten. Diese Forderung nahm Jacoby zum Anlaß, um am 2. Dezember im Plenum das Wort zu ergreifen und den Antrag einer kritischen Beleuchtung zu unterziehen. Mit Nachdruck erklärte er, es sei illusionär, Schritte zur Wahrung deutscher Interessen vom Ministerium Bismarck zu erwarten. Die preußischen Abgeordneten könnten nicht mehr tun, als den Bewohnern Schleswig-Holsteins ihre Sympathien zu bekunden; zu einer wirksamen Hilfe seien sie angesichts der Politik ihrer Regierung außerstande. Dann sagte er, nur durch die Volksbewegung könne die Schleswig-Holstein-Frage ihre Lösung finden, und er gab der Hoffnung Ausdruck, daß die Bewegung und die Aktivität der Massen überall in Deutschland so stark werden mögen wie im Jahre 1813, als sie zu einer entscheidenden Triebkraft im Befreiungskampf gegen Napoleon geworden waren. «Ergreift das Volk in dieser Sache die Initiative, erhebt es sich Mann für Mann, wie vor fünfzig Jahren, dann wird es, wie damals, die Regierung mit sich fortreißen, dann wird der übermütige Däne über die Grenzen des deutschen Vaterlandes zurückgetrieben und Schleswig-Holstein von dem Joche der Fremdherrschaft für immer erlöst werden.»

Die Befreiung der Elbherzogtümer von dänischer Unterdrükkung ging nicht aus einem gemeinsamen Handeln des Volkes und patriotisch gesinnter Fürsten hervor, wie es der Nationalverein erstrebt hatte. Bismarck, der eine sehr geschickte, vor der Öffentlichkeit lange Zeit verborgengehaltene Diplomatie und Politik betrieb, verstand es, die Initiative an sich zu reißen, sich mit Österreich zu verbinden und durch einen gemeinsam geführten Krieg gegen Dänemark 1864 die Abtretung der Herzogtümer und ihre Inbesitznahme durch die Hohenzollern- und die Habsburgermonarchie zu erzwingen. Es war eingetreten, was niemand erwarten konnte: Eine bisher zutiefst reaktionär handelnde Regierung hatte einen im nationalen Interesse Deutschlands liegenden großen außenpolitischen Erfolg errungen. Dieser Prestigegewinn übte auf die Opposition der liberalen Bourgeoisie im Verfassungskonflikt eine zersetzende Wirkung aus. Als Bismarck erkennen ließ, daß er niemals daran denke, die Ansprüche des Augustenburgers zu respektieren, sondern beabsichtigte, beide Herzogtümer durch Preußen zu annektieren, fand dies die Zustimmung einflußreicher liberaler Politiker. Jacoby dagegen warnte vor einer solchen Entwicklung, und das nicht nur, weil er den Schleswig-Holsteinern das Recht auf Selbstbestimmung eingeräumt sehen wollte. Ihm wie auch vielen süddeutschen Demokraten war bewußt, daß eine dynastische Machtpolitik, wie sie Bismarck in den deutschen Nordprovinzen praktizierte, eine nationalstaatliche Einigung in der Form eines Kleindeutschland unter Führung eines reaktionär regierten Preußens den Weg bahnen konnte. Das stand aber völlig im Widerspruch zu den Zielen einer demokratischen Nationalpolitik, nach der ein geeintes Deutschland nur auf freiheitlichen Grundlagen basieren konnte. Hatte Jacoby noch in der Zeit der «Neuen Ära» seine Stimme für ein staatlich geeintes Deutschland mit Preußen an der Spitze erhoben, so kämpfte er jetzt, bekehrt durch den Verfassungskonflikt und angesichts des zähen Festhaltens der Junker an ihren Machtpositionen, gegen einen Machtzuwachs der Hohenzollern und gegen die Gefahr einer Verpreußung Deutschlands an.

In den Jahren von 1864 bis 1866 tagte das preußische Abgeordnetenhaus meist nur für jeweils wenige Monate. Um sich seine Gegner soweit wie möglich vom Leibe zu halten, legte es Bismarck darauf an, das Parlament immer wieder in die Ferien zu schicken. So wurde es nur dann berufen, wenn die Regierung gezwungen war, den Budgetentwurf für das kommende Haushaltsjahr zur Abstimmung vorzulegen. In den Budgetdebatten hat Jacoby sowohl 1864 als auch 1865 das Wort ergriffen, immer in der Absicht, seine Parlamentskollegen, die nur die Kosten für die Heeresreorganisation ablehnten, für eine Verwerfung des ganzen Budgets zu gewinnen. Am 16. Januar 1864 erklärte er, er werde nicht aufhören, der Regierung die Gelder zu verweigern, solange das Ministerium Bismarck die Staatsgeschäfte führe. Das war für ihn eine prinzipielle Frage, eine Frage der politischen Moral. Er erblickte darin die einzige Möglichkeit, dem Regime ernsthafte Schwierigkeiten zu bereiten, wußte aber auch, daß die Majorität der Abgeordneten ihm auf diesem Wege nicht folgen würde. Waldeck, Schulze-Delitzsch und Karl Twesten, die ihm im Abgeordnetenhaus politisch und persönlich am nächsten standen, verwiesen darauf, man könne zu dieser äußersten Waffe nur dann greifen, wenn man der Bereitschaft des Volkes zur Steuerverweigerung sicher sei. «Rücksichten der Klugheit und Zweckmäßigkeit», antwortete ihnen Jacoby im Sinne des Kantschen Imperativs, «werden mich niemals abhalten, das zu tun, was ich als Pflicht erkannt habe; für meine Pflicht aber halte ich es, als Abgeordneter in dieser Weise dem Ministerium entgegenzutreten sowie dem Volke mit gutem Beispiel voranzugehen, nicht erst abzuwarten, was das Volk tun werde.»

Wie 1848 bekannte sich Jacoby auch jetzt als kompromißloser Gegner des preußischen Militarismus und der von Junkeroffizieren geführten und allein dem König als ihrem obersten Befehlshaber verpflichteten Armee. 1865 hatte die Regierung zum fünften Male im Abgeordnetenhaus ihre Heeresreorganisationsvorlage eingebracht. Die Militärkommission, die darüber beriet, empfahl dem Plenum wiederum die Ablehnung. Jacoby, der sich selbstverständlich diesem Standpunkt anschloß, hielt es für nützlich, in seiner Rede am 29. April die politischen Beweggründe, die der Armeereform zugrunde lagen, noch einmal in aller Schärfe zu analysieren. Für ihn, sagte er, sei maßgeblich, daß durch die Heeresvermehrung und die Militärreformmaßnahmen «die königliche Gewalt auf eine der Freiheit gefahrdrohende Weise» gestärkt und «das Sonderinteresse der Adelspartei auf Kosten des Bürgers gefördert» werde. Da die Offiziere nicht auf die Verfassung vereidigt und den Landesgesetzen unterworfen sind, bedeute die von ihnen befehligte Armee «eine permanente ‹Kriegsbereitschaft› gegen das eigene Volk». Jacoby sprach sich für die strikte Beibehaltung der gesetzlich noch bestehenden zweijährigen Dienstzeit aus und erklärte, das Verteidigungsinteresse des Landes würde es nach Erringung eines Rechtsstaates, nach Überwindung des «Militär- und Adelsstaates» erforderlich machen, ein volkstümliches Wehrsystem einzuführen, wobei er auf die 1848 erhobene Forderung nach allgemeiner Volksbewaffnung verwies. Er hob hervor, daß man in der Verfügung über die bewaffnete Macht, im Charakter und der Funktion der Armee den Kern der Machtfrage zu sehen habe, ohne eine Lösung dieser Frage könne es keinen politischen Fortschritt geben.

In Anbetracht der Ohnmacht der Fortschrittspartei, ihres Unvermögens, Bismarck zu stürzen oder ihn zum Einlenken zu zwingen, konnte Jacoby seine Tätigkeit im Abgeordnetenhaus immer weniger befriedigen. Er wurde, ähnlich wie Temme, parlamentsmüde. Im Frühjahr 1865 zog er es vor, manchen Sitzungen fernzubleiben, und am 19. Februar 1865 schrieb er seinem Freund Ludwig Moser, der «geschäftige Müßiggang» in der Hauptstadt sage ihm immer weniger zu und er habe wahre Sehnsucht nach seinem stillen Stübchen in Königsberg. Wenn in solchen Stimmungen auch ein Zug von Resignation mitschwang, so war er doch stets vor schwarzem Pessimismus gefeit. Als er am 1. Mai 1865 sechzig Jahre alt wurde, ließ er seine Schwestern wissen, er trete das neue Lebensjahr trotz der Jammerzustände im Vaterland «heiteren Mutes» an. Was ihm Auftrieb und Zuversicht gab, war vor allem der Ausgang des Bürgerkrieges in Nordamerika, der Sieg der Republikaner des Nordens über die Sklavenhalteroligarchie der Südstaaten. «Der große amerikanische Freiheitssieg wird auch der alten Welt zugute kommen, und so hoffe ich – trotz meiner sechzig Jahre – noch mit leiblichen Augen den Tag zu schauen, da auch der Deutsche mit stolzem Selbstgefühl wird sagen können: ‹Wir leben in einem freien Lande›.»

Wie Hunderten von Anhängern der Fortschrittspartei blieb es auch Jacoby nicht erspart, ein Opfer der Bismarckschen Repressionspolitik zu werden. Die Anklage, die gegen ihn erhoben wurde, nahm ihren Ausgang von einer Denunziation der Kreuzzeitung, der 1848 gegründeten «Neuen Preußischen Zeitung», dem Organ der Junkerpartei. Das Blatt hatte in einem Artikel, der die Kolosseum-Rede nach allen Seiten zerpflückte, vor allem hervorgehoben, der Abgeordnete habe Stimmung für eine kollektive Steuerverweigerung gemacht. Dieser Vorwurf war für Bismarck das Signal zum Einschreiten; er beauftragte den Justizminister mit der Prüfung der Frage, ob Jacobys Rede gegen die Bestimmungen der Strafgesetze verstoße. Würden sich Anhaltspunkte bieten, die auf Aufforderung oder auf Vorbereitung zum Hochverrat schließen ließen, dann sollte unverzüglich das Abgeordnetenhaus um Aufhebung der Immunität Jacobys ersucht werden.

Unbewußt hatte Jacoby dem Zugriff der Behörden Vorschub geleistet. Da die Rede frei gehalten worden war, wäre es der Justiz schwergefallen oder unmöglich geworden, Erhebungen anzustellen und eindeutiges Beweismaterial beizubringen. Jacoby jedoch hatte die Ansprache mitstenographieren und in Leipzig bei Otto Wigand als Broschüre drucken lassen. Fünf Tage nach der Kolosseum-Veranstaltung gelang der Berliner Polizei ein wichtiger Fang: Sie beschlagnahmte fast alle für Berlin bestimmten Exemplare der im Eilverfahren hergestellten Schrift, und nun war es dem Polizeipräsidenten ein leichtes, Äußerungen zu registrieren, die auf Majestätsbeleidigung und Hochverrat hindeuten konnten.

Die Voraussetzung für ein gerichtliches Verfahren bestand in der Aufhebung der Immunität. Als das entsprechende Ersuchen der Regierung am 9. Dezember 1863 zum erstenmal im Landtag verhandelt wurde, bat Jacoby das hohe Haus, dem Antrag zu entsprechen, damit er die gegen ihn erhobenen Vorwürfe entkräften könne. Die zuständige Parlamentskommission sah sich außerstande, einen Beschluß zu fassen. So dauerte es bis Mitte Januar 1864, ehe ein Votum des Plenums zustande kam, demzufolge die

Bismarck um 1867 – Jacobys schärfster Widersacher

ministerielle Aufforderung zurückgewiesen wurde. Allerdings nützte Jacoby die Entscheidung wenig, denn schon am 25. Januar erklärte der König die Sitzungsperiode für beendet und ließ die Abgeordneten nach Hause schicken – damit verlor er diesen Schutz ohnehin.

Den Verhören, die nun folgten, unterzog sich Jacoby in Königsberg. Er bemühte sich, die Untersuchung in die Länge zu ziehen, weil er hoffte, daß der Prozeß vielleicht dann erst zur Verhandlung käme, wenn die politische Lage sich zugunsten der Fortschrittskräfte gewandelt haben würde. Er war voller Zuversicht und glaubte, das Glück, das ihm bei allen Verfahren bisher zur Seite gestanden hatte, werde ihn auch diesmal nicht verlassen. «Wegen des Ausgangs seid ohne Sorgen», schrieb er am 22. März 1864 an Fanny Lewald, «mein alter Glücksstern bürgt für ein gutes Ende. Überdies dürfte die Szene sich bald verwandeln; Gewitterschwüle verkündet schon die heraufziehenden Wetter.»

Am 28. März 1864 erlebte Jacoby eine Überraschung. In seiner Wohnung besuchten ihn ein Kriminalinspektor und zwei Gendarmen, die eine mehr als vierstündige Hausdurchsuchung vornahmen, um die vermutete handschriftliche Fassung der Rede aufzuspüren. Darüber schrieb er einem Schweizer Freund: «Die Polizeischergen haben in meiner stillen Klause einen wahren Hexensabbat gefeiert. Schränke und Schubladen – Bücher, Bilder, Schriften – alles wurde durchwühlt, das oberste zu unterst gekehrt. Das Manuskript konnte, weil keins vorhanden, natürlich nicht gefunden werden. Nur immerzu, ihr Herren Junker! Der Tag der allgemeinen großen Abrechnung wird nicht ausbleiben.»

Der Prozeß wurde in Berlin vor dem Kriminalgericht zu Ende geführt. Die Verhandlung fand am 1. Juli unter Ausschluß der Öffentlichkeit statt. Der Staatsanwalt beantragte Verurteilung zu einer Gefängnisstrafe von einem Jahr wegen Verletzung der Ehrfurcht vor dem König und wegen Aufforderung zum Ungehorsam gegen die Steuergesetze. Jacoby, der diesmal auf einen Rechtsbeistand verzichtet hatte, verteidigte sich selbst und forderte Freispruch. Ausführlich ging er auf beide Punkte der Anklage ein. Den König, sagte er, achte er als Repräsentanten der Volkseinheit viel zu hoch, als daß er ihn öffentlich in ehrfurchtverletzender Weise angreifen würde. Und was den Vorwurf angehe, zum Ungehorsam gegen die Steuergesetze aufgerufen zu haben, müsse er geltend machen, daß das, was er gesagt habe, nichts anderes gewesen sei als eine staatsrechtliche Erörterung über Rechte und Pflichten von Bürgern, die in einem konstitutionell-monarchischen Staate leben. Er betonte, daß seine Rede sich in Übereinstimmung mit den Gesetzen und der Verfassung befinde, und sagte schließlich, er hoffe, vor unparteiischen Richtern gesprochen zu haben.

Das Gericht verurteilte Jacoby zu sechs Monaten Gefängnis. In der Urteilsbegründung war angeführt, die Festlegung des Strafmaßes sei auch unter dem Gesichtspunkt erfolgt, daß der Angeklagte die Mitglieder des Staatsministeriums öffentlich beleidigt habe. Mit unter Anklage stand der Stenograph der Rede, ein Redakteur, der vier Monate Gefängnis erhielt, da er mit der Weitergabe seiner Aufzeichnung ein Pressevergehen begangen haben sollte.

Für Jacoby gab es kein Zögern, das Urteil anzufechten und an die zweite Instanz, den Kriminalsenat des Kammergerichts in Berlin, um Freispruch zu appellieren. Berufung legte auch der Staatsanwalt ein, der auf einem Jahr Gefängnis beharrte und darauf verwies, daß die Sätze der Rede, in denen Jacoby sich mit Ehrerbietung über den König geäußert habe, bei seiner bekannten antiroyalistischen Einstellung völlig unglaubhaft seien.

Nach Königsberg zurückgekehrt, ging Jacoby daran, eine umfangreiche Appellationsschrift zu verfassen, die er nach Leipzig zu Wigand schickte, wo sie schon im September im Druck erschien. Auch den vollständigen Text seiner Verteidigungsrede vom 1. Juli hatte er bereits veröffentlicht. Er knüpfte an seine Gepflogenheit aus der Zeit der Prozesse um die «Vier Fragen» und der späteren Verfahren an und hoffte, damit ähnlich wie im Vormärz einen Beitrag zur politischen Mobilisierung der Öffentlichkeit zu leisten.

Auch vor dem Kriminalsenat des Berliner Kammergerichts, wo am 9. Januar 1865 die Berufungsverhandlung stattfand, verteidigte sich Jacoby selbst. Unumwunden gab er zu, daß es seine Absicht sei, den Sturz des gegenwärtigen Regierungssystems zu erstreben und durch einen Steuerstreik die verfassungswidrige Finanzverwaltung lahmzulegen. Die Tendenz der Rede habe aber nicht in der Erläuterung dieser Absicht bestanden; ihm sei es in der Kolosseum-Veranstaltung vielmehr darum gegangen, die Notwendigkeit der Ersetzung des Militär- und Junkerstaates in Preußen durch einen auf bürgerlicher Freiheit gegründeten Rechtsstaat nachzuweisen und die Bürger dazu aufzufordern, diese Aufgabe durch ihr Selbstdenken und Selbsthandeln in Angriff zu nehmen. Zum Schluß erinnerte er daran, daß er vor 24 Jahren wegen des gleichen Vergehens vor Gericht gestanden habe; damals sei er nicht nur freigesprochen worden, sondern man habe ihm auch die Aufrichtigkeit seiner Gesinnung bezeugt.

Entgegen seiner Erwartung bestätigten die Richter des Kammergerichts das Urteil der ersten Instanz: sechs Monate Gefängnis. Gegen diese Entscheidung konnte Jacoby nur noch auf Nichtigkeitsbeschwerde beim Obertribunal einkommen. Seine Immunität als Abgeordneter, die das Parlament durch Abstimmung ihm erneut attestierte, bot ihm nur bis zur Beendigung der Session am 17. Juni 1865 Sicherheit. Fünf Tage später beriet das Obertribunal. Nach einer Verhandlung, die nur wenige Minuten dauerte, wiesen die Richter seine Nichtigkeitsbeschwerde zurück, wodurch das Urteil rechtskräftig wurde. Diese Entscheidung nahm Jacoby nunmehr mit großem Gleichmut auf, wußte er doch, daß sie von Richtern gefällt worden war, die für sich nicht mehr in Anspruch nehmen konnten, nur nach den Prinzipien der Gerechtigkeit zu urteilen.

Bei der Rückkehr in seine Heimatstadt begrüßten ihn Freunde und Sympathisanten mit Enthusiasmus. Auf einem Parkfest des Handwerkervereins jubelten ihm Tausende zu, und in einer Versammlung brachten die Mitglieder der Königsberger Fortschrittspartei ein dreimaliges Hoch auf ihn aus. Um dem Sechzigjährigen einen Aufenthalt hinter Kerkermauern zu ersparen, erklärte sich ein Kaufmann bereit, statt seiner ins Gefängnis gehen zu wollen, ein Anerbieten, das Jacoby ablehnte und das auch gesetzlich unzulässig war, jedoch ein Licht auf die ungebrochene Popularität dieses aufrechten Mannes wirft.

Am 26. August 1865 schlossen sich hinter Jacoby die Tore des Königsberger Stadtgefängnisses. Sein philosophischer Sinn ließ ihn sich rasch mit den neuen Umständen abfinden und dem unfreiwilligen Aufenthalt die beste Seite abgewinnen. Seinen Tagesablauf gestaltete er regelmäßig: Am Vormittag widmete er sich seinen gelehrten Studien, philosophischer Lektüre und der Beschäftigung mit sozialwissenschaftlichen Werken, mittags spazierte er, nicht selten zusammen mit Freunden, die ihn besuchen konnten, für zwei Stunden im Gefängnishof, danach las er Zeitungen, und der Abend gehörte belletristischer und historischer Literatur. Jacoby hat damals mit enthusiastischer Zustimmung mehrere Romane der Fanny Lewald gelesen. Eine große Freude war es ihm, wenn, was mit Pünktlichkeit geschah, am Freitagabend ein langer Brief der Berliner Freundin bei ihm eintraf. Ihr und ihrem Mann, Adolf Stahr, vermittelte er, nachdem einige Wochen abgesessen waren, am 21. Oktober 1865 einen Eindruck von seiner Behausung: «Mir, dem Königl. Preus. Staatsverbrecher – geht es den Umständen nach gut; nichts fehlt mir als – Freiheit... Das stille Stübchen, das man mir angewiesen, befindet sich im Erdgeschoß des Inquisitorialgebäudes... Es ist ein frisch geweißtes, möglichst anständiges, warmes und wohnliches Zimmer, 10 Schritt breit, 6 Schritt tief und gerade so hoch, daß ich mit meinem Stocke die Decke erreiche; die beiden nach Nordost gelegenen Fenster, durch dicke schwarze Eichenstäbe vor Einbruch und Ausbruch gleich geschützt, bieten die Aussicht auf einen Grasplatz, etwa sechsmal so groß wie mein Zimmer, von den weiblichen Gefangenen zum Bleichen der Wäsche benutzt, gelegentlich wohl auch als Richtstätte dienend..., zu beiden Seiten der kleinen Wiese hohe schwarze Zäune, die vierte, meiner Klause gerade gegenüberliegende Seite durch die Mauer des alten Gefängnisses geschlossen, in dessen einer Zelle ich 1849 als Hochverräter gastfreundliche Aufnahme fand. Ihr seht, meine Lieben! bei guter Beköstigung und einigem guten Willen – und an beidem fehlt es Eurem Freunde nicht – läßt es sich hier ganz gemütlich leben.» Und er fügte hinzu, er habe noch keinen Augenblick Unbehagen und Langeweile empfunden.

Freunde und Kampfgefährten vergaßen Jacoby nicht. Mitte Dezember veröffentlichte Moritz Hartmann im Stuttgarter «Beobachter» ein langes Gedicht, in dem er Leben und Verdienste des Streiters für die Demokratie besang. Ein Vers lautete:

Du bist des Rechtens rechte Hand,
Die Fackel in Finsternissen,
Du bist im verwirreten Vaterland
Das unbeirrte Gewissen.

Auf Initiative führender Fortschrittler des zweiten Berliner Wahlbezirks, unter ihnen Guido Weiß, entstand ein Komitee, das zur Sammlung für eine Johann-Jacoby-Stiftung aufrief. Nach seiner Freilassung sollte Jacoby allein das Recht haben, über die Mittel der Stiftung zu verfügen, die zum Einsatz für den politischen Kampf bestimmt waren. Bis zu diesem Zeitpunkt betrug das Resultat 8000 Taler, und sie wurde fortgesetzt.

Nach Ablauf der sechs Monate entschied sich Jacoby dafür, auch die ihm wegen der Veröffentlichung des Heinrich-Simon-Buches auferlegten vierzehn Tage Gefängnis noch abzusitzen, ohne eine Pause einzulegen. Als endlich der letzte Tag der Haft gekommen war, am 7. März 1866, schrieb er Fanny Lewald und Adolf Stahr: «Morgen – zur selben Stunde, da ihr diese Zeilen erblickt – atme ich freie Lebensluft; jetzt kann ich's sagen: es war trotz alledem eine harte, böse Zeit. Daß sie glücklich überstanden – außer dem eigenen Gleichmut verdanke ich es den Freunden, vor allem Euch, Ihr Lieben.» Wie schon wiederholt, so nahm es Jacoby auch am 8. März hin, daß ihn eine Menschenmenge vor seiner Wohnung freudig begrüßte und der Handwerkerverein ihn mit Hurrarufen empfing.

Auf dem Wege zur Sozialdemokratie

Der Bruch mit der Fortschrittspartei

Jacoby mußte wenige Tage, nachdem der von Bismarck aus machtpolitischen Gründen inszenierte Krieg 1866 gegen die Habsburgermonarchie und die mit ihr verbündeten süd- und mitteldeutschen Staaten begonnen hatte, eine deprimierende Erfahrung machen – zu seiner großen Verwunderung vollzog sich bei der Bourgeoisie und der Mehrheit der Bevölkerung in Preußen ein Wandel der politischen Gesinnung. Der Krieg, den man gefürchtet und dessen Ausbruch man zu verhindern gewünscht hatte, war plötzlich populär geworden. In der liberalen Publizistik, bisher ein Hort freisinniger Gedanken und oppositioneller Anschauungen, griff borussisches Machtstaatsdenken um sich. Jene, die wie Heinrich von Treitschke einer hemmungslosen preußischen Annexionspolitik das Wort redeten, fanden nicht nur offene Ohren, sondern wurden zu Helden des Tages. In der Öffentlichkeit wuchsen blitzschnell Ansehen und Autorität des bisher verhaßten Konfliktministers und seiner Regierung. Nur noch für Schlachtentelegramme hätten die Menschen Sinn, klagte Jacoby am dritten Tag des Krieges, und am 2. Juli charakterisierte er gegenüber einem der Wahlmänner seines Berliner Wahlbezirks die in Königsberg herrschende Stimmung mit den Worten: «Die Leute sind vom preußischen Größenwahnsinn befallen, kriegstoll und ruhmtrunken. Man muß abwarten, bis sie nüchtern geworden.»

Der nächste Tag, der 3. Juli, sollte zu einem historischen Datum werden und zu grundstürzenden Veränderungen der politischen Szene in Preußen und Deutschland führen. Seit sieben Uhr morgens tobten an diesem Tage im Vorfeld der böhmischen Festung

Königgrätz erbitterte Kämpfe zwischen dem Gros der österreichischen Streitmacht und zwei Armeen des preußischen Heeres. Als am Nachmittag eine weitere Armee der Preußen in die Flanke der Österreicher stieß, war nach kurzer Zeit die Schlacht entschieden. Damit hatten sich die Voraussagen vieler europäischer Militärexperten, die von einem Sieg der Habsburger ausgegangen waren, als falsch erwiesen. Preußens Überlegenheit beruhte auf seiner modernen Kriegsstrategie, der besseren Ausbildung und Bewaffnung seiner Truppen, der kühneren Planung und Leitung der Operationen durch den Generalstab unter Helmuth von Moltke. Schwerste Verluste hatten die Österreicher durch das erstmals zum Einsatz gekommene Zündnadelgewehr erlitten. Mit der Schlacht von Königgrätz fiel die Entscheidung des Krieges. Demgegenüber spielten die Kampfhandlungen an der preußischen Westgrenze und am Main, der Feldzug gegen die deutschen Verbündeten der Wiener Regierung eine nur untergeordnete Rolle.

Die Bedingungen, die Österreich in dem am 26. Juli geschlossenen Vorfrieden von Nikolsburg akzeptieren mußte, gaben Bismarck freie Hand für die von ihm erstrebte Revolution von oben, für eine Umgestaltung jahrzehnte- und jahrhundertelang bestehender politisch-staatlicher Verhältnisse. Preußen löste den Deutschen Bund, ein Kind des Wiener Kongresses von 1815, auf, ging an den Zusammenschluß aller deutschen Staaten nördlich des Mains zu einem unter seiner Hegemonie stehenden Bundesstaat und verleibte sich das Königreich Hannover, das Kurfürstentum Hessen-Kassel, das Herzogtum Hessen-Nassau, die Freie Stadt Frankfurt am Main und die Herzogtümer Schleswig-Holstein ein. Daß bei diesen Annexionen legitime Herrscher verjagt und ihre Thronrechte in den Wind geschlagen wurden, brachte Bismarck zwar Kritik von seiten junkerlicher Standesgenossen ein, stand für ihn aber in voller Übereinstimmung mit den Erfordernissen preußischer Staatsräson und war Ausdruck revolutionärer Züge seiner Politik.

Am 3. Juli fiel nicht nur auf dem böhmischen Schlachtfeld eine historische Entscheidung. Der Ausgang der Wahlen zum Abgeordnetenhaus, die an diesem Tage stattfanden und auf die die bis-

Friedensverhandlungen in Nikolsburg

her errungenen Erfolge des preußischen Heeres großen Einfluß hatten, stellte das seither bestehende parteipolitische Kräfteverhältnis in Preußen auf den Kopf. Die Fortschrittspartei erlebte einen politischen Erdrutsch, sie verlor 65 Sitze, und die Zahl ihrer Mandate fiel von 143 auf 83. Mehr als ein Drittel seiner Sitze büßte auch ihr Bündnispartner ein, das liberale linke Zentrum. Die Konservativen dagegen konnten die Zahl ihrer Abgeordneten mehr als verdreifachen, von 35 auf 123. Im preußischen Abgeordnetenhaus war damit eine neue Kräftekonstellation entstanden: die Rechte, Konservative und Altliberale, hatte eindeutig das Übergewicht über die Linke, über die Fortschrittspartei und ihre Verbündeten, gewonnen.

Am besten schnitt die Fortschrittspartei noch in Berlin ab, wo sie alle ihre Mandate zu behaupten vermochte. Mit großer Mehrheit schickten auch die Wähler seines bisherigen Wahlbezirks Jacoby wieder in den Landtag. Gravierende Verluste erlitten die Fortschrittler dagegen in Ostpreußen, bisher ein Zentrum des Linksliberalismus, und in allen östlichen Provinzen Preußens.

Das Wahlergebnis machte deutlich, daß Bismarcks Kalkül aufgegangen war, durch außenpolitische Erfolge die Bourgeoisie und die unter ihrem Einfluß stehenden Bevölkerungsschichten umzustimmen, sie zur Preisgabe ihrer Opposition gegen das herrschende Regime zu bewegen und für ein Bündnis mit Regierung und Junkerklasse zu gewinnen. Bei der Schaffung des Klassenbündnisses von Adel und Großbourgeoisie stützte Bismarck sich auf die im Frühjahr 1867 vor allem aus dem rechten Flügel der Fortschrittspartei hervorgegangene Nationalliberale Partei. Diese Partei des Handels- und Industriekapitals repräsentierte die Mehrheit der preußischen Bourgeoisie und sah in Bismarck den besten Garanten ihrer Klasseninteressen und den Vollstrecker ihrer außenpolitischen Ziele.

Nicht nur Österreich und die liberale Opposition in Preußen, auch die demokratische Bewegung erlitt mit der Entscheidung von Königgrätz eine schwere Niederlage. Kleinbürgerliche Demokraten hatten an der Spitze der Bewegung gestanden, die sich nach Bekanntwerden der Kriegsabsichten Bismarcks seit April 1866 formierten, um das Volk zum Kampf gegen die Kriegspolitik der preußischen Regierung zu mobilisieren und eine breite Anti-Bismarck-Front ins Leben zu rufen. Radikale Republikaner, vor allem in Süd- und Mitteldeutschland, erhofften, aus der Kriegsgefahr würde eine revolutionäre Situation hervorgehen, in der es gelingen könnte, die Regierungen mattzusetzen und den Weg für eine demokratische Republik freizukämpfen. Allerdings blieben die Kräfte – politisch fortgeschrittene Arbeiter und entschiedene Demokraten –, die eine Einigung Deutschlands durch eine Revolution von unten anstrebten und auf ein neues 1848 hinarbeiteten, zu schwach und unorganisiert, um handlungsfähig zu werden.

Wie seine Briefe zeigen, ist Jacoby, in Königsberg von der demokratischen Bewegung in Deutschland zwar isoliert, dem Kreis dieser Männer durchaus zuzurechnen. In der Öffentlichkeit freilich mußte er eine wesentlich moderatere Tonart anschlagen. Da erhob er die Forderung nach einer entschiedenen Verurteilung eines jeden Angriffskrieges als «unberechtigt und unsittlich», nach einem Regierungs- und Systemwechsel in Preußen, nach einer Einigung der deutschen Staaten nur auf der Basis der Demokratie und nach Ablehnung jeder preußischen Annexions- und Hegemonialpolitik in Deutschland. Als er am 12. April 1866 auf einer von fünfhundert Menschen besuchten Versammlung in der Königsberger Börsenhalle eine entsprechende Resolution vorlegte und begründete, schritt die Polizei ein und löste die Versammlung auf. Gegen Jacoby wurde Anklage wegen Ministerbeleidigung erhoben, doch hatte er diesmal Glück, da die dreimonatige Gefängnisstrafe, zu der ihn das Gericht seiner Heimatstadt verurteilte, unter die im September 1866 erlassene Amnestie fiel. Auch als Stadtverordneter, wozu er Ende 1863 gewählt worden war, erhob Jacoby seine Stimme für die Erhaltung des Friedens. Zusammen mit 21 weiteren städtischen Repräsentanten hatte er am 21. Mai 1866 im Stadtparlament den Text einer im antibismarckschen Sinne formulierten Adresse an den König eingebracht. Als den Antragstellern in der Debatte entgegengehalten wurde, daß ein solcher Schritt wenig aussichtsreich wäre, erklärte Jacoby am Ende einer Rede: «Gilt es die Erfüllung einer Pflicht, so darf man nicht erst fragen: was wird der Erfolg sein.»

Da er weitergesteckte Ziele verfolgte, deren Erreichung er sichern wollte, verfuhr Bismarck nach der Entscheidung des Krieges mit seinen bisherigen äußeren und inneren Gegnern maßvoll. Er widersetzte sich dem Drängen junkerlicher Hofkreise, Österreich und dessen süddeutsche Verbündete durch die Forderung von Landabtretungen empfindlich zu demütigen. Und erst recht lehnte er es ab, den Verfassungskonflikt durch einen Staatsstreich, durch die Beseitigung der Verfassung zu lösen, wie konservative Scharfmacher wollten. Ihm ging es um die Schaffung eines bonapartistisch-diktatorischen Regimes, dessen Mechanismus so angelegt war, daß die entscheidende Macht allein in die Hände der Krone kam, was faktisch ihrer Übertragung an Bismarck gleichkam. Ein solches Regime, dessen wichtigste Stützen Armee und Bürokratie waren, sollte sich auf einen Interessenausgleich von Adel und Bourgeoisie gründen und dem Bedürfnis beider besitzender Klassen nach Sicherheit vor der Gefahr einer sozialen Revolution der Arbeiter und anderer demokratischer Kräfte entsprechen. Nachdem die Mehrheit der Bourgeoisie schon bei den Wahlen am 3. Juli der Fortschrittspartei den Rücken gekehrt hatte, ging Bismarck nun daran, ihre politischen Repräsentanten zu ködern.

Als Anfang August 1866 der neue Landtag seine Arbeit aufnahm, mußte er sich als erstes mit der Frage nach der Opportunität und dem Inhalt einer Antwort auf die von Wilhelm I. gehaltene Thronrede auseinandersetzen, die in einem versöhnlichen Tone gehalten und von dem Wunsch nach Verständigung und Ausgleich getragen war. Es entstanden nicht weniger als acht Fassungen für den Entwurf einer solchen Antwort. Im Plenum des Abgeordnetenhauses wurde am 23. August schließlich über den im Namen der Adreßkommission von Rudolf Virchow eingebrachten Entwurf debattiert.

Nachdem Virchow die Abgeordneten aufgefordert hatte, dem vorliegenden Text mit großer Einmütigkeit zuzustimmen, bat Jacoby, der jede Adresse ablehnte, ums Wort, um seinen von der Mehrheit abweichenden Standpunkt zu begründen. Seine Rede ist von großer biographischer Wichtigkeit; sie ist die bedeutendste Ansprache, die er je in einer parlamentarischen Vertretung gehalten hat, und seine letzte bemerkenswerte im preußischen Landtag überhaupt. Keine andere hat wie sie in der Öffentlichkeit Beachtung gefunden und ihm gleichermaßen Gegnerschaft wie Sympathie eingebracht.

Zuerst distanzierte sich Jacoby von dem im Adreßentwurf enthaltenen Lobgesang auf die Waffentaten des preußischen Heeres und erklärte, sie würden weder dem preußischen Volke zur Ehre noch dem deutschen Vaterland zum Heil gereichen. Man solle sich nicht täuschen: der Sieg, erfochten in einem gegen den Willen des Volkes unternommenen Kriege, komme nicht der Volkspartei zugute. Dann wandte er sich der Feststellung in der Adresse zu, daß die Erfolge des Krieges geeignet seien, die Basis für eine politische Einigung Deutschlands zu bilden. Indem er betonte, er sei außerstande, an die Ereignisse der Gegenwart einen anderen Maßstab als den der Freiheit anzulegen, prangerte er die Bismarcksche Politik der Revolution von oben, die Gefahr einer Verpreußung

Deutschlands und die von der Regierung betriebene Machtsteigerung Preußens und des Junkeradels an. Er verurteilte die durch die Gründung eines Norddeutschen Bundes herbeigeführte Spaltung Deutschlands an der Mainlinie und den Kurs auf die Konstituierung eines Kleindeutschland unter der Vormundschaft Preußens. «Zwangseinheit, Einheit ohne Freiheit», so sagte er, «ist eine Sklaveneinheit, die weder Wert hat noch Bestand; am allerwenigsten aber kann man sie, wie es in der Adresse geschieht, als eine Vorstufe zur Freiheit betrachten.»

Er ging dann auf die in der Adresse angesprochenen Annexionen und die Indemnität ein, für die die Regierung die Zustimmung des Parlaments einholen mußte. Da er nicht Beihilfe zur Stärkung Preußens als Militärstaat leisten wolle, sagte er, müsse er auch die Einverleibung der eroberten Gebiete ablehnen. Mit der Indemnität, dem von Bismarck beabsichtigten Ersuchen um nachträgliche Bewilligung der vom Ministerium in den vergangenen Jahren verfassungswidrig verausgabten Gelder durch das Abgeordnetenhaus, wollte Bismarck den Verfassungskonflikt gütlich beilegen und die liberale Opposition spalten. Jacoby erteilte auch diesem Ansinnen eine klare Absage. Man könne wohl einzelne ungesetzliche Maßnahmen im nachhinein gutheißen, nicht aber ein jahrelang fortgeführtes verfassungswidriges Regierungssystem. Außerdem dürfe man nicht vergessen, daß es keine Bürgschaft für eine Wiederholung eines budgetlosen Regiments gebe.

Um nicht mißverstanden zu werden – im Verlaufe seiner Rede hatte es mehrere Male Mißfallensrufe gegeben –, kam Jacoby am Schluß noch einmal auf die nationale Frage zurück und sagte, er wisse die Bestrebungen und Wünsche nach nationaler Einigung der deutschen Länder in ihrer Bedeutung und Berechtigung vollauf zu würdigen, er sei keinesfalls Gegner eines Nationalstaates, doch müsse er nachdrücklich darauf bestehen, daß ausschließlich ein auf den Grundsätzen der Freiheit und der Sittlichkeit gegründetes einiges Deutschland im Interesse des Volkes liege. Mit deutlicher Anspielung auf Bismarck und dessen bonapartistische Ziele schloß er: «Nur im Dienste des Rechts und der Freiheit darf die Fahne des Nationalitätsprinzips erhoben werden; in den Händen eines Louis Napoleon und seinesgleichen dient sie zur Beirrung und zum Verderben der Völker.»

Seinen Eindruck von dieser Rede hat Franz Ziegler, linker Abgeordneter der Fortschrittspartei, in einem Brief an Fanny Lewald festgehalten: «Wie dieser kleine gebrechliche Mann weitersprach, immer ruhig, gemessen und im Tone, als diktiere er sein Testament, lief es mir über die Haut, denn er kam mir vor wie der Prophet auf den Trümmern von Jerusalem, der alles zusammen gestürzt und nichtig sieht, nur nicht den ewigen Gott, den er Wahrheit und Freiheit nennt. Jacoby hat sich nicht vernichtet, in den edleren Herzen werden seine Worte wiederklingen.»

Jacoby gebührt das Verdienst, in der preußischen Metropole von der Tribüne des Abgeordnetenhauses als erster sich der Woge des borussischen Chauvinismus mutig entgegengestellt und seine Stimme für eine demokratische Nationalentwicklung, gegen den Bonapartismus Bismarcks und das reaktionäre Großpreußentum erhoben zu haben. Als überzeugter Demokrat verurteilte er die opportunistische Anpassung der meisten seiner bisherigen politischen Freunde an die neuen, durch den Kriegsausgang entstandenen Machtverhältnisse. Seine Rede manifestiert, wie er unbeirrt vom Wechsel politischer Konjunkturen sich der politischen Interessen der werktätigen Massen annahm und ihr Wortführer blieb.

Allerdings traten in seiner Haltung auch Schwächen zutage. Er übersah, daß alles, was zur Zentralisierung der deutschen Länder beitrug, auch wenn es durch ein junkerliches Preußen geschah – wie die Annexionen und die Bildung des Norddeutschen Bundes –, einen Sieg über den Partikularismus, einen Schritt hin zur staatlichen Einigung darstellte. Je geschlossener und größer ein Länderkomplex war, um so leichter hatte es die antireaktionäre Opposition, sich ein von kleinstaatlichen und bürokratischen Hindernissen freies Operationsfeld zu schaffen. Bismarcks Revolution von oben, deren reaktionäre Züge er klar analysierte, auch im Hinblick auf ihre relativ positiven Aspekte zu würdigen, war Jacoby infolge seiner Unkenntnis des dialektischen Charakters historischer Prozesse außerstande.

Über sein Auftreten mußte er in der Presse und aus den Reihen der Parlamentarier viele kritische Urteile hören. Manche meinten, er habe sich nunmehr endgültig ruiniert, vielen galt er als ein unpraktischer «Idealpolitiker», als ein Ignorant weltpolitischer Ereignisse, der unfähig sei, «Preußens deutsche Mission» in ihrer zukunftweisenden Bedeutung zu erkennen. Bekundungen des Beifalls und der Sympathie erreichten ihn dagegen aus Arbeiterkreisen und von Organisationen der kleinbürgerlichen Demokratie aus Süddeutschland. Eine Abordnung des Berliner Arbeitervereins, die bei ihm erschien, erklärte, man habe seine Rede mit Freude begrüßt und bewundere seine Mannhaftigkeit und Überzeugungstreue. Anerkennungsschreiben trafen von den Volksvereinen in Mannheim, Heidelberg, Stuttgart, Pforzheim, Heilbronn und Eßlingen ein. Im «Social-Demokrat» beschäftigte sich auch Jean Baptist von Schweitzer, der Führer des lassalleanischen Flügels der deutschen Arbeiterbewegung, mit Jacoby und stellte dessen demokratische Standhaftigkeit der feigen Kapitulationspolitik und der Fahnenflucht der liberalen Bourgeoisie gegenüber. Allerdings meinte er, Jacoby sitze nunmehr zwischen zwei Stühlen, die Bourgeoisie habe sich von ihm abgewandt, weil er Demokrat sei, die Arbeiter könnten ihm nicht vorbehaltlos zustimmen, da er nicht «sozialer Demokrat» sei.

Als im Landtag die Indemnitätsvorlage behandelt wurde, hat Jacoby den Beratungen kaum noch Beachtung geschenkt, wußte er doch, daß das Parlament Bismarck keine Schwierigkeiten machen würde, den Verfassungskonflikt auf die von ihm gewünschte Weise zu beenden. In der Tat stimmte am 3. September 1866 fast die Hälfte aller Abgeordneten der Fortschrittspartei für die Regierungsvorlage, die mit großer Mehrheit angenommen wurde. Die Spaltung der Fortschrittspartei, die nun begann, sonderte keinen demokratischen Flügel aus, sondern trennte nur die Rechts- von den Linksliberalen. Sosehr beide sich in der Stellung zum Junkeradel und zur preußischen Innenpolitik voneinander unterschieden, so grundsätzlich stimmten sie in ihrer Orientierung auf Preußen als deutschen Hegemonialstaat überein. Für Jacoby war dies der entscheidende Grund, weshalb er sich immer mehr von den Fortschrittlern, auch von ihrem linken Flügel, innerlich distanzierte. Er empfand, in einer «jammervollen Zeit», in einer «politischen Misere» zu leben, und für diese Zustände machte er beide Gruppierungen der Fortschrittspartei im hohen Maße mitverantwortlich. Von den Ereignissen psychisch angeschlagen, zog er sich Ende September zu einem mehrwöchigen Kuraufenthalt, diesmal nach Karlsbad, zurück. Im Umgang mit Parlamentskollegen wie Benedikt Waldeck und Julius von Kirchmann erholte er sich hier und gewann seinen alten Optimismus zurück. Bei aller Zuversicht war ihm freilich klar, daß in den nächsten Jahren das Heft des Handelns in den Händen der preußischen Regierung liegen würde.

Um die Jahreswende 1866/67 hatten die Vorbereitungen für die Wahlen zum konstituierenden Reichstag des Norddeutschen Bundes begonnen. Auch diesmal gab es in Breslau und Berlin Wahlbezirke, in denen sich Stimmen für eine Kandidatur Jacobys erhoben. Doch der Königsberger Demokrat ließ jetzt keinen Zweifel aufkommen, daß seine Ablehnung des Norddeutschen Bundes, die Tatsache, daß er in dieser Schöpfung Bismarcks nicht den Ausgangspunkt für eine demokratische Einigung des Vaterlandes sehen könne, es ihm unmöglich machten, ein Mandat zu übernehmen. Damit befand er sich im Widerspruch zu vielen Demokraten, und die Berliner und Frankfurter Gesinnungsfreunde übten an seiner Entscheidung vorsichtige Kritik. Zu Recht mißbilligten sie, daß bei einem solchen Verhalten die entschiedene Linke freiwillig auf ein wichtiges Forum für ihr oppositionelles Auftreten verzichten würde. Nicht wenig bedrückte Jacoby das Wahlergebnis: Die nach der Abspaltung der Nationalliberalen verbliebene Gruppierung der Fortschrittspartei gewann nur 19 Abgeordnetensitze. Und Ostpreußen und Königsberg waren nun eindeutig eine Domäne der Konservativen geworden.

Bismarcks im bonapartistischen Sinne verfaßter Entwurf für die Verfassung des Norddeutschen Bundes bedurfte der Beratung und Zustimmung des preußischen Abgeordnetenhauses. Dafür wurde eine Sondersession anberaumt, die Ende April 1867 begann. Einem von Waldeck, Virchow und Hoverbeck eingebrachten Antrag, der alle antiliberalen Elemente der Verfassung attackierte und zu deren Beseitigung aufforderte, schlossen sich 60 weitere Abgeordnete, darunter Jacoby, an. Der Antrag enthielt den Vorwurf, der Entwurf stelle gegenüber dem geltenden preußischen Verfassungsrecht einen Rückschritt dar und biete keine Anhaltspunkte für eine freiheitliche Entwicklung in der Zukunft.

Am 6. Mai ergriff auch Jacoby dazu das Wort. Im preußischen Abgeordnetenhaus war dies seine letzte belangvolle Rede, sehr kurz gefaßt, enthielt sie vor allem prinzipielle Feststellungen, durch die er dokumentieren wollte, daß es im preußischen Volk noch Männer gebe, die nicht gewillt seien, «Freiheit und Verfassungsrecht dem Trugbild nationaler Macht und Ehre zu opfern». Seine Polemik richtete sich sowohl gegen die Regierung als auch an die Adresse der nationalliberalen Abgeordneten, die, wie er meinte, der Militärdiktatur willig ihre Hand reichten. Er warnte davor, sich in das Joch einer «freiwilligen Knechtschaft» zu begeben, und machte schließlich eine bemerkenswert hellsichtige, wenn auch nicht in allem stichhaltige Prophezeiung: «Geben Sie dem ‹obersten Kriegsherrn› absolute Machtvollkommenheit, und Sie proklamieren zugleich den Völkerkrieg. Deutschland – in staatlicher Freiheit geeint – ist die sicherste Bürgschaft für den Frieden Europas; unter preußischer Militärherrschaft dagegen ist Deutschland eine beständige Gefahr für die Nachbarvölker, der Beginn einer Kriegsepoche, die uns in die traurigen Zeiten des Faustrechts zurückzuwerfen droht. Möge Preußen, möge das deutsche Vaterland vor solchem Unheil bewahrt bleiben.»

Jacobys kompromißlose Bismarck-Gegnerschaft und sein exponiertes Auftreten gegen den Machtzuwachs Preußens blieben nicht ohne Rückwirkung auf sein Verhältnis zu Freunden und zu ihm bisher persönlich nahestehenden Gesinnungsgenossen. In die Brüche ging die Freundschaft mit fast allen, die sich der Nationalliberalen Partei anschlossen. Besonders schmerzlich berührte es ihn, Ferdinand Falkson, seinen Königsberger Mitstreiter aus den Tagen des Vormärz, Ludwig Bamberger und Max von Forkenbeck zu verlieren. Auch das Ehepaar Lewald/Stahr war dem borussischen Siegesrausch des Jahres 1866 erlegen. Hier bestand allerdings eine so starke gegenseitige Sympathie, daß sich die persönlichen Beziehungen zwar beträchtlich abkühlten, aber keine Lösung eintrat. Jacoby hielt seine parteipolitische Bindung an die Deutsche Fortschrittspartei, die immer mehr einen nur formalen Charakter angenommen hatte, noch ein reichliches Jahr aufrecht. Im November 1868 trat er offiziell aus.

Ideologe der Deutschen Volkspartei

Unter den Zeitungen der preußischen Hauptstadt tauchte am 1. Januar 1867 ein neues großformatiges, täglich erscheinendes Blatt auf, von seinen Initiatoren mit dem verheißungsvollen Namen «Die Zukunft» versehen. Hauptaktionär des publizistischen Unternehmens war Johann Jacoby, der die weitaus höchste Aktiensumme, vermutlich aus der ihm gewidmeten Stiftung des Jahres 1865, gezeichnet hatte. Zu den Gründern, die die «Zukunft» finanziell in den Sattel hoben, gehörten zehn weitere Männer aus einem Kreis von Demokraten, welche in dem «Weisen von Königsberg» ihre maßgebliche politische Autorität sahen und die als Jacobyten bezeichnet wurden. Die Jacobyten waren bürgerliche Intellektuelle und angesehene Angehörige der Berliner Handels- und Industriebourgeoisie. Sie hatten bisher auf dem linken Flügel der Fortschrittspartei gestanden und gingen nun daran, Bismarcks Bonapartismus zu bekämpfen und für demokratische Veränderungen einzutreten. Unter ihnen befanden sich Ärzte wie Paul Langerhans und George Friedländer, Unternehmer wie William Spindler und Lothar Heffter, der damalige Nähmaschinen- und spätere Waffenfabrikant Ludwig Löwe und der Inhaber einer Damenmäntelfabrik Paul Singer, der nach wenigen Jahren revolutionärer Sozialist und ein hervorragender Führer der deutschen Sozialdemokratie wurde.

Als Chefredakteur stand an der Spitze des Blattes Guido Weiß, enger Vertrauter Jacobys und glänzender Stilist, der Medizin studiert hatte, aber schon seit dem Vormärz in der demokratischen Journalistik tätig war. Als Revolutionsteilnehmer Repressalien ausgesetzt, hatte er während des Verfassungskonfliktes die «Berliner

Reform», ein linksbürgerliches Organ, im Sinne der 1848er Demokratie geleitet. Franz Mehring, der als Zwanzigjähriger im November 1869 in die Redaktion der «Zukunft» eintrat und ihr bis zum Untergang der Zeitung Ende März 1871 angehörte, hat in Weiß stets seinen Lehrmeister gesehen und ihn mit Worten hohen Lobes bedacht. Weiß besaß die alleinige Verantwortung für das Blatt, eine Festlegung, für die Jacoby, der für sich selbst keinerlei Einfluß auf Redaktionsentscheidungen reklamierte, nachdrücklich eingetreten war.

Auch als Mitarbeiter der «Zukunft» hat Jacoby nur eine bescheidene Rolle gespielt. Als Mann programmatischer Deklarationen und Maximen lag ihm das steinige Feld der Tagesjournalistik wenig. Aus seiner Feder lassen sich mit Sicherheit nur drei Artikel in der Zeitung feststellen, Äußerungen zum Verhältnis von Nationalität und Freiheit, über Staat, Kirche und Schule und über die in demokratischen Kreisen damals viel diskutierte direkte Gesetzgebung durch das Volk. Er hat sich aber redlich bemüht, dem Blatt auch in praktischer Hinsicht zu nützen: beim Aufspüren neuer Mitarbeiter und bei der Gewinnung weiterer Aktionäre und Abonnenten.

Was bezweckte die neue Zeitungsgründung? Jacoby und seinen politischen Freunden ging es darum, mit Hilfe der «Zukunft» die Fundamente für eine neue Partei zu legen, die Volkspartei, die dem Bismarck-Regime gegenüber eine kompromißlose Oppositionspolitik betreiben und sich sozial auf ein Bündnis von demokratischem Bürger- beziehungsweise Kleinbürgertum und Arbeiterklasse stützen sollte. Im Unterschied zur Fortschrittspartei sahen die Jacobyten nicht im Parlament, sondern in den Vereinen, Versammlungen und in jeder Form von Öffentlichkeitsarbeit das Hauptfeld ihres politischen Wirkens.

In wenigen Wochen konnte sich die «Zukunft» zu einer angesehenen Zeitung entwickeln. Rückblickend schrieb Eduard Bernstein, sie sei die «geistreichste, charaktervollste Tageszeitung Berlins» in der Zeit des Norddeutschen Bundes gewesen. Auch Marx und Engels lasen sie in England, zuweilen veröffentlichten sie kleine Notizen und Erklärungen in ihr. Mit beträchtlicher Sympathie stand das Blatt den Bestrebungen und Kämpfen der unter Führung Wilhelm Liebknechts und August Bebels stehenden Richtung der deutschen Arbeiterbewegung gegenüber. Auch trug Guido Weiß mit seiner Zeitung zur Popularisierung der Ideen und Ziele der I. Internationale bei. Was indessen nicht realisiert werden konnte, war das Hauptanliegen, das die «Zukunft» verfolgte: in Norddeutschland eine Partei der kleinbürgerlichen Demokratie ins Leben zu rufen, die angestrebte Volkspartei solide zu konstituieren. Mehr als zweitausend Abonnenten hat das Blatt nie mobilisieren können, und immer wieder mußten Überlegungen darüber angestellt werden, wie sich die «Zukunft» über Wasser halten ließ. Gegen das mächtige Lager der Bismarck-Anhänger und Borussomanen konnte das kleine Häuflein Demokraten nicht ankommen. Sicherlich annähernd richtig haben Zeitgenossen die Zahl der Jacobyten in Berlin auf zweihundert geschätzt.

Lebhaft wurden von der «Zukunft» die Bestrebungen einer Organisation unterstützt, die im September 1867 auf einem Kongreß in Genf entstanden war: der Internationalen Friedens- und Freiheitsliga. Diese Vereinigung, das kleinbürgerlich-demokratische Gegenstück zur 1864 unter der lenkenden Mitwirkung von Karl Marx gegründeten Internationalen Arbeiterassoziation des klassenbewußten Proletariats, warb für die Ideen der Völkerverbrüderung, der Humanität, des Friedens, der Freiheit und der Gerechtigkeit. Die Verbreitung ihrer Auffassungen sollte mithelfen, Kriege künftig zu unterbinden und zwischenstaatliche Konflikte friedlich zu lösen. Als Fernziel schwebte ihr die Abschaffung der stehenden Heere und schließlich die Vereinigung Europas in einem übernationalen Staatsgebilde vor. Jacoby wußte um die schwache Kraft von Reden und Resolutionen, um die Vergeblichkeit von Anstrengungen, auf die Machthaber der herrschenden Klassen mit Vernunftargumenten einzuwirken. Dennoch hielt er die Liga für wichtig genug, um ihr schon zum Zeitpunkt ihrer Gründung beizutreten; er befand sich dabei in guter Gesellschaft, denn zu ihren Mitbegründern zählten immerhin solche europäischen Berühmtheiten wie Giuseppe Garibaldi, Alexander Herzen, Victor Hugo, Louis Blanc und Johann Philipp Becker. An einem Kongreß der

Organisation hat Jacoby persönlich nicht teilgenommen; ungeachtet dessen erwies man ihm die Ehre und wählte ihn für mehrere Jahre zum Mitglied des Zentralkomitees.

Am 30. Januar 1868 hatten sich etwa 2500 Berliner in den weitläufigen Räumen des «Neuen Gesellschaftshauses» vor dem Cottbuser Tore versammelt, darunter zahlreiche Wähler aus Jacobys zweitem Wahlbezirk. Die Jacobyten leiteten mit dieser Veranstaltung eine politische Offensive ein. Ihr Hauptredner war Johann Jacoby, der das programmatische Thema behandelte: Das Ziel der deutschen Volkspartei. Eine Erläuterung dieser Rede ist wichtig, weil Jacoby in ihr zum ersten Male seit 1848 wieder die sozialen Zustände aufgreift und erneut und endgültig die Wendung zur sozialen Demokratie vollzieht.

Ausgehend von der klaren Erkenntnis, daß gegenwärtig alle Macht in den Händen der Regierung liegt, gestand er ein, die demokratische Bewegung sei schwach, ohnmächtig und außerstande, die politischen Vorgänge in ihrem Sinne zu beeinflussen. Er verwies auf die in der Vergangenheit gemachten Fehler, warnte vor Passivität, die den «moralischen Tod der Partei» bedeute, und ging dann auf einige wichtige Grundsätze der kleinbürgerlichen Demokratie ein, wobei er die «unbedingte Selbstregierung des Volkes» an erster Stelle nannte. Diese Formel war eine allen Anwesenden verständliche Umschreibung für die demokratische Republik.

Danach kam Jacoby zu seinem eigentlichen Anliegen. Er erklärte, aus dem demokratischen Gleichheitsprinzip, das man verwirklichen wolle, ergäbe sich das Bedürfnis nach gleicher politischer Bildung, und diese setze wiederum eine gewisse Gleichmäßigkeit im Lebensstandard, in der wirtschaftlichen und gesellschaftlichen Lage der verschiedenen Volksklassen voraus. «Politische Reform und soziale Reform fordern und bedingen sich gegenseitig. Ohne Teilnahme des Arbeiterstandes keine dauernde Besserung der politischen Zustände und ohne Änderung der politischen Zustände keine wirtschaftliche Besserung des Arbeiterstandes.» Seinen Zuhörern machte er klar: die demokratische Partei müsse aufhören, ausschließlich als Partei politisch zu wirken; sie müsse zugleich die Umgestaltung der sozialen Verhältnisse auf ihre Fahnen schreiben. Er erwies danach dem liberalen Sozialreformertum eines Schulze-Delitzsch seine Reverenz, wandte aber ein, daß das soziale Selbsthilfeprinzip, das Schulze und die Fortschrittspartei propagierten, außerstande sei, den Arbeitern zu helfen. Dem besitzlosen Arbeiter fehlten die Voraussetzungen zur Selbsthilfe, deshalb forderte Jacoby, der Staat habe auf dem Wege der Gesetzgebung dazu beizutragen, die Klassenunterschiede einzuebnen und aufzuheben. Natürlich erwartete er diesen Beistand für die arbeitenden Klassen nicht vom Staat der Junker und der Großbourgeoisie; wie alle kleinbürgerlichen Demokraten, die staatssozialistische Vorstellungen entwickelten, hatte er als Initiator sozialer Wandlungen den Zukunftsstaat der demokratischen Kräfte im Auge.

Im abschließenden Teil seiner Rede hob Jacoby die Solidarität der Völker als ein unentbehrliches Erfordernis der politischen und sozialen Befreiung hervor und erinnerte an die Aufgabe, auf dem Wege eines freiwilligen Zusammenschlusses die Vereinigten Staaten von Europa zu schaffen. Prinzipielle Kritik übte er an der Nationalliberalen und an der Fortschrittspartei, denen er vorwarf, der Bismarckschen Machtpolitik Vorschub geleistet zu haben. Mit den Fortschrittlern ging er auch deshalb ins Gericht, weil sie der Regierung wiederholt die Hand zur Versöhnung geboten und auf eine systematische Opposition verzichtet hatten. Und er sagte schließlich: «Wo es sich um ein Entweder-Oder handelt, um Gegensätze, so unversöhnlich wie Herrschaft und Freiheit, Militärstaat und Rechtsstaat – was sollen da Ausgleichungs- und Vermittlungsversuche nützen. Mag immerhin aus einer grundsätzlichen, systematischen Opposition augenblicklich Nachteil erwachsen, das Volk muß einsehen lernen, daß für das höchste Gut der Freiheit kein Opfer zu groß ist.»

Warum ging Jacoby jetzt daran, erneut eine Politik sozialer Reformen zu propagieren, die bei ihm in den vergangenen Jahren keine Rolle gespielt hatte? Unzutreffend ist die Annahme, er habe inzwischen ein auf persönlichen Eindrücken beruhendes Bild von der Elendslage des Proletariats und anderer werktätiger Schichten gewonnen. Vielmehr erschloß er sich die Bedeutung des sozialen

Faktors aus dem Studium einer Reihe von Schriften, zu denen Arbeiten des damals bekannten preußischen Statistikers Ernst Engel und des Arbeiteragitators Ferdinand Lassalle gehörten, die wichtigste war jedoch Friedrich Albert Langes «Die Arbeiterfrage». Lange, Philosoph und Begründer des Neukantianismus, verlor infolge behördlicher Maßregelung während des Verfassungskonfliktes seine Gymnasiallehrerstelle und lebte seit 1866 in der Schweiz. In Deutschland zählte er zu den Demokraten, die im Verband deutscher Arbeitervereine mitgewirkt und den Arbeitern empfohlen hatten, sich der bürgerlichen Bevormundung zu entziehen und allein der eigenen Kraft zu vertrauen. Er setzte auf die Wirksamkeit des Rezepts, durch Bildung von Produktionsgenossenschaften die kapitalistischen Eigentumsverhältnisse im Interesse der arbeitenden Menschen zu überwinden.

Wie Lange war auch Jacoby keiner von jenen kleinbürgerlichen Politikern, die nur aus taktischen Gründen die soziale Flagge aufzogen, die ihrem Programm eine soziale Färbung gaben, um Arbeiter unter ihre Gefolgschaft zu bekommen. Wie die nächsten Jahre zeigten, drang Jacoby immer tiefer in das Wesen der sozialen Widersprüche der bürgerlichen Gesellschaft ein, ihm ging es in ehrlicher Absicht darum, Mittel zur Hebung der materiellen Lage der werktätigen Bevölkerung zu finden.

Gemessen an seinen Erwartungen und denen seiner Freunde, fielen Jacobys Worte auf steinigen Boden; in Kreisen der Arbeiterbewegung und in organisierten Zirkeln der kleinbürgerlichen Demokratie fanden sie aber doch Aufmerksamkeit. Eine erste Wortmeldung kam vom Hamburger Demokratischen Verein. Dessen Vorsitzender, Johann Heinrich Rambach, ein Rechtsanwalt, wandte sich an Jacoby als dem einzigen «sichtbaren Oberhaupt» der deutschen Demokratie mit der Bitte, den Entwurf für die Organisationsstruktur einer demokratischen Partei zu prüfen. Das Gutachten fiel positiv aus, aber Jacoby erklärte, wichtiger als ein Organisationsschema sei ein Programm, und er nahm die Gelegenheit wahr, Rambach in einem von ihm sogleich veröffentlichten Schreiben Ende Mai 1868 Ziele und Tätigkeitsfelder einer demokratischen Partei zu umreißen. Er stellte ihre politischen, sozialen und ihre nationalen Aufgaben heraus. In diesem Zusammenhang schrieb er den damals vielzitierten Satz: «Die Arbeiterbewegung – der weitaus wichtigste Charakterzug unserer Zeit – ist keine bloße Magenfrage, sie ist eine Frage der Kultur und Humanität.» Nachdrücklich verurteilte er die «gewinnsüchtige Ausbeutung der Arbeiterschaft» durch Großkapital und Großgrundbesitz und erklärte, um ihm ein menschenwürdiges Dasein zu sichern, gebühre dem Arbeiter die «volle Arbeitsrente».

Die Forderung nach der vollen Arbeitsrente spielte in den weiteren Diskussionen eine ziemliche Rolle. In Frankfurt am Main, wo die Demokraten Jacobys Programmrede lebhaft debattierten, gab es eine Minderheit, die ihren sozialen Teil ablehnte und nur den politischen billigte. Leopold Sonnemann, der Herausgeber der «Frankfurter Zeitung», ein seit Jahren in der Arbeiterbewegung engagierter Demokrat, interpretierte Jacobys Formel von der vollen Arbeitsrente als Summe von Arbeitslohn und Gewinnbeteiligung am Unternehmen.

Sonnemann war es auch, der sich ein großes Verdienst um die Sammlung der demokratischen Kräfte, um ihren Zusammenschluß in der Mitte September 1868 in Stuttgart gegründeten Deutschen Volkspartei erwarb. Den Kern dieser Partei des Kleinbürgertums stellten die württembergischen Demokraten um Karl Mayer, denen als einziger demokratischer Gruppierung nach 1866 eine nennenswerte Steigerung ihres Masseneinflusses gelungen war. Der Erfolg ihrer antimilitaristischen, antipreußischen und föderalistischen Politik beruhte auf der Furcht der Handwerker und Bauern Württembergs vor einer Ausdehnung der preußischen Machtsphäre über den Main hinweg, vor einer Verpreußung und Militarisierung des deutschen Südens.

Jacoby vermochte der Einladung, an der Parteigründung in Stuttgart teilzunehmen, nicht nachzukommen. Er mag es aber mit Genugtuung zur Kenntnis genommen haben, daß die ausgedehnte Programmdiskussion, zu der es in der württembergischen Hauptstadt kam, sich ausschließlich auf den Positionen bewegte, die er in seiner Berliner Januar-Rede und in dem Schreiben an die Hamburger Demokraten formuliert hatte. Große Meinungsverschiedenheiten gab es auch hier über seine Ansichten zur sozialen Frage, die einigen einflußreichen Delegierten entschieden zu weit gingen. Im Ergebnis kam ein Programm zustande, dessen Präambel den Hinweis enthielt, daß es «im Anschluß» an die demokratischen Grundsätze Johann Jacobys und die Beschlüsse des Nürnberger Vereinstages deutscher Arbeitervereine abgefaßt sei. Während letzteres mehr eine taktische Feststellung war, erfolgte die Bezugnahme auf Jacoby zu vollem Recht, denn immerhin waren der politische und der nationale Teil des Programms annähernd wörtlich seinen Darlegungen entnommen. Dagegen enthielt die stiefmütterlich behandelte soziale Programmatik nur seine Ausgangsthese von der Untrennbarkeit und gegenseitigen Bedingtheit von ökonomischer und politischer Befreiung.

Obwohl sie die Bildung der Deutschen Volkspartei begrüßten, war es Jacoby und dem Kreis um die «Zukunft» nicht möglich, sich eng mit ihr zu solidarisieren. Daran hinderte vor allem der bornierte Preußenhaß, in den die in der Partei dominierenden Württemberger zuweilen verfielen, und ebenso deren Neigung, mit Preußengegnern aus dem reaktionären Lager politische Vereinbarungen zu treffen, wodurch die Bestrebungen der Demokratie kompromittiert wurden.

Schon seit Jahren von innerem Widerwillen gegen die parlamentarische Arbeit erfüllt, hatte Jacoby sich im Herbst 1867 doch wieder dazu bewegen lassen, bei den Neuwahlen zum preußischen Landtag ein Mandat anzunehmen. Sicher wollte er seine Gesinnungsfreunde im zweiten Berliner Wahlbezirk, die ihm über das Debakel von 1866 hinweg die Treue hielten, nicht enttäuschen. Aber zu mehr als zu einer Statistenrolle hat er es in den Sitzungsperioden der Jahre 1868 bis 1870 nicht gebracht. Nur die Tatsache, ist bemerkenswert, daß er der einzige Abgeordnete war, der jedesmal, wenn über den Staatshaushalt abgestimmt wurde, das Budget in allen seinen Teilen verwarf. Im Januar 1869 ergriff er einmal das Wort, um seine Handlungsweise zu begründen; dabei sagte er, er sei prinzipieller Gegner des Bismarckschen Systems und er halte die Politik des Ministerpräsidenten für das Land für verderblich. Bei dieser einzigen Wortmeldung blieb es, sonst fiel er Beobachtern der parlamentarischen Szene stets nur durch Schweigen auf. Das stellte auch Karl Marx fest, der am 12. November 1869 an Friedrich Engels schrieb, wie merkwürdig es doch sei, daß Jacoby «das bloße stumme Einhüllen in die Tiefe der eigenen sittlichen Entrüstung» pflege.

Der schiefen Lage, in die er durch seine «Sprachlosigkeit» im Parlament geriet, ist sich Jacoby bald bewußt geworden. Nur die Rücksichtnahme auf seine Wähler hat ihn damals von einer Mandatsniederlegung zurückgehalten. Für die folgende Zeit läßt sich bei ihm eine wachsende Neigung zur Ablehnung des Parlamentarismus beobachten. Freilich kam er zu keinem festen Entschluß. Immer weniger glaubte er daran, daß Wortgefechte und Abstimmungen in den in ihren Kompetenzen stark beschnittenen Volksvertretungen von Bismarcks Gnaden der demokratischen Bewegung irgendeinen Nutzen bringen könnten. Allmählich erschien ihm parlamentarisches Wirken nur noch als eine untaugliche Waffe. Diese irrtümliche Meinung war der Grund, warum er wenige Jahre später in einen unliebsamen Konflikt mit den Führern der Sozialdemokraten geraten sollte.

Annäherung an die Arbeiterbewegung

«Das demokratische Programm Johann Jacobys verdient im höchsten Maße die Beachtung des deutschen Volkes.» So lautete die erste einer Reihe von Thesen über Jacobys Januarrede 1868, die Wilhelm Bracke, Kaufmann in Braunschweig, am 19. Juli 1868 auf einer von zehntausend Menschen besuchten und unter freiem Himmel stattfindenden Volksversammlung auf der Asse, einem Höhenzug östlich von Wolfenbüttel, vortrug. Zu dieser Versammlung hatte die Braunschweiger Gemeinde des lassalleanischen Allgemeinen Deutschen Arbeitervereins aufgerufen. Bracke und seine Freunde, die an ihrer Spitze standen, opponierten mit dieser Aktion gegen Schweitzer, den Präsidenten ihres Vereins, der allen Nichtlassalleanern gegenüber eine extrem sektiererische Politik verfolgte. 1869 gehörten die Braunschweiger zu den revolutionären Lassalleanern, die aus Protest gegen die diktatorischen Praktiken Schweitzers den Verein verließen und mit August Bebel und Wilhelm Liebknecht zusammen die Sozialdemokratische Arbeiterpartei, die Eisenacher Partei, gründeten.

Die Versammlung auf der Asse offenbarte allerdings auch die damals noch ungenügende Kenntnis wichtiger Grundsätze des Marxismus in der Gruppe um Bracke. So kritisierte Schweitzer zu Recht die Rede Jacobys und die Thesen Brackes, indem er darauf verwies, es könne nicht darum gehen, den Produktionsertrag nur gerechter zwischen Kapital und Arbeit zu verteilen, sondern die Überwindung des Kapitalismus, eine radikale Umgestaltung der Gesellschaft, sei notwendig. Daß aber Jacoby sich erkühnt hatte, laut über die soziale Frage nachzudenken, ohne zugleich Mitglied des Allgemeinen Deutschen Arbeitervereins geworden zu sein, bewog den in rücksichtsloser Polemik erfahrenen Präsidenten dazu, Jacoby als «sozialen Reaktionär» zu bezeichnen und seine Rede als «albernes, hohles Geschwätz eines wichtigtuenden Bourgeois» abzustempeln.

Jacoby registrierte damals mit einer gewissen Befriedigung, daß seine Rede über das Ziel der Volkspartei auch in der Arbeiterbewegung Beachtung fand. So demonstrativ wie auf der Asse geschah dies allerdings ganz selten. Der im Oktober 1868 in Berlin gegründete Demokratische Arbeiterverein, der politisch im Fahrwasser der Jacobyten segelte und dem auch Paul Singer angehörte, erklärte sogar ausdrücklich sein Einverständnis mit den in der Rede entwickelten Prinzipien. Zustimmung fand sie auch im Arbeiterverein und im Handwerkerverein Königsbergs, in beiden Vereinen trat Jacoby als Referent und Teilnehmer an Diskussionen auf.

Auch Wilhelm Liebknecht und August Bebel waren auf Jacoby aufmerksam geworden. Für ihn bedeutete es eine Reverenz, daß er von Bebel als Ehrengast zur Teilnahme an dem Anfang September 1868 stattfindenden Vereinstag deutscher Arbeitervereine in Nürnberg eingeladen wurde. Dort nahmen die Delegierten von 93 Vereinen ein an den Prinzipien der I. Internationale orientiertes Programm an. Ihr Organ, das in Leipzig erscheinende und von

Liebknecht redigierte «Demokratische Wochenblatt», veröffentlichte Auszüge aus Jacobys Rede. Liebknecht bewegten Gefühle tiefer Achtung gegenüber dem in vielen Kämpfen bewährten Protagonisten des demokratischen Fortschritts. Als er ihn im September 1866 in Berlin persönlich kennenlernte, gewann er den Eindruck, Jacoby würde früher oder später zum Sozialismus kommen. Bei dieser Voraussage verwies Liebknecht auf Jacobys Feststellung, daß nur unter den arbeitenden Klassen demokratische Gesinnung herrsche, während die Bourgeoisie vom bonapartistischen Regime korrumpiert sei. Im Gegensatz zu den orthodoxen Lassalleanern traten Liebknecht und Bebel für eine Bundesgenossenschaft von Arbeiterbewegung und kleinbürgerlicher Demokratie ein; sie wußten, daß in der Auseinandersetzung mit der politischen Reaktion und der antidemokratischen Bourgeoisie das auf sich allein gestellte klassenbewußte Proletariat zu schwach sein würde. Diese Haltung hat Liebknecht wiederholt veranlaßt, seine Stimme für Jacoby zu erheben und ihn gegen Verunglimpfungen von lassalleanischer Seite in Schutz zu nehmen.

Am 20. Januar 1870 hatte der Vorstand des zweiten Berliner Wahlbezirks zu einer Wahlmännerversammlung eingeladen, um seinen beiden Landtagsabgeordneten, Johann Jacoby und Heinrich Runge, Gelegenheit zu geben, über die letzte Session des Abgeordnetenhauses Bericht zu erstatten. Die Versammlung tagte im «Neuen Gesellschaftshaus» am Cottbuser Tor, an gleicher Stätte, wo Jacoby zwei Jahre zuvor seine Rede über die Ziele der Volkspartei gehalten hatte. Den zahlreich anwesenden Lasalleanern gelang es, sich des Präsidiums der Zusammenkunft zu bemächtigen und Schweitzer zum Vorsitzenden zu wählen. Viele Jacobyten verließen daraufhin den Saal. Jacoby selbst ließ sich durch diesen Vorgang nicht beirren; er trat, schon mit vom Alter gebeugter Gestalt, ans Pult und verlas mit kaum hörbarer Stimme ein anderthalb Stunden dauerndes Referat, das er als sein «soziales Glaubensbekenntnis» bezeichnete und das unter dem Titel «Das Ziel der Arbeiterbewegung» bereits an einige Zeitungen zur Veröffentlichung verschickt worden war.

Jacobys Vortrag zeigte sein gewachsenes Verständnis für die

Probleme der Arbeiterbewegung. Jetzt war nicht mehr die Rede von einem Ausgleich zwischen Kapital und Arbeit auf dem Boden der bestehenden Ordnung; jetzt plädierte er dafür, das kapitalistische Lohnsystem abzuschaffen und durch ein System der genossenschaftlichen Arbeit zu ersetzen. Jacoby vertrat einen kleinbürgerlichen Sozialismus, der nicht durch Klassenkampf und eine soziale Revolution, sondern auf dem Wege von Reformen Realität werden sollte. Um den friedlichen Übergang zur neuen Ordnung zu gewährleisten, müßten, so meinte er, drei Faktoren zusammenwirken: die Arbeiterbewegung, die Arbeitgeber und der Staat.

Mit Worten großer Anerkennung sprach er von der Rolle der Arbeiter und ihrer Bewegung; in Gestalt der Internationalen Arbeiterassoziation stelle sie bereits eine europäische Macht dar. Viele Gesichtspunkte seines Vortrags, so unter anderem die Verelendungstheorie und die Auffassung vom notwendigen Untergang des Kapitalismus, hatte er unverkennbar dem 1867 erschienenen ersten Band des «Kapital» von Marx entnommen. Wie hoch er die Bedeutung der organisierten Arbeiterschaft einschätzte, läßt einer seiner Sätze besonders deutlich werden, der seither immer wieder zitiert worden ist: «Die Gründung des kleinsten Arbeitervereins wird für den künftigen Kulturhistoriker von größerem Wert sein als der Schlachttag von Sadowa (Königgrätz – R. W.).» An die Unternehmer appellierte er, soziale Verantwortung zu zeigen, zur Gewinnbeteiligung überzugehen, Lohnerhöhungen zu gewähren und die Arbeitszeit herabzusetzen. Vom Staat der Demokratie verlangte er, das Genossenschaftswesen durch Staatskredite zu fördern, den Achtstundentag einzuführen und alle Bildungs- und Vereinsbestrebungen der Arbeiter zu unterstützen.

Während Jacobys Vortrag hatte es mehrfach störende Zwischenrufe gegeben. In der Debatte, die ihm folgte, fiel es Schweitzer leicht, Schwächen der Jacobyschen Argumentation aufzudekken. So machte er darauf aufmerksam, daß die Arbeiter erst im Besitz der Staatsmacht sein müßten, ehe der Staat etwas für sie tun könne. Attackiert wurde auch die Vorstellung vom friedlichen Übergang zum Sozialismus, worauf Jacoby erwiderte, wenn alle

Versuche einer friedlichen Lösung gescheitert wären, müsse allerdings gefochten werden. Als er auf die Anleihen, die er beim «Kapital» von Marx gemacht hatte, angesprochen wurde, räumte er freimütig ein, von diesem bedeutenden Werke wichtige Anregungen empfangen zu haben, und meinte, es sei in der Wissenschaft üblich, daß ein jeder auf den Schultern seiner Vorgänger stehe.

Weitaus stärker als 1868 reagierte diesmal die Öffentlichkeit auf Jacobys Rede. Fast alle Blätter, die der Deutschen Volkspartei nahestanden, wie die «Zukunft», die «Frankfurter Zeitung», der «Pfälzer Demokrat», druckten sie in vollem Wortlaut ab. Dagegen ergingen sich viele bürgerlich-liberale Zeitungen in Verdächtigungen und Unterstellungen, wobei einige den Eindruck erweckten, als habe Jacoby Grundsätze der Lassalleaner propagiert. «Man greift nicht in ein Wespennest, ohne gestochen zu werden; glücklicherweise aber ist meine Haut ziemlich unempfindlich», kommentierte er in einem Brief an seine Schwestern diese Polemik. Auch im Ausland fand die Rede Verbreitung, wie ihre Übersetzung ins Französische, Englische, Holländische und Ungarische sowie ihre Veröffentlichung in den USA zeigen. Noch 1878, nach Jacobys Tode, wurde ihr die Ehre zuteil, vom Berliner Polizeipräsidium auf den Index gesetzt und im Zuge der mit dem Sozialistengesetz verbundenen Repressalien gegen das sozialdemokratische Schrifttum verboten zu werden.

Innerhalb der deutschen Sozialdemokratie geriet Jacoby ins Kreuzfeuer der Auseinandersetzungen von Eisenachern und Lassalleanern. Ein umfangreicher Leitartikel im «Volksstaat», dem Zentralorgan der Eisenacher, lobte seinen Mut, hob die Übereinstimmung vieler seiner Forderungen mit einzelnen Postulaten des Eisenacher Programms hervor und brachte die Hoffnung zum Ausdruck, die Berliner Rede möge noch nicht das letzte Wort seiner sozialistischen Programmatik gewesen sein. Daß die Eisenacher Jacoby schätzten und für ihn eintraten, stachelte Schweitzer zu unsinnigen Ausfällen an. Dem greisen Demokraten sprach er alle Verdienste um die Volkssache ab und nannte ihn ein «unschädliches altes Männchen».

Auch Karl Marx in London hat Jacobys Auftreten und dessen

Resonanz in der Presse verfolgt. An seinen Freund Ludwig Kugelmann, einen Arzt in Hannover, der darüber unzufrieden war, daß Jacoby in seinem Vortrag den Namen von Marx unerwähnt gelassen hatte, schrieb der Begründer des wissenschaftlichen Sozialismus am 17. Februar 1870: «Der alte Jacoby selbst ist sehr lobenswert. Welcher andere old radical in Europa hat diese Ehrenhaftigkeit und diesen Mut besessen, so direkt sich auf die Seite der proletarischen Bewegung zu stellen? Daß seine Übergangsmaßregeln und Detailvorschläge nicht viel taugen, ist ganz Nebensache.»

Untadelig demokratisch war Jacobys Haltung während des Deutsch-Französischen Krieges 1870. Sein Denken und Handeln entsprach nahezu gänzlich den Anschauungen, wie sie von der Avantgarde der deutschen Arbeiterklasse, der Eisenacher Partei, vertreten wurden. Über den Ausbruch des von Bismarck provozierten und von Napoleon III. aus dynastischen Gründen herbeigeführten Krieges empfand er «tiefste Betrübnis». Seine Briefe belegen, wie sehr der Demokrat und Humanist den in Deutschland hohe Wogen schlagenden Nationalismus verabscheute und wie mitfühlend er die Opfer beklagte, die der Krieg von beiden Völkern forderte. «Erfreulich ist nur eins», schrieb er am 25. Juli 1870 an Benno Urban, «daß in Deutschland wie in Frankreich die Demokratie und ein großer Teil der Arbeiter sich frei erhalten von der Pest des Chauvinismus. Hoffentlich werden einst auch die Völker zur Einsicht kommen, daß die Dynastien das Unglück Europas sind.»

Als einen Tag nach Kriegsbeginn, am 20. Juli, die Königsberger Stadtverordnetenversammlung zu einer außerordentlichen Sitzung einberufen wurde, um eine vom Magistrat beantragte Dankadresse an den preußischen König zu verabschieden, gehörte Jacoby zu den vier Stadtvätern, die den Mut besaßen, das Ansinnen abzulehnen. In einer kurzen Wortmeldung erklärte er, er billige die geäußerte Feststellung, daß der Krieg vom französischen Kaiser vom Zaune gebrochen worden und deutscherseits ein Abwehrkrieg sei, aber diese Erkenntnis könne ihn nicht bestimmen, dem Souverän und obersten Kriegsherrn seinen Dank auszusprechen. Keinen Hehl machte er daraus, daß diese Haltung auf seinem ent-

2. September 1870

schiedenen Mißtrauen gegenüber den Hohenzollern und deren antidemokratischer Machtfülle beruhte. Die gleiche Einstellung bekundete er auch im Januar 1871, als im selben Gremium die Entsendung eines Glückwunschschreibens an Wilhelm I. anläßlich seiner Krönung zum deutschen Kaiser zur Debatte stand. Hier meinte er schlicht, vorzeitiger Enthusiasmus für ein Kaisertum lasse sich nicht rechtfertigen. Schmerzlich berührte ihn, daß sowohl in der Juli-Sitzung als auch im Januar 1871 sein ehemaliger Freund Ferdinand Falkson es war, der ihm entgegentrat und seine Einstellung als undeutsch und vaterlandslos bezeichnete. Jacoby zahlte mit gleicher Münze zurück, nannte seinerseits Falkson undeutsch und betonte, der deutsche Geist sei stets der Geist der Freiheit und der Humanität gewesen.

Ein Ereignis, das zwischen Kriegsbeginn und Kaiserkrönung lag, hatte Jacobys Namen erneut über den lokalen Rahmen hinaus in die publizistische und parlamentarische Öffentlichkeit gebracht:

Nachdem im Ergebnis der Schlacht von Sedan Napoleon III. gestürzt worden war und der Krieg deutscherseits einen ungerechten Charakter angenommen hatte, trat er für einen ehrenvollen Frieden mit der Französischen Republik ein und verurteilte konsequent die deutschen Annexionsabsichten gegenüber Elsaß-Lothringen. Dafür erhob er auf einer Königsberger Versammlung am 14. September 1870 seine Stimme, womit er gemäß dem von Marx inspirierten Aufruf des Braunschweiger Ausschusses der deutschen Sozialdemokratie vom 5. September handelte. Der unerschrockene Demokrat schritt in einer Reihe mit den Sozialdemokraten, und mit mehreren ihrer Führer teilte er auch das Schicksal, für diese Haltung wochenlang ohne Verhör und Anklage als Kriegsgefangener des preußischen Staates in den Kasematten der Festung Boyen bei Lötzen in Ostpreußen eingekerkert zu werden. Am Beginn des Buches ist diese Episode ausführlich geschildert worden.

Der Krieg, die chauvinistische Euphorie, der Triumph der junkerlichen Reaktion und der Siegestaumel, die über alle Klassengrenzen hinweg breite Kreise des deutschen Volkes erfaßt hatten, erschwerten im höchsten Maße das Wirken der demokratischen Kräfte. In Nord- und Süddeutschland mußte die kleinbürgerliche Demokratie schwere Rückschläge hinnehmen. In Berlin blieb wegen des Abonnentenschwunds die «Zukunft» auf der Strecke. Einige Monate, bevor sie gezwungen war, ihr Erscheinen einzustellen, am 29. August 1870, schrieb Guido Weiß an Jacoby: «Von der ‹Zukunft› weiß ich Ihnen nicht mehr zu sagen, als daß sie eben noch erscheint – von Tag zu Tag; an ihre Zukunft glaube ich nicht mehr ... Der Begriff unserer Partei ist so rein geworden, daß er nahe daran ist, aller Körperlichkeit zu entsagen. Ich bin etwas befangen von persönlichem Leide, aber ich sehe kein Licht mehr vor mir.»

Als im November 1870 in Preußen Landtagswahlen bevorstanden, bemühten sich Jacobys Freunde um eine Kandidatur für ihn in Berlin. Diese Anstrengungen endeten indes, wie nicht anders zu erwarten, mit einer empfindlichen Niederlage. Auf den als Märtyrer der Demokratie gerade aus der Festungshaft Enlassenen entfie-

In der Friedrich- Ecke Behrenstraße um 1871

len spärliche 109 Wahlmännerstimmen. Von der Bourgeoisie waren die Vorbehalte der Wähler gegen den Sozialisten aktiviert worden, während die Fortschrittspartei sich des Konkurrenten zu erwehren suchte, indem sie ihn als Republikaner, permanenten Neinsager und Antiannexionisten denunzierte.

Da er unter allen Demokraten Berlins die größte Zugkraft besaß, ließ sich Jacoby gewinnen, auch bei den Wahlen am 3. März 1871 zum Deutschen Reichstag zu kandidieren. Er hoffte dabei, kein Mandat zu erhalten, weil er im Grunde nicht Abgeordneter eines Reichstages sein wollte, gegen dessen Ohnmacht er schon mit seiner Ablehnung der Norddeutschen Bundesverfassung, mit der die Reichsverfassung identisch war, protestiert hatte. Mit seiner Kandidatur ging es den Jacobyten vor allem darum, ihrer Wahlbewegung Schwung zu geben, den sie brauchten, um Fortschritte bei der Sammlung und Mobilisierung ihrer Gesinnungsgenossen zu erzielen. Jacoby kandidierte deshalb auch nicht in einem, sondern in allen sechs Berliner Wahlbezirken. Natürlich wurde er nicht gewählt, aber er erhielt immerhin 6400 Stimmen, das waren 16 Prozent aller Berliner Wahlmännerstimmen, ein Resultat, das die Presse als persönlichen Achtungserfolg für ihn wertete.

Im Frühjahr 1871 erkrankte Jacoby schwer, wochenlang lag er an einer Lungenentzündung darnieder, und erst mit Sommerbeginn stellte sich die Genesung ein. An einen alten Freund, Xaver von Hasenkamp, schrieb er am 17. Juni 1871: «So wäre nun – dank meiner zähen Natur – auch das innere Lötzen glücklich überwunden. Meine alten Lungen tun wieder ihre Schuldigkeit, und der lang entbehrte Genuß der Luft- und Himmelsfreiheit – der einzigen, die uns geblieben – hat mich zu neuem Leben erfrischt und gestärkt.» Während der Rekonvaleszenz hat sich Jacoby mit dem Durchblättern alter Zeitungen und Schriften aus den vierziger Jahren beschäftigt, und ihm drängte sich dabei der Eindruck auf, wie tief doch seither geistig und moralisch das deutsche Groß- und Kleinbürgertum gesunken sei, während «nur der Arbeiterstand ... sich gehoben» habe und Hoffnung für die Zukunft erwecke.

Bad Reichenhall, zeitgenössische Darstellung

Kurz nach seiner Genesung trat Jacoby eine Kur- und Erholungsreise nach dem Süden an. Ende Juni 1871 fuhr er über Berlin nach Bad Reichenhall in Oberbayern, wo er sich wochenlang aufhielt und von der Solkur eine Kräftigung seiner Lunge erhoffte. Mit seinem Vetter Eduard Waldeck reiste er dann nach Italien, wo Florenz und Venedig ihre Hauptstationen waren. Möglicherweise hat Jacoby auch Rom gesehen. Auf der Rückreise konnte er in Wien noch einmal seinen vertrauten, schon vom Tode gezeichneten Freund Moritz Hartmann sprechen. Dort erreichte ihn die Mitteilung von der schweren Erkrankung seiner Schwester Karoline, was ihn zu schneller Heimkehr bewog. Ende September 1871 starb Karoline vierundsiebzigjährig; Jacoby lebte fortan mit seiner Schwester Betty, die sechs Jahre älter war als er und die ihn noch um vierzehn Jahre überleben sollte.

Im Jahre 1871/72 hatte die Bevölkerung Ostpreußens unter einem langen und schweren Winter zu leiden. Als er vorüber war, plante Jacoby für den Sommer eine Kurreise und freute sich schon auf ein Wiedersehen mit Bad Reichenhall. Viel Vergnügen bereitete ihm damals die Beschäftigung mit den Korrekturen einer zweibändigen Sammlung seiner Schriften und Reden, die im Juli 1872 bei Otto Meißner in Hamburg erschien. Damit erfüllte sich ein lang gehegter Wunsch von ihm, sein publizistisches Lebenswerk und seine Parlamentsreden annähernd vollständig der Öffentlichkeit zu präsentieren. Allerdings hat die für die Geschichtsschreibung unentbehrliche Ausgabe, die 1877 in einer um einen Ergänzungsband vermehrten zweiten Auflage herauskam, zu Lebzeiten Jacobys angesichts der Schwäche des demokratischen Lagers kaum Beachtung gefunden.

Zu Frühjahrsbeginn 1872 verfolgten die Mitglieder der Sozialdemokratischen Arbeiterpartei und alle diejenigen, die mit ihr sympathisierten, mit großer Anteilnahme ein Ereignis: den Verlauf des Leipziger Hochverratsprozesses gegen August Bebel, Wilhelm Liebknecht und Adolf Hepner, einen Redakteur des «Volksstaat». Auf Betreiben der Regierung Bismarck hatte die sächsische Justiz die prominenten Sozialdemokraten wegen ihrer sozialistischen Gesinnung und ihrer internationalistischen und demokratischen Haltung während des Deutsch-Französischen Krieges vor die Schranken des Gerichts gezerrt. Bebel und Liebknecht verteidigten sich nicht nur glänzend; zur Überraschung ihrer Richter und der Zuhörer im Schwurgerichtssaal schlugen sie zurück, griffen sie die herrschenden Klassen und den preußisch-deutschen Militärstaat vehement an und nutzten das ihnen gebotene Forum, um Ziele und Programm ihrer Partei mit großem Erfolg zu propagieren. Obwohl sich keiner der gegen sie vorgebrachten Anklagepunkte als stichhaltig erwies, entschied nach vierzehntägiger Prozeßdauer das Gericht am 26. März 1872, Bebel und Liebknecht zu je zwei Jahren Festungshaft zu verurteilen. Die Strafe mußten sie in Hubertusburg verbüßen.

Leipziger Schwurgerichtsverhandlung,
gezeichnet von F. Waibler

Seit der Urteilsverkündung war kaum eine Woche vergangen, da ließ Jacoby am 2. April dem «Volksstaat» eine nur aus zwei Sätzen bestehende Erklärung zugehen, in der er mitteilte, die Verhandlungen des Leipziger Hochverratsprozesses hätten ihn bestimmt, «der sozialdemokratischen Arbeiterpartei beizutreten». Wenig später ergänzte er diese lapidare Feststellung in einem Schreiben an Robert Flatow, einen Berliner Gesinnungsfreund. Er erklärte, bei der Stellung, die er schon 1848 und nicht erst seit seiner Rede von 1868 gegenüber der sozialen Frage eingenommen habe, sei es für ihn selbstverständlich gewesen, die Verurteilung von Liebknecht und Bebel und die Verfolgung der Sozialdemokratischen Arbeiterpartei zu mißbilligen. Um dies auf eine besonders wirksame Weise zu tun, habe er sich entschlossen, dieser Partei öffentlich beizutreten, «deren Ansichten ich im wesentlichen teile».

Jacobys Entschluß war ein mutiger Schritt, der Aufsehen erregte. Der Vorkämpfer des Verfassungsgedankens im vormärzlichen Preußen, der bedeutende Repräsentant der kleinbürgerlichen Demokratie von 1848/49, der ehemalige Abgeordnete der

Deutschen Fortschrittspartei, ein über die Grenzen Deutschlands bekannter und hochgeschätzter Politiker und humanistisch gesinnter Gelehrter schloß sich der von der bürgerlichen Öffentlichkeit verfemten und geschmähten, von den Behörden verfolgten und von den meisten Zeitungen als Partei der Vaterlandsverräter verleumdeten revolutionären Sozialdemokratie an, einer Partei, die im Krieg von 1870/71 wohl ihre Prinzipientreue und Standhaftigkeit bewiesen hatte, deren Mitgliederzahl aber noch gering war und die erst am Anfang ihres geschichtlichen Weges stand. Auf besonders sinnfällige Weise symbolisierte Jacobys Parteibeitritt die Tatsache, daß die deutsche Sozialdemokratie sich zu Recht als der Erbe der Revolution von 1848 betrachten durfte, deren demokratische Ziele ein unverzichtbares Element ihres Befreiungskampfes für das Proletariat waren. Neben Jacoby hatten von der alten Garde der Achtundvierziger auch Georg Herwegh, der Philosoph Ludwig Feuerbach und Amand Goegg, der Finanzminister der Revolutionsregierung in Baden, den Weg zur Sozialdemokratie gefunden. Aber nur die Entscheidung Jacobys ist von der Öffentlichkeit stärker beachtet worden.

Wilhelm Liebknecht schrieb 1894, der Parteieintritt Jacobys habe «die klaren Köpfe der bürgerlichen Demokratie» bewogen, seinem Beispiel zu folgen. Daß die Mehrheit des Berliner Demokratischen Vereins dem Eisenacher Programm zustimmte und sich damit der Sozialdemokratischen Arbeiterpartei anschloß, führte Bebel ebenfalls auf die Vorbildwirkung Jacobys zurück. Aber die Wirkung, die seine Entscheidung für die Eisenacher Partei zur Folge hatte, darf nicht überschätzt werden. Jacoby besaß kein ins Gewicht fallendes politisches Hinterland mehr, keine große Schar von Gesinnungsfreunden, wie ehedem im vormärzlichen Königsberg.

Franz Mehring berichtet, daß die Begründung, die Jacoby für seinen Parteieintritt gegeben hatte, unter seinen Freunden Verwunderung hervorrief. Xaver von Hasenkamp, ein Redakteur des demokratischen Stuttgarter «Beobachters», schrieb ihm, seine Haltung, die seine Parteifreunde bisher stets durch ihre logische Konsequenz beeindruckt habe, lasse diesmal die Logik vermissen. Vor einiger Zeit habe er in seinem Blatt die Brutalität geißeln müssen, mit der Juden in Bukarest verfolgt wurden, er komme aber doch deshalb nicht auf die Idee, um Aufnahme in die dortige Synagoge zu bitten. Auf der Ebene dieses Vergleichs kommentierten viele Jacobys Entschluß. Und in der Tat war es unglücklich, daß er seinen Übertritt zur Sozialdemokratie mit dem Protest gegen die Verurteilung der beiden Parteiführer motiviert hatte. Der billigen Pressepolemik wäre er entgangen, hätte er beides voneinander getrennt unternommen. Die problematische Motivierung schmälert indes Gewicht und Bedeutung seiner Entscheidung nicht.

Für ihre umfassendere Beurteilung ist allerdings auf weitere Zusammenhänge hinzuweisen. Indem er sich der Partei Bebels und Liebknechts anschloß, trat Jacoby nicht aus der kleinbürgerlichen Demokratischen Partei beziehungsweise der Deutschen Volkspartei aus, sondern betrachtete sich als Anhänger beider Parteien in dem Glauben, sie würden die gleichen Grundsätze verfolgen. Ein weitgehendes Einverständnis mit dem Eisenacher Programm fiel ihm nicht schwer, weil dieses Programm zwar in wichtigen Punkten, aber nicht seinem ganzen Inhalt nach marxistisch war, sondern auch lassalleanische und kleinbürgerlich-demokratische Auffassungen enthielt. So hegte er vor allem Vorbehalte gegenüber der Sozialdemokratischen Arbeiterpartei als Klassenpartei des Proletariats. Zu einem späteren Zeitpunkt, so hoffte er, würde der Begriff «Arbeiter» aus dem Parteinamen eliminiert werden können und damit die Voraussetzung für einen Zusammenschluß von sozialdemokratischer und kleinbürgerlich-demokratischer Bewegung zur «deutschen Sozialdemokratischen Partei» geschaffen. Daß Jacoby als Mitglied der Partei Bebels und Liebknechts seinen bisherigen Anschauungen, dem allgemein-demokratischen Ideengut und einem kleinbürgerlichen Sozialismus, verhaftet blieb und nicht Marxist wurde, darf freilich nicht verwundern. Immerhin war er damals ein Mann von siebenundsechzig Jahren, ein deutscher Gelehrter, der von der bürgerlichen Aufklärungsideologie geprägt war und der weder Kontakte zur Fabrikarbeiterschaft noch eingehendere Kenntnisse der Schriften von Marx und Engels besaß.

Seit Sommer 1873 bereitete sich die Eisenacher Partei auf die im Januar 1874 stattfindenden Wahlen zum Deutschen Reichstag vor. Da er als erfahrener Parlamentarier galt, traten führende Sozialdemokraten wie Liebknecht, Wilhem Blos und Julius Motteler für eine Kandidatur Jacobys in einem für die Partei aussichtsreichen Wahlkreis ein. Man wählte für ihn den Landkreis Leipzig aus. Gleichzeitig baten ihn mehr als ein Dutzend sozialdemokratischer Wahlvereine, eine Kandidatur in ihren Wahlbezirken zu übernehmen. An sie richtete Jacoby im November 1873 ein gleichlautendes Schreiben mit folgendem Inhalt: «Den Parteigenossen ist meine Ansicht über das preußisch-deutsche Kaiserreich zur Genüge bekannt; sie mögen hiernach ermessen, wie wenig Verlangen ich trage, an den unersprießlichen Reichstagsverhandlungen mich zu beteiligen; sollte – aus taktischen Gründen – die Partei für gut befinden, mich als ihren Kandidaten aufzustellen, so hätte ich meinesteils nichts dagegen, muß jedoch im voraus bemerken, daß ich – im Falle der Wahl – die freie Entscheidung über Annahme oder Ablehnung des Mandats mir vorbehalte.»

Diese Vorbehaltsklausel war ohne Zweifel eine Zumutung für die sozialdemokratischen Funktionäre. In seinen Memoiren schreibt August Bebel, man hätte sich mit diesem Brief nicht zufriedengeben dürfen, sondern Jacoby, um einer Enttäuschung vorzubeugen, zu einer eindeutigen Stellungnahme bewegen müssen. Im Landkreis Leipzig nahmen es die führenden Sozialdemokraten hin, daß er eine Aufforderung, sich an der Wahlagitation persönlich zu beteiligen, ablehnte und Ende Dezember 1873 an August Geib schrieb: Er betrachte seine Nominierung als Protestkandidatur gegen das herrschende Machtsystem; würde er bei seinen Wählern um Stimmen werben, so ginge er damit die moralische Verpflichtung ein, unter allen Umständen das Mandat nach einem Wahlsieg übernehmen zu müssen. Für Jacobys Kandidatur haben damals im Landkreis Leipzig vor allem Wilhelm Blos und Wilhelm Bracke mit großem Einsatz agitiert.

Das Wahlergebnis vom 10. Januar 1874 war für Jacoby günstig, auch wenn er in keinem Wahlkreis die – beim Mehrheitswahlsystem notwendige – absolute Mehrheit errungen hatte. Im Landkreis Leipzig und in Dresden vermochte er so viele Stimmen auf sich zu vereinigen, daß er dort in die Stichwahl kam. Darin unterlag er in Dresden knapp, in Leipzig-Land dagegen siegte er mit einer Mehrheit von 903 Stimmen gegen Karl Heine, einen Kandidaten der Fortschrittspartei. Da trat eine Überraschung ein. Kurz bevor das Wahlresultat verkündet werden sollte, erhielt Wilhelm Blos von Jacoby einen eingeschriebenen Brief, in dem er mitteilte, er lehne die auf ihn gefallene Wahl ab. Eine telegraphisch übersandte Bitte, diese Entscheidung schleunigst zu korrigieren, blieb erfolglos – Jacoby hatte seine Ablehnung bereits dem Wahlkommissar angezeigt.

In der Eisenacher Partei löste Jacobys Weigerung großen Mißmut aus. Brief auf Brief sandte man nach Königsberg, um ihn noch umzustimmen, vor allem mit dem Argument, das eroberte Mandat würde bei einer Nachwahl der Partei verlorengehen. Man drang in ihn mit der Bitte, daß er, wenn er bei seiner Weigerung bliebe, das Mandat nicht jetzt ablehnen, sondern in einem Vierteljahr niederlegen sollte. Der Partei lag viel daran, eine Nachwahl zu vermeiden, um einer Niederlage vorzubeugen.

Diesen Bemühungen verschloß sich Jacoby, seine starre Haltung behielt er bei. Wilhelm Blos ließ er wissen, er glaube, sich korrekt zu verhalten, da er die Möglichkeit einer Mandatsablehnung von vornherein angekündigt habe. Außerdem meinte er, der Partei und ihrer Sache könne ein neuer Wahlkampf nur dienlich sein. In einem Schreiben, mit dem er sich am 3. Februar 1874 an seine Wähler wandte, erklärte er, er bekämpfe von jeher eine Politik, die danach strebte, «durch Gewaltmittel eine dauernde Einigung der deutschen Volksstämme herbeizuführen». Da die Existenz des deutschen Kaiserreiches auf Gewalt beruhe und seine Verfassung undemokratisch sei, wäre seine Kandidatur für den Reichstag nur als ein «entschiedener Protest ... gegen das neue deutsche Kaiserreich wie gegen das ganze jetzt herrschende Regierungssystem» zu verstehen. Er zitierte sodann sein Schreiben vom November 1873 und fügte hinzu, von der dort erwähnten Vorbehaltsklausel mache er nunmehr Gebrauch. «Im voraus von der Unmöglichkeit überzeugt», schloß er, «auf parlamentarischem Wege einen Militärstaat in einen Volksstaat umzugestalten, kann ich mich nicht dazu entschließen, an Verhandlungen teilzunehmen, deren Erfolglosigkeit für mich außer Zweifel steht.»

Die peinliche Episode in seinem Leben wäre vermieden worden, hätte Jacoby diese Auffassung mit der Eindeutigkeit, wie es nun im nachhinein geschah, am Beginn des Wahlkampfes geäußert. Nicht nur der «Volksstaat», auch kleinbürgerlich-demokratische Zeitungen machten ihrem Ärger über ihn Luft. Der Tenor ihrer Darlegungen war, es sei illusorisch, eine Beseitigung der bestehenden Zustände von bloßem Protestieren und politischer Passivität zu erwarten. Die Mißstimmung in der Partei wurde noch größer, als in der Nachwahl das Mandat im Landkreis Leipzig den Eisenachern verlorenging. Im Zorn schrieb Bebel einen heftigen Brief an Guido Weiß, der in einem Artikel der «Wage», einem von ihm herausgegebenen Nachfolgeorgan der «Zukunft», Jacoby verteidigt und sich hinter ihn gestellt hatte. Wilhelm Blos und Robert Schweichel klagten über den «alten Starrkopf in Königsberg» und über dessen Unvermögen, aus der reinen Negation herauszukommen. Und auch Friedrich Engels hielt mit seiner Empörung nicht zurück. Am 21. Februar 1874 schrieb er an Blos: «Jacoby hat sich hiermit für alle Zukunft unmöglich gemacht. Der Mann ist zu weise ... Auf die Gewalt zu schimpfen als etwas Verwerfliches an sich, wo wir doch alle wissen, daß schließlich ohne Gewalt nichts durchzusetzen ist ... Einerseits verwirft er die Gewalt, andererseits die parlamentarische legale Aktion – was bleibt denn da übrig als die reine bakunistische Enthaltung.»

Der Unmut ebbte nach einiger Zeit ab. Jacoby war ein so ehrwürdiger und überaus verdienstvoller Veteran der demokratischen Bewegung, daß die Führer der Eisenacher Partei nie daran dachten, ihre Beziehungen zu ihm abzubrechen. Schon 1875 finden wir Liebknecht wieder im lebhaften Briefwechsel mit ihm. Jacoby versäumte nie, stets herzliche Grüße an Bebel ausrichten zu lassen; beide haben sich erst im Jahr darauf persönlich kennengelernt, als Bebel sich Ende November 1876 in Königsberg aufhielt, wo er für die Reichstagswahlen von 1877 eine sogenannte Zählkandidatur – eine Kandidatur ohne Aussicht auf den Gewinn des

Mandats – übernommen hatte und auf zwei Versammlungen in der Ressource sprach. In seiner Autobiographie hat er über sein Bekanntwerden mit Jacoby berichtet: «In der ersten Versammlung war auch Johann Jacoby anwesend, den man zum Ehrenvorsitzenden der Versammlung ernannt hatte. Ich lernte erst jetzt Jacoby persönlich kennen. Der kaum mittelgroße Mann, der offensichtlich in seinem ganzen Wesen zurückhaltender Natur war und durch die Verhältnisse sich zu einem demonstrativen Eingreifen in die öffentlichen Angelegenheiten herbeiließ, machte auf mich einen ungemein günstigen Eindruck. Ich hatte ihn vor der ersten Versammlung in seiner Wohnung besucht, wobei er mich in seinem sehr geräumigen Arbeitszimmer empfing, dessen Regale und Schränke bis an die Decke mit Büchern vollgepfropft waren. Ich beneidete ihn um diesen ideal ausgestatteten Raum, der in seiner behaglichen Einrichtung zum Arbeiten geradezu einlud.»

Die letzten Jahre

Jacoby besaß eine souveräne Haltung gegenüber Alter und Tod, eine Einstellung, die auf seiner reichen Lebenserfahrung, auf philosophischem Gleichmut und unverwüstlichem Optimismus basierte. Als er älter wurde, pries er häufig das Alter als «die Krone des Menschenlebens». Gern zitierte er einen Schiller-Vers, in dem es heißt, nur das Alter sei jung und die Jugend alt. Wie ungebrochen sein Lebensgefühl geblieben war und wie weise er allem Unvermeidlichen gegenüberstand, bezeugt auf berührende Weise ein Brief an seinen Vetter Eduard Waldeck vom 20. März 1873: «Die Leute sagen, das Alter sei ein lästiger Geselle; ich kann das keineswegs finden, obwohl ich doch auch schon meine 68 auf dem Bukkel habe, mir ist's nach wie vor ganz behaglich in der sündigen Welt. Je älter ich werde, desto mehr lerne ich mich bescheiden in meinen Wünschen und Ansprüchen, desto mehr aber auch den Wert des Lebens erkennen und schätzen: jeder neu anbrechende Tag ist mir eine liebe, willkommene Gabe; ganz abgesehen von allem, was drum und dran hängt, in stiller Seele freue ich mich des

Letzte Aufnahme von Johann Jacoby,
Kupferstich von W. Roter

bloßen Daseins. Wie vieles hat mich früher geärgert, verstimmt, erbittert. Jetzt zwingt es mir kaum ein mitleidiges Lächeln ab. Trotz der Mensehen Unverstand, trotz Bismarck und dem nationalliberalen Troß seiner Anbeter, mein Glaube an den Menschen bleibt unerschüttert, und getrosten Mutes blicke ich in die bessere Zukunft.»

Natürlich mußte auch er dem Alter Tribut zollen. Wohl war er noch in der Lage, seine ärztliche Praxis aufrechtzuerhalten, die Versammlungen der Stadtverordneten zu besuchen, wo er gern noch das Wort ergriff, und bei den jährlichen Kant-Feiern zugegen zu sein; auch nahm er hin und wieder an den Debatten des Handwerkervereins teil. Für einen auf seine Heimatstadt begrenzten Aktionsradius reichte seine Kraft noch aus, Anforderungen, die darüber hinaus gingen, mußte er indes ablehnen. Nicht missen mochte er nur die ihm seit 1856 fast zur Gewohnheit gewordene jährliche Kurreise, die ihn in den siebziger Jahren immer nach Bad Reichenhall oder nach Berchtesgaden führte. Dort besuchten ihn einige Male alte Freunde und Bekannte, unter ihnen wiederholt auch Ludwig Walesrode, der sich in der Hochburg der kleinbürgerlichen Demokratie, in Stuttgart, niedergelassen hatte. Von seinen Königsberger Freunden waren, nachdem Meyerowitz und Kosch schon Anfang der sechziger beziehungsweise Anfang der siebziger Jahre gestorben waren, Jacoby schließlich nur noch Gustav Dinter und der Physiker Ludwig Moser geblieben, die im wesentlichen die politischen Auffassungen ihres berühmten Freundes teilten.

Obwohl er Ehrungen, die ihm dargebracht wurden, nicht liebte, machte es doch Eindruck auf Jacoby, als Männer seiner Vaterstadt die fünfundzwanzigste Wiederkehr des Freispruchs in seinem Hochverratsprozeß von 1849 zum Anlaß nahmen, ihm ihre Verehrung zu bezeugen. Zeitungen und Vereine gedachten dieses Jubiläums, Abordnungen besuchten ihn, und am Abend des 8. Dezember 1874 fand ihm zu Ehren eine Festveranstaltung in der Ressource statt.

Beeindruckender noch verlief am 1. Mai 1875 sein 70. Geburtstag. Vormittags begrüßte er in seiner Wohnung Deputationen, die Gesinnungsfreunde aus Berlin und Frankfurt am Main entsandt hatten, sowie Mitglieder des Königsberger Handwerkervereins. Er bedankte sich für die Anteilnahme mit einer kleinen Ansprache, in der er sagte, er fühle sich noch jugendfrisch und kräftig, und dies liege wohl daran, daß er der Alte geblieben sei, seinen Ansichten, Wünschen und Hoffnungen seit den Tagen seiner Jugend treu. Abends hatten seine Freunde im Hotel de Prusse ein Festmahl arrangiert, bei dem Guido Weiß einen längeren Toast ausbrachte. In seiner Rede ging Jacoby vom Kulturkampf in Preußen, der sich damals auf seinem Höhepunkt befand, aus, um den tiefen Gegensatz und die völlige Unterschiedlichkeit von Ultramontanismus und Sozialismus zu charakterisieren. Er erklärte, nicht die an die Autorität und Glaubenssätze des Papsttums und der Kurie gebundene katholisch-klerikale Bewegung, sondern allein die Sozialdemokratie, die keine Schranken in der Freiheit des Denkens kenne und vorbehaltlos dem gesellschaftlichen Fortschritt diene, könne sich als der eigentliche Kämpfer für eine dem Menschen gemäße Kultur bezeichnen.

An diesem Tage wurde seiner Verdienste auch auf Festveranstaltungen in Berlin, Köln und Stuttgart gedacht. In der schwäbischen Hauptstadt hielt Ludwig Walesrode die Ansprache. In der Presse, die sich ebenfalls seines Geburtstages annahm, würdigten die nationalliberalen Blätter lediglich seine Rolle als Verfasser der «Vier Fragen», während die demokratischen Zeitungen ihn als den standhaften Nestor der deutschen Demokratie feierten.

Anfang Februar 1877 erkrankte Jacoby. Die Diagnose ergab ein Blasensteinleiden, das unverzüglich operativ behandelt werden mußte. Als Arzt wußte er um das große Risiko einer solchen Operation, ähnliche Fälle waren selten günstig verlaufen. Er gab dennoch ohne Zögern seine Zustimmung, weil er eher sterben wollte als sein Leben unter ständigen Beschwerden und in Untätigkeit hinzubringen. Für ihn hatte nur ein von Arbeit erfülltes Leben Sinn. Bei dem Gedanken an den Tod tröstete er sich auch damit, daß er immerhin zweiundsiebzig Jahre alt geworden sei, ein Alter, das damals nur wenigen Menschen beschieden war. Die Operation fand am 23. Februar statt und konnte als geglückt bezeichnet werden. Aber wenige Tage später traten heftige Schmerzen auf, die er heldenhaft ertrug. Nach zwei Wochen schweren Leidens starb er am 6. März 1877.

Jacoby wurde am 11. März, seinem Wunsche entsprechend nach jüdischem Ritus, beerdigt. In seiner Traueransprache stellte der Rabbiner der Königsberger Jüdischen Gemeinde eine Parallele her zwischen Leben und Leistungen des holländischen Philosophen Spinoza und des ihm geistesverwandten Verstorbenen. An der imposanten Trauerfeier nahmen nahezu fünftausend Menschen teil, unter ihnen die Vertreter mehrerer Parteien, so, um die bekanntesten zu nennen, Johann Most für die Sozialdemokratische Arbeiterpartei, Heinrich Bürgers für die Fortschrittspartei, Guido Weiß für die Demokratische Partei und Leopold Sonnemann für die Deutsche Volkspartei. Im Auftrag der Berliner Sozialdemokraten waren Paul Singer und der Zigarrenarbeiter Heinrich Ecks erschienen. Am Grabe ergriffen Johann Most, Leopold Sonnemann und Max Herbig, ein Funktionär der Königsberger Sozialdemokraten, das Wort.

In ehrender Weise gedachte man auch anderswo des Verstorbenen. So versammelten sich die Stadtverordneten und die Mitglieder der Fortschrittspartei in Königsberg zu seinem Gedenken. Auf den Veranstaltungen in Berlin und Frankfurt am Main sprach Guido Weiß, und in Stuttgart brachten Albert Dulk, Karl Mayer und Ludwig Walesrode den Teilnehmern einer Feier Leben und Werk des großen Demokraten nahe.

Noch im Jahre seines Todes wurde eine Johann-Jacoby-Stiftung ins Leben gerufen, deren Anliegen es war, verfolgte Schriftsteller zu unterstützen und die demokratische Presse zu fördern. Unter denen, die sich um das Zustandekommen dieser Stiftung verdient gemacht hatten, befanden sich August Bebel, Wilhelm Liebknecht und Leopold Sonnemann. Die Stiftung existierte allerdings nur kurz, sie fiel am Beginn der Zeit des Sozialistengesetzes staatlicher Repressivgewalt zum Opfer. Ein ähnliches Schicksal widerfuhr einer im Sitzungssaal der Königsberger Stadtverordneten aufgestellten Marmorbüste Jacobys, die auf den Einspruch der Berliner Regierung sehr bald entfernt werden mußte. Der mutige Demokrat und Sozialist, der entschiedene Gegner und Widersacher der Hohenzollern, der über keine Bataillone gebot und nur die Kraft seiner freiheitlichen Überzeugung ins Feld zu führen hatte, wurde von den Herrschenden des mächtigen preußisch-deutschen Kaiserreiches noch über seinen Tod hinaus verfolgt.

Zur Literatur über Jacoby

Es ist aufschlußreich, daß eine Jacoby-Forschung erst seit einem Vierteljahrhundert existiert. Mit allen Repräsentanten der demokratischen Bewegung teilt Johann Jacoby das Los, von der bürgerlichen Geschichtsschreibung im vorigen Jahrhundert und in der ersten Hälfte dieses Jahrhunderts entweder abqualifiziert oder gänzlich ignoriert worden zu sein. Bezeichnend dafür ist, wie ihn Heinrich von Treitschke als Vertreter eines «bodenlosen Radikalismus» und als Publizist von «politischer Unfruchtbarkeit» abgetan hat. Die Bourgeoisie suchte die Erinnerung an jene aus dem Gedächtnis des Volkes zu löschen, die einst gemeinsam mit ihr in der antifeudalen Opposition gestanden, aber für eine konsequente Verbürgerlichung Deutschlands, für eine revolutionäre Umgestaltung des Landes gekämpft hatten und für eine demokratische Alternative zum monarchisch-aristokratischen System auch dann noch eintraten, als sie selbst ihren Frieden mit Bismarck und dem Junkertum gemacht und sich zur staatstragenden Klasse im Deutschen Kaiserreich aufgeschwungen hatte.

Sein Freund Guido Weiß war von Jacoby testamentarisch zum Verwalter seines literarischen Nachlasses bestimmt worden. Weiß plante eine Jacoby-Biographie, die indessen ungeschrieben blieb. Dasselbe gilt für Gustav Mayer, den verdienten Friedrich-Engels-Biographen und linksbürgerlichen Historiker der demokratischen und Arbeiterbewegung. Er konnte, bevor er noch vor dem ersten Weltkrieg sein Vorhaben aufgab, den im Königsberger Stadtarchiv verwahrten Jacoby-Nachlaß eingehend studieren und einen großen Teil des Briefbestandes abschreiben.

Aus der Feder von Franz Mehring stammt anläßlich des 100. Geburtstages des Königsberger Demokraten ein Aufsatz in der «Neuen Zeit», der Jacobys Platz in der Geschichte der deutschen Demokratie zu skizzieren sucht. Mehring fand Worte hoher Bewunderung und Anerkennung für die menschliche Lauterkeit, die kämpferische Unerschrockenheit und die politische Konsequenz Jacobys. In überzeugender Weise hat er dessen Politik als Ausdruck seiner kleinbürgerlichen Klassenposition definiert. Wenn dieser Aufsatz und ein weiterer, der 1911 folgte, dennoch nicht frei von einer gewissen Enge des Urteils sind, so liegt der Grund in Mehrings überzogener Kritik. Mehring unterlag der Versuchung, Jacobys Wirken vorwiegend an der Haltung von Marx und Engels zu messen und damit einen zu hohen Maßstab anzulegen.

Als in den fünfziger Jahren die marxistisch-leninistische Geschichtswissenschaft der DDR begann, sich der Erforschung der sozialistischen und demokratischen Traditionen unseres Volkes zuzuwenden, trat auch die Geschichte der kleinbürgerlichen Demokratie in ihr Blickfeld. Es ist das Verdienst von Peter Schuppan, mit seiner Dissertation 1963 die erste, bis 1846 reichende Etappe des politischen Wirkens Jacobys aus marxistischer Sicht und auf der Grundlage einer überaus reichen Materialfülle geschrieben zu haben. Seine Untersuchung geht weit über den biographischen Ansatz hinaus und ist zu einem umfangreichen substantiellen Beitrag über die Formierung und Entwicklung der bürgerlich-demokratischen Oppositionsbewegung im Vormärz geworden. Schuppans Arbeit, die als Ganzes ungedruckt geblieben ist und leider nicht zu einer Gesamtbiographie fortgeführt wurde, steht am Beginn der wissenschaftlichen Jacoby-Forschung. Ihre Ergebnisse – das sei ausdrücklich konstatiert – sind bei der Abfassung der vorliegenden Biographie von großem Nutzen gewesen.

Eine Überraschung für die Wissenschaft bedeutete es, als 1974 und 1978 der Briefwechsel Johann Jacobys in zwei Bänden erschien. Herausgeber ist der israelische Historiker Edmund Silberner, der zehn Jahre darauf verwandt hat, in Bibliotheken und Archiven vieler Länder nach Briefen von und an Jacoby zu suchen.

Den Kern der Korrespondenz bilden die von Gustav Mayer abgeschriebenen Briefe und Briefauszüge, die von ihm in den dreißiger Jahren der Jüdischen National- und Universitätsbibliothek in Jerusalem übergeben worden waren. Sie erwiesen sich jetzt von um so größerem Wert, als Jacobys Nachlaß am Ende des zweiten Weltkrieges mit hoher Wahrscheinlichkeit in Königsberg verlorengegangen ist. Mit der Herausgabe des Briefwechsels, einer Leistung von Gewicht, erhielt die Forschung, die sich bis dahin vorwiegend auf Jacobys «Gesammelte Schriften und Reden» stützen mußte, ein neues Fundament.

Silberner verdankt die Geschichtswissenschaft inzwischen auch die erste ausführliche, 1976 in der BRD erschienene wissenschaftliche Gesamtbiographie Jacobys. Sie ist durch ihren Stoffreichtum und die Gründlichkeit, mit der das Material erarbeitet wurde, ein Werk von Rang, an dem niemand vorübergehen kann, der sich mit dem Leben des Königsberger Demokraten befassen will. Mit Recht hat allerdings die Kritik auch auf nicht zu übersehende Schwächen aufmerksam gemacht. Sie liegen nicht nur in der Langatmigkeit und ungenügenden Lesbarkeit des Buches, in seinem positivistischen Grundzug und dem weitgehenden Verzicht auf die Einbettung des Lebensablaufs in die historischen Zusammenhänge. Am gravierendsten ist ohne Zweifel die Kritiklosigkeit, mit der der Autor seinem Helden gegenübersteht, was dazu führte, daß Jacobys geschichtliche Bedeutung überzeichnet wurde. Bernt Engelmann, der es mit seiner 1984 in der BRD erschienenen Jacoby-Biographie unternimmt, Silberners Foschungsergebnisse einer breiten Öffentlichkeit zugänglich zu machen, knüpft konzeptionell an diesen Aspekt an und ist noch weniger als Silberner der Gefahr entgangen, Jacoby auf unhistorische Weise zu glorifizieren.

Literaturverzeichnis

Quellenliteratur

Bamberger, Ludwig: Erinnerungen, hg. von Paul Nathan, Berlin 1899.
Bebel, August: Aus meinem Leben, Berlin 1983.
Bender, Karl Ludwig: Königsberg und seine Männer, in: Die Grenzboten, Jg. 6, Leipzig 1847, Bd. 4.
Blos, Wilhelm: Denkwürdigkeiten eines Sozialdemokraten, Bd. 1, München 1914.
Demokratisches Wochenblatt, Leipzig 1868 und 1869.
Der Hochverratsprozeß gegen Dr. Johann Jacoby, Königsberg 1849.
Der Volksstaat, Leipzig 1870, 1873 und 1874.
Deutsch-Französische Jahrbücher, hg. von Arnold Ruge und Karl Marx (1844), Leipzig 1973.
Die Wage, Berlin 1873 bis 1878.
Falkson, Ferdinand: Die liberale Bewegung in Königsberg (1840–1848), Breslau 1888.
Fröbel, Julius: Ein Lebenslauf, Bd. 1, Stuttgart 1890.
Gottschall, Rudolf von: Aus meiner Jugend. Erinnerungen, Berlin 1898.
Hartmann, Moritz: Revolutionäre Erinnerungen, hg. von H. H. Houben, Berlin 1919.
Jacoby, Johann: Gesammelte Schriften und Reden, 2 Bde., 2. Ausgabe, Hamburg 1877.
Jacoby, Johann: Nachträge zu den Gesammelten Schriften und Reden, enthaltend die seit 1872 veröffentlichten Aufsätze und Reden, Hamburg 1877.
Jacoby, Johann: Briefwechsel, hg. von Edmund Silberner, 2 Bde., Hannover 1974, Bonn 1978.
Jung, Alexander: Königsberg und die Königsberger, Leipzig 1846.
Jung, Alexander: Königsberg in seiner politisch-sozialen Entwicklung des letzten Jahrzehnts, in: Die Gegenwart, Bd. 4, Leipzig 1850.
Lewald, Fanny: Erinnerungen aus dem Jahre 1848, Bd. 2, Braunschweig 1850.
Lewald, Fanny: Meine Lebensgeschichte, Frankfurt am Main 1950.
Liebknecht, Wilhelm: Briefwechsel mit Karl Marx und Friedrich Engels, hg. von Georg Eckert, Den Haag 1963.
Liebknecht, Wilhelm: Briefwechsel mit deutschen Sozialdemokraten, Bd. 1, 1863–1878, hg. von Georg Eckert, Assen 1977.

Ostpreußisches Bürgerblatt, Königsberg 1845.

Rüstow, Wilhelm: Die politischen Parteien in Königsberg und der Vereinigte Landtag, in: Unsere Gegenwart und Zukunft, Bd. 8, Leipzig 1847.

Simon, Heinrich: Ein Gedenkblatt für das deutsche Volk, hg. von Johann Jacoby, Berlin 1865.

Simson, Eduard von: Erinnerungen, Leipzig 1890.

Temme, Jodokus: Erinnerungen, hg. von Stephan Born, Leipzig 1883.

Unruh, Hans Viktor von: Erinnerungen, hg. von Heinrich von Poschinger, Stuttgart 1895.

Walesrode, Ludwig: Böttchershöfchen, in: Vorwärts! Volkstaschenbuch für das Jahr 1846, Leipzig 1846.

Sekundärliteratur

Adam, Reinhard: Johann Jacobys politischer Werdegang 1805–1840, in: Historische Zeitschrift, Bd. 143, H. 1, München 1930.

Bernstein, Eduard: Die Geschichte der Berliner Arbeiterbewegung. Ein Kapitel zur Geschichte der deutschen Sozialdemokratie, Bd. 1, Berlin 1907.

Brasch, Moritz: Philosophie und Politik. Studien über Ferdinand Lassalle und Johann Jacoby, Leipzig 1889.

Büttner, Wolfgang: Georg Herwegh – ein Sänger des Proletariats. Der Weg eines bürgerlich-demokratischen Poeten zum Streiter für die Arbeiterbewegung, Berlin 1970.

Deutsche Demokraten. Die nichtproletarischen demokratischen Kräfte in der deutschen Geschichte 1830 bis 1945. Von einem Autorenkollektiv unter Leitung von Dieter Fricke, Berlin 1981.

Deutsche Geschichte, Bd. 4. Die bürgerliche Umwälzung von 1789 bis 1871. Von einem Autorenkollektiv unter der Leitung von Walter Schmidt, Berlin 1984.

Engelberg, Ernst: Bismarck. Urpreuße und Reichsgründer, Berlin 1985.

Engelmann, Bernt: Die Freiheit! Das Recht! Johann Jacoby und die Anfänge unserer Demokratie, Berlin und Bonn 1984.

Gause, Fritz: Die Geschichte der Stadt Königsberg in Preußen, Bd. 2, Köln, Graz, Wien 1968.

Gemkow, Heinrich: Paul Singer. Ein bedeutender Führer der deutschen Arbeiterbewegung, Berlin 1957.

Hamburger, Ernest: Juden im öffentlichen Leben Deutschlands, Tübingen 1968.

Herrmann, Alfred: Berliner Demokraten. Ein Buch der Erinnerung an das Jahr 1848, Berlin 1948.

Höhle, Thomas: Franz Mehring. Sein Weg zum Marxismus 1869–1891, Berlin 1956.

Höhle, Thomas: Polnischer Freiheitskampf und preußische Demokratie. Zur frühen Publizistik Johann Jacobys, in: Germanica Wratislaviensia, XXXIV, Wrocław, 1978.

Hönig, Johannes: Ferdinand Gregorovius, Stuttgart 1944.
Illustrierte Geschichte der deutschen Revolution 1848/49. Von einem Autorenkollektiv unter Leitung von Walter Schmidt, Berlin 1973.
Mayer, Gustav: Die Trennung der proletarischen von der bürgerlichen Demokratie in Deutschland (1863–1870), in: Archiv für Geschichte des Sozialismus und der Arbeiterbewegung, hg. von Carl Grünberg, Bd. 1, Leipzig 1911.
Mayer, Gustav: Die Anfänge des politischen Radikalismus im vormärzlichen Preußen, in: Zeitschrift für Politik, Bd. 6, Berlin 1913.
Mehring, Franz: Johann Jacoby, in: Gesammelte Schriften, Bd. 7, Berlin 1965.
Mehring, Franz: Johann Jacoby und die wissenschaftlichen Sozialisten, in: Archiv für Geschichte des Sozialismus und der Arbeiterbewegung, hg. von Carl Grünberg, Bd. 1, Leipzig 1911.
Mehring, Franz: Geschichte der deutschen Sozialdemokratie, in: Gesammelte Schriften, 2 Bde., Berlin 1960.
Schmidt, Siegfried: Der Hallgarten-Kreis 1839–1847. Zur Genese des bürgerlichen Parteiwesens im deutschen Vormärz, in: Wissenschaftliche Zeitschrift der Friedrich-Schiller-Universität Jena, Jg. 13, 1964, Gesellschafts- und sprachwissenschaftliche Reihe, H. 2.
Schmidt, Siegfried: Robert Blum. Vom Leipziger Liberalen zum Märtyrer der deutschen Demokratie, Weimar 1971.
Schuppan, Peter: Johann Jacoby und seine politische Wirksamkeit innerhalb der bürgerlich-demokratischen Bewegung des Vormärz (1830–1846), Diss. Berlin 1963 (MS).
Schuppan, Peter: Johann Jacoby, in: Männer der Revolution von 1848, hg. vom Arbeitskreis Vorgeschichte und Geschichte der Revolution von 1848/49, Berlin 1970.
Schuppan, Peter: Johann Jacoby und die antifeudale Opposition in Preußen am Beginn der 40er Jahre, in: Jahrbuch für Geschichte, Bd. 7, Berlin 1972.
Schuppan, Peter: Ostpreußischer Junkerliberalismus und bürgerliche Opposition um 1840, in: Bourgeoisie und bürgerliche Umwälzung in Deutschland 1789–1871, hg. von Helmut Bleiber, Berlin 1977.
Seeber, Gustav/Wittwer, Walter: Kleinbürgerliche Demokratie im Bismarck-Staat. Entwicklungstendenzen und Probleme, Berlin 1971.
Seeber, Gustav: Deutsche Fortschrittspartei 1861–1884, in: Lexikon zur Parteiengeschichte. Die bürgerlichen und kleinbürgerlichen Parteien und Verbände in Deutschland (1789–1945), hg. von einem Kollektiv unter Leitung von Dieter Fricke, Bd. 1, Leipzig 1983.
Silberner, Edmund: Johann Jacoby. Politiker und Mensch, Bonn–Bad Godesberg 1976.
Vogler, Günter/Vetter, Klaus: Preußen. Von den Anfängen bis zur Reichsgründung, Berlin 1970.
Weber, Rolf: Kleinbürgerliche Demokraten in der deutschen Einheitsbewegung 1863 bis 1866, Berlin 1962.

Personenverzeichnis

Inhalt

Bildnachweis: Deutsche Staatsbibliothek, Handschriftenabteilung 5; Deutsche Staatsbibliothek, Kartenabteilung 3; Dietz Verlag 13; Märkisches Museum 3; Staatliche Schlösser und Gärten Potsdam-Sanssouci 1; Verlag der Nation 25